Otto Meltzer

Papst Gregor VII. und die Bischofswahlen

Ein Beitrag zur Geschichte des Verhältnisses zwischen Staat und Kirche

Otto Meltzer

Papst Gregor VII. und die Bischofswahlen
Ein Beitrag zur Geschichte des Verhältnisses zwischen Staat und Kirche

ISBN/EAN: 9783743335776

Hergestellt in Europa, USA, Kanada, Australien, Japan

Cover: Foto ©Lupo / pixelio.de

Manufactured and distributed by brebook publishing software
(www.brebook.com)

Otto Meltzer

Papst Gregor VII. und die Bischofswahlen

Papst Gregor VII.

und

die Bischofswahlen.

Ein Beitrag zur Geschichte des Verhältnisses zwischen
Staat und Kirche.

Von

Otto Meltzer.

Zweite, völlig umgearbeitete Auflage.

Dresden,
G. Schönfeld's Verlagsbuchhandlung.
1876.

Vorwort.

Es sind nunmehr reichlich acht Jahre verflossen, seitdem mir Hr. Professor Dr. G. Voigt in Leipzig gelegentlich den Hinweis darauf gab, daß eine specielle Untersuchung der Frage, welche der Titel dieser Schrift bezeichnet, vielleicht noch einige Ausbeute geben möge. Ich stellte dieselbe an*) und fand mit ihren Resultaten hier und da einige Anerkennung. Aber auch sachlich begründeten Tadel meiner Beurtheiler nahm ich gern hin und machte mir denselben bei der vorliegenden Neubearbeitung der Schrift nach Kräften zu nutze, insbesondere suchte ich einigen wohlgemeinten Winken, die mir Hr. Professor E. Friedberg in einer Anzeige zu Theil werden ließ, gerecht zu werden.

Ob die gründliche Umgestaltung, der ich jetzt die Arbeit unterzogen habe, auch die Verbesserungen, deren dieselbe nur zu sehr fähig war, in ihrem Gefolge gehabt hat, das festzustellen wird ja Andrer Sache sein. Doch darf ich vielleicht wenigstens so viel sagen, daß es mich bedünken will, als müßte schon an sich vor dem, was 1868 unter dem Eindruck zwar hochgespannter, doch in

---

*) „Papst Gregors VII. Gesetzgebung und Bestrebungen in Betreff der Bischofswahlen", Leipzig 1869. Die kleine, aus äußerlichen Gründen jetzt in den Titelworten vorgenommene Aenderung findet hoffentlich die hiermit erbetene Nachsicht.

kirchlich-politischer Hinsicht völlig unklarer Zustände niedergeschrieben
ward, dasjenige ein gewisses Etwas voraushaben, was unter Verhältnissen der Art, wie sie seitdem eingetreten sind, zum Ausdruck kam.

Im Uebrigen sind die Grundlagen der Untersuchung dieselben
geblieben wie früher, und da ich außerdem durch die Umstände
selbst der Nothwendigkeit überhoben worden bin, mich an dieser
Stelle noch über Dies oder Jenes auszusprechen, was wohl sonst
hier an seinem Platz war, so bleibt mir nur noch die angenehme
Obliegenheit, den um die Wissenschaft so hochverdienten Männern
meinen Dank auszusprechen, deren Forschungen mir überhaupt
erst meine Arbeit ermöglichten. Er gilt vor Allem Ph. Jaffé,
dem inzwischen Heimgegangenen, und W. von Giesebrecht,
dessen Abhandlung „Die Gesetzgebung der römischen Kirche zur
Zeit Gregors VII." (im Münchner hist. Jahrbuch für 1866), die
willkommenste Ergänzung zu den einschlagenden Partien seiner
Geschichte der deutschen Kaiserzeit, zugleich den eigentlichen Anlaß
der vorliegenden Untersuchung und das einzige specielle Hülfsmittel
für dieselbe abgab. Denn daß Staudenmaiers „Geschichte der
Bischofswahl, mit besonderer Berücksichtigung der Rechte und
des Einflusses christlicher Fürsten auf dieselbe" (Tübingen 1830,
als solches zu brauchen sei, davon habe ich mich doch noch nicht
überzeugen können.

Seit 1872 ist hierzu J. Ficker's Untersuchung „Ueber das
Eigenthumsrecht des Reichs am Reichskirchengute" gekommen, und
auch ihr verdanke ich, nach andrer Richtung hin, unendlich viel.
Wiederum dürfte ich vielleicht mit einer gewissen Genugthuung
darauf hinweisen, wie doch der berühmte Rechtshistoriker auf
seinem Weg zu ganz analogen Anschauungen hinsichtlich der letzten
Absichten Gregors VII. auf dem hier behandelten Gebiet gelangt
ist, wie ich sie auf meinem Weg auch einigermaßen wahrscheinlich
gemacht zu haben glaubte.

Ich darf ferner nicht unterlassen, an dieser Stelle meinen verbindlichsten Dank auszusprechen auch für die viele Förderung, welche mir bei meiner Arbeit jederzeit von dem Vorstand der k. öffentlichen Bibliothek hier, Hrn. Hofrath Dr. E. Förstemann, und den Herren Beamten derselben zu Theil ward, unter denen insbesondere die Herren DD. P. Richter und Hänel sich die ausgiebigste Gelegenheit zur Bewährung ihrer Gefälligkeit und Ausdauer geboten sahen.

Zum Schluß bescheide ich mich mit Einem: Vollkommenes zu leisten ward Niemandem vergönnt; aber auch dem Ideal nur nahezukommen mag wohl der die allerwenigste Aussicht besitzen, der seine Kraft in erster Linie einem mühevollen Lehramt zu widmen hat und, als er die letzte Hand an diese Untersuchung zu legen hatte, obendrein von allerlei körperlichem Uebel niedergedrückt ward. Doch mag ihm der Versuch nicht verwehrt sein; und auch anderwärts hat schon ehrlicher Wille über manche sonstige Schwierigkeit hinausgeholfen.

Dresden, am 31. December 1875.

D. P.

Inhaltsübersicht.

Einleitung.

Bedeutsame Vorgänge der Gegenwart lenken mit erhöhter Lebhaftigkeit den Blick auf vergangene Zeiten, welche gleich der unsern die Lösung der Frage über die Grenzen zwischen Staat und Kirche sich als hervorragendste Aufgabe hingestellt sahen. Mit erneutem Interesse wandte sich ihnen vom ersten Augenblick des wiederentbrannten Kampfes · an auch die Geschichtschreibung zu, und mitten im Streit der Meinungen hat sie immer neues Licht über zahlreiche Punkte aus den Ereignissen jener Tage verbreitet.

Aber wie ist es zulässig, hält man mir entgegen, aus der Geschichte des großen Investiturstreites in der Weise, wie es der Titel dieser Schrift verkündet, einen Theil loszulösen und einer abgesonderten Behandlung zu unterziehen? Denn unter jenem Namen ist man nun einmal gewohnt eine gewisse Periode für sich abzugrenzen, von dem Zeitpunkt an, wo mit Gregors VII. Pontificat die betreffende Frage zum ersten Male, seitdem es einen christlichen Staat gab, in gründlicher Weise nicht blos zur Discussion gestellt, sondern auch der Ausgangspunkt eines erbitterten Kampfes zwischen den zwei wichtigsten Factoren des öffentlichen Lebens wurde, bis zu ihrem — wie man das nennt — auf ebenso gerechter wie billiger Anschauung beruhenden Ausgleich im Concordat von Worms und anderen.

Der Einwurf möchte leicht mit dem Nachweis dessen zu erledigen sein, daß auch innerhalb dieses Rahmens die beregte

Gruppe von Ereignissen wohl noch eine specielle Untersuchung ver-
biene. Indeß noch zuvor sei betont, daß überhaupt die Voraussetzung, auf welche der Einwand zurückgeht, bei näherer Betrachtung nicht annehmbar erscheint. Der Name des Investiturstreits müßte, sofern er wenigstens mehr als eine blos conven-
tionelle Bezeichnung abgeben soll, verschwinden.

Minder zwar, weil es durchaus nicht die Investitur als
solche war, die von der kirchlichen Partei bekämpft ward, sondern
nur die Laieninvestitur, während diejenige von geistlicher Hand
von derselben nie gemißbilligt, vielmehr ihre Ausdehnung auf alle
Fälle ausgesprochenermaßen erstrebt worden ist. Und man darf
dem nicht entgegenstellen wollen, daß etwa an den Begriff der
Investitur durch geistliche Hand andre rechtliche Folgerungen geknüpft worden wären, als an den der Laieninvestitur.

Jedoch auch die letztere, oder, besser gesagt, die Forderung
des maßgebenden Einflusses auf die Besetzung geistlicher Würden
— (wobei es gleichgültig bleibt, daß es damals in der Praxis sich
vorwiegend nur um die Besetzung der höheren geistlichen Würden
handelte) — bildete zwar den durch die Verhältnisse gewissermaßen
nothwendig an die Hand gegebenen Anlaß, aber weder die Ursache
noch den Preis des Kampfes, der, um ganz andere und ungleich
höhere Ziele entbrannt, erst mit der zunehmenden Abschwächung
der Kräfte und Verflachung der Ideen, wie sie die wachsende Ausdehnung in der Zeit und nach der Zahl der Kämpfenden mit sich
brachte, jenen Charakter annahm. Erlitt er doch in seinen letzten
Zielen auf der kirchlichen Seite selbst, nach Maßgabe der hier
obwaltenden Organisation, in dem Zeitraum eines halben Jahrhunderts mit jedem Wechsel der leitenden Person allemal funda-
mentale Aenderungen. Wahrlich, der Name würde kaum haben
aufkommen können, wenn nicht das lange Regiment der leitenden
Person auf der andern Seite, Heinrichs IV., noch außerdem einen
gewissen äußerlichen Anlaß dazu geboten hätte, wenn nicht eine

Zeit, die dem wirklichen Verständniß jener Periode doch noch recht fern stand, sich hätte dazu verführen lassen durch das Bestreben der einen unter den beiden Parteien, behufs einer Einwirkung auf die sittliche Würdigung ihrer Absichten ihre Ziele in einem andern als dem wahren Lichte darzustellen, wie durch den Umstand, daß die andere, die kaiserliche, in Verkennung des wirklichen Sachverhalts lange Zeit hindurch blos den ersten, äußern Anlaß des Streites so gut wie ausschließlich zu betonen gewohnt war.

Aber verdient auch so die Stellung Gregors VII. zu der Frage nach der Besetzung der höhern geistlichen Würden noch eine ausdrückliche Behandlung? Oder liegt nicht von vornherein Alles klar vor? Enthält nicht der einfache Hinweis auf die Forderung der „freien kanonischen Wahl", wie sie die kirchlich-reformatorische Partei der Zeit auf ihre Fahne schrieb, eine völlig genügende Antwort auf jede Frage in dieser Richtung? Erklärt ja auch der Papst selbst: durch die Thür, d. i. durch Christus, trete zu seiner Herde ein, wer gemäß den heiligen Kanones als Bischof eingesetzt werde; und noch was er zuletzt in Bezug darauf in der Form eines allgemeinen Gesetzes aufstellte, hat regelmäßig ähnliche Eindrücke hervorgerufen und entsprechende Auslegung gefunden.[1])

Freilich ist es noch immer mißlich gewesen, in Schlagworten der Parteien Aufklärung über die wahre Lage der Dinge zu suchen. Und obendrein: wie, wenn von den im einzelnen Falle getroffenen Maßregeln des Papstes doch diese oder jene, auf die man etwa zufällig geführt wird, einen ganz andern Charakter zeigt? wie, wenn bei näherer Betrachtung der einmal erstaunte Leser der gregorianischen Erlasse dasselbe noch öfter wiederholt findet? wenn bald die gefundene Reihe derartiger Fälle zu einem System, freilich ganz anderer Art, sich zusammenzufügen zu sollen scheint?

Indeß, vielleicht erledigt ein Blick auf die Gesammtauffassung Gregors VII. von den Aufgaben und berechtigten Ansprüchen der Kirche und des Papstthums die Frage in kürzester Weise.

Wohl möchte das so scheinen, — obschon daraus, das sei nur vorausgeschickt, etwas ganz Anderes zu erschließen sein würde, als gerade ein Streben nach Herstellung der freien kanonischen Wahl; und, wie die Thatsachen lehren, würde selbst bei andrer Lage der Dinge das nicht genügen. Denn immer von Neuem hat auch bei denen, welche sonst die streng centralistisch=absolutistischen Be- strebungen des Papstes hinsichtlich des ihm in kirchlichen und weltlichen Dingen gebührenden Einflusses mit voller Klarheit er- faßten, ja in ihrer Gefährlichkeit auf das schärfste verurtheilten, doch jene Theorie von der freien kanonischen Wahl Eingang ge- funden und ihr Endurtheil wesentlich beeinflußt, — zu geschweigen derer, die mit bewußter Absicht auf alle Fälle hin als Verthei- diger Gregors und seines Systems an's Werk gingen.

Jedenfalls ist das Beste an der Sache, daß nicht leicht Etwas, gemäß der Beschaffenheit des überlieferten Materials, mit größerer Sicherheit festgestellt werden kann, als das, was wir eben die Gesammtauffassung Gregors VII. von den Aufgaben und berech- tigten Ansprüchen der Kirche und des Papstthums nennen möchten. Allerdings müssen wir uns von vornherein für berechtigt halten, die schroffste Form derselben als diejenige zu betrachten, welche die wirklichen Absichten des Papstes am treuesten wiederspiegelt. Denn wenn die Auswahl authentischer Erlasse, die als einzig maß- gebende Quelle dafür vorliegt, nach allen Umständen nur auf seine Veranlassung, wahrscheinlich unter seiner persönlichen Oberleitung zusammengestellt worden sein kann,[2]) so wäre höchstens zu besorgen, daß allzuweit über den augenblicklichen Stand der Dinge hinaus- gehende Forderungen noch zurückgehalten worden seien im Angesicht von Gegnern, welche nicht weniger, als bies Gregor vor der Welt thun mußte, das kanonische Recht in seiner gesammten bisherigen Ausbildung zur Grundlage ihres Systems nahmen und jede Abweichung von demselben zu finden und zu rügen wußten. Freilich hegen wir diese Besorgniß nicht einmal. Mochte hier und da in Bezug auf den einzelnen Fall eine Verhüllung am Platze sein — und wir werden solche nachweisen —: in Bezug auf die allgemeinen Grundsätze hätte sie ebensowenig dem Charakter Gregors, wie den Bedürfnissen des Kampfes entsprochen.

Es könnte noch gefragt werden, ob es nicht unzulässig sei, Gregor mindestens für seinen Pontificat von Anfang an ein fertiges System unterzulegen, während er in Wahrheit vielleicht durch den Widerstand, den er mit seinen — so bezeichnet man sie gern — heilsamen Reformplänen gefunden, zu den extremsten unter seinen Forderungen getrieben worden sei. Verkehrt müsse ein solches Verfahren genannt werden, im günstigsten Falle noch entsprungen aus einer falschen Sucht, die Dinge zu schematisiren, oder wohl gar aus dem eitlen Bestreben, sich einer angeblich großen Auffassung fähig zu zeigen. Denn darauf gehe es am Ende nur hinaus, wenn man Gregor in dieser Weise betrachten, ihm in seiner Anschauung jede Entwickelung abschneiden wolle.

Indeß das soll auch keineswegs geschehen, wenigstens soweit es sich um den größeren oder geringeren Grad von Schärfe im Ausdruck derselben handelt; und noch viel weniger mag uns der Vorwurf treffen, sofern etwa die Frage nur daraufhin zugespitzt sein sollte, daß allerdings eine jede grundsätzliche Entscheidung innerhalb verschiedener Zeitumstände einen verschiedenen Ausdruck finden kann, ebenso wie bei aller Festhaltung des Princips doch die praktische Maßnahme für den einzelnen Fall immer eine verschiedene Form wird annehmen dürfen, und namentlich Maßregeln von durchgreifend umgestaltender Art schon gegenüber der gewaltigen Widerstandskraft jedes Bestehenden nur unter Zugeständnissen an das letztere in die Wirklichkeit eingeführt und erst nach längerer Entwickelung unter allmäliger Vernichtung der entgegenstehenden Hindernisse durchgeführt werden können.[3]

Aber mehr darf auch nicht zugestanden werden.

Es ist dabei wahrhaftig recht wenig Gewicht darauf zu legen, daß Gregor in einem Alter auf den päpstlichen Stuhl gelangte, in welchem die Bildung von Ueberzeugungen längst abgeschlossen zu sein pflegt, zumal in Zeiten des Kampfes, wo sie noch viel früher und energischer als unter regelmäßigen Verhältnissen von statten geht.⁴) Die Hauptsache bleibt, daß der Gesammtinhalt des gregorianischen Systems, fest und in sich abgerundet, wie es basteht, aus einem Grundgedanken mit einer Klarheit und Folgerichtigkeit entwickelt ist, die keinen Zweifel darüber bestehen läßt, daß selbst für den gewöhnlichsten Durchschnittsmenschen zugleich mit der Gewinnung der Grundlage auch unmittelbar alle weiteren Folgerungen gegeben waren. Und war Gregor nichts weniger als ein Durchschnittsmensch, so finden sich obendrein mehr als bloß die Grundgedanken des Systems in den uns erhaltenen Erlassen vom Anfang seines Pontificats an mit unzweideutigen Worten ausgesprochen. Noch mehr: seine frühere Thätigkeit zeigt ihn bereits lange Jahre zuvor ganz analogen Bestrebungen ergeben, und, was wohl das wichtigste ist, die Anschauungen, die er vertrat, waren schließlich nicht so sehr seinem persönlichen Gefühl oder Belieben entsprungen, als durch eine lange Entwickelungsreihe weltgeschichtlicher Thatsachen vorbereitet, und verlangten eben damals, in eine große Frage gegenüber den bestehenden Zuständen zusammengefaßt, gebieterisch eine Lösung.

Nur daß dem kühnen und scharfen Geiste eben die endgültige Formulirung der Frage vorbehalten blieb.

Gott selbst und allein, davon geht er aus, hat die römische Kirche gestiftet durch den Apostelfürsten Petrus, dem Christus vor seinen übrigen Jüngern alle Gewalt über die Seelen verlieh. Sie allein kann daher, mit den göttlichen Eigenschaften der Heiligkeit und Untrüglichkeit für alle Zeiten ausgerüstet, Anspruch auf den Namen einer allgemeinen Kirche erheben, sie allein ist als der Urquell jeder andern geistlichen Gewalt zu betrachten, die nur ein Ausfluß der ihrigen, daher ihr in jeder Beziehung Gehorsam und

Rechenschaft schuldig ist; sie allein darf Maßregeln von allgemeiner Gültigkeit gegenüber jedweder Einzelbefugniß anordnen und vollziehen.

Sie übt diese ihre Befugniß, kraft welcher sie mit der christlichen Kirche auf Erden überhaupt identisch ist, durch ihr rechtmäßiges Oberhaupt, den Papst. Als unmittelbarer und voller Erbe Petri nimmt dieser ihr gegenüber dieselbe Stellung ein, wie Petrus, wie weiterhin der Urgrund und Ursitz jener Gewalt, Gott selbst. Er hat durch Petri Verdienst zweifellosen Anspruch auf persönliche Heiligkeit. Er spricht und entscheidet in des Apostelfürsten, in Gottes, in des heiligen Geistes Namen.

Indem nun der Papst so mit seiner Person nach der einen Seite hin die Gottheit, nach der andern die Gesammtheit der Kirche in allen Beziehungen darstellt, ist es für ihn selbst ebenso die schwerste Sünde, sich der ihm auferlegten Mission der Durchführung des Reiches Gottes auf Erden zu entziehen, als es für die seiner geistlichen Obhut Anvertrauten dem Verbrechen des Götzendienstes gleichkommt, seinem Wort den Gehorsam zu verweigern.

Und zwar ist es nicht etwa blos die Kirche mit ihren Dienern, die diesem Gesetz untersteht, sondern auch die Laienwelt und ihre Ordnung, der Staat, das Königthum. Auch ist dieses Verhältniß nicht etwa blos ein jeweiliges, durch ein äußerliches Zusammentreffen irgendwie das Interesse der Kirche berührender Thatsachen bedingtes, — obwohl auch schon auf diesem Wege so gut wie alle Gebiete des Lebens sich in den Bereich der päpstlichen Jurisdiction ziehen lassen, wie denn z. B. Gregor auch einmal seinen Anspruch auf das Schiedsrichteramt im Streite der Könige in Deutschland so begründet: anerkanntermaßen stehe dem apostolischen Stuhl die Entscheidung in allen wichtigeren kirchlichen Angelegenheiten zu; nun sei aber jener Streit hinsichtlich seines Ausgangs dermaßen wichtig für die Kirche, daß er unter allen Umständen einschreiten müſſe. Nein, auch jenes Verhältniß gehört von vornherein unb principiell zu der von Gott eingeſetzten Weltordnung.

Denn gewiß iſt zwar die Gewalt des Papſtes in erſter Linie eine geiſtliche, wie ihm auch gegen die Ungehorſamen zunächſt geiſtliche Waffen zu Gebote ſtehen. Aber ebenſo gewiß hat auch Gott die Kirche zum Irdiſchen geſtellt, wie die Seele zum Leibe. Nicht nur jedes Eingriffs in kirchliche Dinge haben ſich alſo welt- liche Gewalten als eines frevelhaften Uebergriffs zu enthalten, ſondern vielmehr von dem Haupt der Kirche, das auch für ihr und ihrer Untergebenen Seelenheil verantwortlich iſt, ſich die Bahn ihrer Thätigkeit vorzeichnen zu laſſen. Gott hat den Apoſtel- fürſten Petrus zum Herrn über alle Reiche dieſer Welt eingeſetzt. Wer die Gewalt hat, in geiſtlichen Dingen zu entſcheiden, ohne daß es von ſeinem Spruch eine Berufung gäbe, wer im Himmel binden und löſen darf, der ſollte nicht auch für weltliche Angelegenheiten die oberſte Inſtanz bilden? Oder hat Chriſtus die Könige ausgenommen, als er dem Petrus die Gewalt der Schlüſſel übertrug? Nur wer dem Papſte gehorcht — und das, wie überhaupt ſeinem geiſtlichen Hirten gehorchen, ſoll Jeder, dem ſein Seelenheil lieb iſt —, verdient den Namen eines chriſt- lichen Königs; die andern ſind Tyrannen und Kinder des Teufels. Verweigern ſie hartnäckig den Gehorſam, ſo hat der Papſt das Recht und die Pflicht, dieſen zu erzwingen. Er darf Kaiſer, Könige und Fürſten erheben und bannen, er darf ihre Unter- thanen vom Gehorſam gegen ſie entbinden. Er allein darf kaiſer- liche Inſignien führen, ſeine Füße allein ſollen alle Fürſten küſſen, ſein Name allein ſoll im Kirchengebet genannt werden, ſteht über- haupt ohne gleichen auf der Welt da.

Wie könnte auch das beiderſeitige Verhältniß anders gedacht werden? Iſt doch die Kirche zum Heil der Welt durch Gottes Vorſehung geſtiftet, die königliche Gewalt aber ſtammt von den Kindern dieſer Welt, die noch Gott nicht kannten, die mit Ueber-

hebung, Treulosigkeit, Raub und Mord und allen möglichen Verbrechen, getrieben vom Teufel, dem Fürsten dieser Welt, sich ihre
von Natur ihnen gleichstehenden Nebenmenschen unterwarfen. Wie
das Gold zum Blei, wie die Sonne zum Mond, stehen beide
Ordnungen an Werth zu einander. Ein Exorcist sogar, der nur
die drei niedersten geistlichen Weihen empfangen, besitzt eine höhere
Gewalt, als irgendwelcher weltliche Machthaber; eine wie viel
höhere noch vollends der Priester! Der ist's, den man in Todes-
noth anruft, nicht der König. Er schafft durch sein Wort Christi
Leib und Blut, er löst und bindet, — nicht der König. Wie viele
Heilige und Wunderthäter sind aus der Zahl dieser Armen und
Verächter der Welt hervorgegangen, während auch unter den
Königen, die sich in ihrer für das Seelenheil so gefährlichen Stellung
nicht von weltlichem Stolz zum Bösen verführen ließen, seit An-
beginn der Welt wohl nicht sieben sich finden lassen, die Jenen
gleichkämen. Wie anders die Nachfolger Petri, unter denen allein
schon an die hundert hochheilige gezählt werden!

Darum mögen die Gewaltigen dieser Welt gehorchen und
wieder gehorchen; sie mögen, wenn denn einmal die göttliche Vorsehung ihnen einen so verantwortungsvollen Platz angewiesen
hat, nicht ihre eigne Ehre und den eignen Gewinn den ewigen
Gütern des Jenseits und der Ehre Gottes vorziehen, und Niemand
soll ihren Befehl höher achten als Gottes Gesetz. Ueberhaupt
nicht Magd, sondern Herrin soll die Kirche sein.[5])

Lassen wir vorläufig die Frage völlig offen, inwieweit etwa
eine derartige Auffassung der Dinge sei es erklärlich, sei es gerechtfertigt war durch ein soeben vorangegangenes Zeitalter voll
unberechtigter Eingriffe der weltlichen Gewalten in kirchliche Gebiete. Jedenfalls meinte Gregor die Kirche in der Stellung einer
Magd vorzufinden; und kaum Etwas spricht sich auch, namentlich
im Beginn seiner Thätigkeit als Papst, in seinen Erlassen so
häufig aus, als die bittre Klage über die Unterdrückung, welche

fie zu erleiden habe, und das Gefühl seiner speciellen Verpflichtung, ihr zu dem gebührenden Recht zu verhelfen.

Sollte dies denn geschehen, so bedürfte es nun freilich einer
besondern Auseinandersetzung darüber, daß der Fortbestand der
Laieninvestitur damit durchaus unvereinbar war, ebensowenig wie
einer Erklärung dessen, was denn allein die von ihm — der am
liebsten mit allen Menschen in Frieden lebte — so häufig gewünschte Eintracht zwischen Kirche und Staat bedeuten konnte.
Aber steht die Forderung der freien kanonischen Wahl als an-
geblicher positiver Theil der einschlägigen Bestrebungen Gregors
in gleichem Einklang mit seinem System? Das mag denn doch
der Untersuchung werth sein, zumal da schließlich auch ein dritter
wichtiger Punkt festzustellen bleibt, den jene Art der Fragstellung
freilich gänzlich außer Acht zu lassen pflegt: ob und inwieweit
nämlich mit der Aufhebung der Investitur nach Gregors VII. Absicht auch jede auf dem weltlichen Besitz der Kirchen beruhende
Verbindlichkeit derselben gegen den Staat aufhören sollte, und ob
er, falls er denn die Sache so auffaßte, an deren Stelle andere
Verpflichtungen zu setzen wünschte.

Wohl mag es bedenklich erscheinen, so nur eine Seite aus
der geschlossenen Einheit des Wirkens und Kampfes loszulösen.
Denn je in eins zusammengefaßt stießen gleichzeitig alle beiderseitigen Interessen zusammen, nirgends recht geschieden von denen
selbst, die im Streite standen — (und das waren Alle, die sich
nicht selbst zur Gleichgültigkeit, das ist zum moralischen Tode,
verurtheilten) —, bei aller particellen Verschiedenheit je für sich in
dem einen Gegensatz als Hauptmerkmal begriffen, daß hier Rechtgläubigkeit, dort Ketzerei das Banner hält.

Doch sei's gewagt.

I.

Das bischöfliche Amt leitete sich gemäß der von frühester Zeit an feststehenden Lehre der Kirche unmittelbar von den Aposteln Jesu Christi her. Er hatte sie, sie hatten ihre Jünger und Nachfolger auserwählt; der Segen, die Verheißung, die Jenen selbst vom Herrn zu Theil geworden, war durch alle Jahrhunderte in ununterbrochener Folge ungeschwächt auf jeden neuen, rechtmäßigen Träger der Würde übergegangen. Und während all die Entwickelungsstufen, welche dieselbe von unscheinbaren Anfängen her bis zu so hoher Machtfülle durchlaufen hatte, längst vergessen waren, stand mit unerschüttertem Ansehen eben jene Vorstellung und diente der letztern zu unbestrittener Begründung.

In Betreff des Verfahrens, welches man bei der Besetzung erledigter geistlicher Hirtenämter einzuhalten habe, fand sich in der heiligen Schrift selbst keinerlei irgendwie ausreichende, bestimmte Anweisung. Doch bildete sich aus den Verhältnissen selbst heraus sehr früh ein solches, das allen gerechten Anforderungen ganz besonders zu entsprechen schien und eben deswegen auch eine bedeutende Zukunft gewinnen sollte. War ein Bischofssitz erledigt, so trat die Gemeinde der verwaisten Kirche, so Geistlichkeit als Laienschaft, unter der persönlichen Leitung der benachbarten Bischöfe zusammen und erkor im Einverständniß mit denselben nach Würdigkeit, zunächst, wenn möglich, aus der eignen Mitte, dem Dahingeschiedenen einen Nachfolger, der dann von jenen, seinen künftigen Amtsgenossen, die Weihe erhielt.

Durchgreifende Veränderungen, welche die ganze Verfassung der Kirche im Lauf der Zeiten erfuhr, ließen allerdings auch

dieses Verfahren nicht ganz unbeeinflußt. So wurde das Wahlrecht der Laien innerlich und äußerlich mehr und mehr beschränkt,
ging denselben sogar in der morgenländischen Kirche ganz
verloren; auch innerhalb der Geistlichkeit der bischöflichen
Kirchen trat eine Scheidung hinsichtlich ihrer Antheilnahme am
Wahlrecht ein. Mit dem Aufkommen der Metropolitanverfassung
ging das Recht der Leitung und Bestätigung der Bischofswahlen,
sowie der Weihe, zum wesentlichsten Theil auf die Metropoliten
über, während in Bezug auf die letzteren der römische Bischof in
seinem Bereich mindestens ein Bestätigungsrecht beanspruchte und
unter den verschiedensten Formen und Wendungen immer häufiger
ausübte; und wenn noch in den weitesten Kreisen das Bewußtsein
von der directen Apostolicität des bischöflichen Amts durchaus
lebendig vorhanden war, so fand doch in ebendenselben die Forderung der Einheit in und mit der römischen Kirche nirgends
mehr ernstlichen Widerspruch.

Jedenfalls aber galt jene Weise der Erhebung mit ihren
zwei wesentlichen Merkmalen — der freien Wahl des Bischofs
durch seine zukünftigen geistlichen Untergebenen oder deren berechtigte Vertreter, sodann der Bestätigung und Weihe durch die
zuständigen Oberen und Amtsgenossen —, gestützt und geheiligt
zugleich durch die Beschlüsse zahlreicher Kirchenversammlungen und
durch die Aussprüche der Väter, innerhalb der abendländischen
Kirche als die eigentlich rechte, wahre, schriftgemäße, als die „freie
kanonische" oder „kanonische" schlechthin. Sie bildete unter diesem
Namen und eben mit jenem Inhalt einen völlig feststehenden,
rechtlichen Begriff und ist das auch geblieben.[1] Ihr wiesen
auch alle Umstände die Bedeutung eines Maßstabes zu, der an
jede Meinung oder Handlung auf diesem Gebiet angelegt werden
mußte, sobald einmal eine reformatorische Partei — wie das noch
jede gethan hat, die diesen Namen beanspruchte — von den als
mißbräuchlich erkannten Zuständen ihrer Zeit auf die idealen

Verhältnisse der ältesten Kirche verwies und nach diesen die ersteren berichtigen wollte.

Es war um die Mitte des 11. Jahrhunderts, daß eine solche in die Lage kam, entscheidend in den Gang der Dinge einzugreifen; und weit genug entfernt von jenem Ideal mußte sie da allerdings die damals übliche Art der Erhebung zu den höhern geistlichen Würden finden.

Seitdem die Kirche aus ihrer völlig selbständigen Stellung heraus als Staatskirche in das engste Verhältniß zum Staate getreten war, konnte es bei dem gewaltigen Einfluß, den sie noch vollends in dieser Eigenschaft auf alle Gebiete des Lebens ausübte und immer zu verstärken suchte, den Machthabern im Staate unmöglich gleichgültig sein, wer das wichtige Amt eines Bischofs in den Händen habe.*) Durchgehends hatten sie, übrigens in äußerlich sehr verschiedener Weise, eine bestimmende Einwirkung sowohl auf die Handhabung desselben, als besonders auf die Art des Eintritts in dasselbe geltend gemacht. In mannigfacher Form, von Wunsch und Empfehlung bis zu gewaltsamer Einsetzung, gab sich hier ihr Wille kund. Wohl protestirte man kirchlicherseits, im Hinweis auf ausdrückliche gegentheilige Bestimmungen, wie auf die angeblichen Zustände der alten Zeit überhaupt, ab und zu dagegen, setzte auch ab und zu einmal den Widerspruch durch, aber in den allermeisten Fällen ließ man stillschweigend geschehen, was doch nicht zu ändern, auch den gegebenen Verhältnissen nach ganz natürlich war. Waren es doch dieselben Herren, die mit den Mitteln weltlicher Herrschaft den Bestand des Christenthums schützten und ausbreiteten, Kirchen gründeten und ausstatteten, — mochten sie immerhin damit oft nur recht weltliche Zwecke verfolgen! Und das auf solcher Grundlage beruhende Patronatsrecht (im engern Sinne) hat die Kirche selbst in Zeiten der höchstgespannten Ansprüche gegenüber dem Staate, mindestens in Betreff der niedern geistlichen Stellen, bestehen lassen, obgleich es der

Theorie nach keiner andern Behandlung hätte unterliegen dürfen, als die Investitur der höhern Würdenträger durch Laienhand.

Am allerwenigsten wäre bis etwa zur Mitte des 9. Jahrhunderts das römische Papstthum dazu angethan gewesen, die Leitung eines grundsätzlich betriebenen Widerstands gegen jenes Verfahren in die Hand zu nehmen. In der Hand der Fürsten allein lag die Macht zur Umgestaltung. Aber auch hier wirkten die Bemühungen und Gesetze von Männern, wie Karl der Große und Ludwig der Fromme, im Wesentlichen nicht über deren Tod hinaus. In mannigfacher Weise kamen wieder beide Arten der Besetzung, bald rein, bald gemischt, zur Anwendung. Eine principielle Bedeutung konnte der Gegensatz zwischen beiden erst gewinnen, seitdem noch ein neues Moment zur Bestimmung der Sachlage hinzugetreten war. Er mußte sie gewinnen, sobald die Kirche sich stark genug fühlte, um eine Auseinandersetzung mit dem Staate über die Grenzen des beiderseitigen Machtbereichs nicht mehr zu scheuen, eher zu suchen. Denn eben hier, in der Frage wegen des obersten Rechts auf den reichen Besitz der Kirche an weltlichen Gütern, zusammt dem Anspruch auf Ausübung von Hoheitsrechten und wiederum den daran haftenden Verpflichtungen, berührten sich die beiderseitigen Interessen am unmittelbarsten.

Auch das ist klar, warum gerade in Anknüpfung an die im römisch-deutschen Reich obwaltenden Verhältnisse und in specieller Rücksicht auf sie jene Auseinandersetzung von der Kirche herbeigeführt ward, gleichwie das hier gewonnene Resultat für die neu zu gründende Stellung allen Staaten der Christenheit gegenüber maßgebend werden mußte, mochten nun die dortigen Zustände, bei sonst wesentlicher Gleichheit, ihren Ursprung genau derselben Entwickelung verdanken, mochten sie in genau denselben Formen ihren Ausdruck finden oder nicht.

Nicht sowohl deswegen, weil im römisch-deutschen Reich die bischöflichen Kirchen ganz besonders reichlich mit Gütern und

Hoheitsrechten ausgestattet waren und insgesammt, was auch mit einer einzigen, vorübergehenden Ausnahme immer der Fall gewesen war, unmittelbar unter dem König als hochwichtige Glieder des Reichsverbands bastanden. Denn mitten in dem Uebergangsproceß, welcher das Reich in den Rahmen des Lehnswesens einfügte, als der früher vom König nach seinem Ermessen gesetzte Beamte allgemach zu einem erblichen Vasallen mit sehr beschränkten Leist- ungen ward, als der allgemeine Unterthanenverband nur noch untergeordnete Bedeutung behielt, insbesondere der Reichskriegs- dienst nicht mehr auf ihm, sondern nur auf besonderer Verpflicht- ung beruhte,[3]) war es das Ziel einer wohlberechneten Politik seiner Herrscher gewesen, durch eine derartige Ausstattung der höhern geistlichen Würdenträger dem weltlichen Fürstenthum ein Gegengewicht, ihrer eignen Macht eine Stütze zu schaffen. In dieser Richtung hatten besonders die sächsischen Kaiser zu wirken begonnen; und es war diese Politik, das kann nicht bestritten werden, für eine gewisse Zeit und bis zu einem gewissen Punkte eine durchaus sachgemäße gewesen. In dieser Richtung liegt denn auch unstreitig der Schlüssel des Verständnisses dafür, daß das Königthum, sofern es nicht seine hauptsächlichste Stütze sich ent- winden lassen und damit überhaupt auf eine Durchführung seiner Aufgaben verzichten wollte, jeden Angriff auf die aus diesem Ver- hältniß hervorgegangenen, durch große Opfer erkauften Rechte mit Aufbietung aller Kräfte zurückzuweisen suchen mußte. Ebenso gewiß war hier der verwundbarste unter all den Punkten im bestehenden Staatsleben, welche die Kirche zu einem Angriff sich auswählen konnte; und mit welchem Geschick sie diesen Umstand auszunutzen verstand, davon werden auch die folgenden Blätter erzählen. Aber daß dieser Gesichtspunkt für die Art und Richtung des An- griffs in erster Linie maßgebend gewesen wäre, könnte man nicht sagen. Wie es eine Nothwendigkeit genannt werden muß, daß der Streit über die Grenzen zwischen Staat und Kirche unter ben bamals obwaltenben Berhältnissen gerabe an ber Frage über bie Inveftitur zu Tage geförbert warb, so mußten in bemselben gerabe wieber bie Verhältniffe bes römisch = beutschen Reichs jene Bebeutung haben, eben weil baffelbe ber Kirche gegenüber bas Imperium, ben Staat als solchen, barftellte.

Es ift an sich nicht von ausschlaggebenber Bebeutung für ben Gang biefer Unterfuchung, auf welchem Weg gerabe, in Anknüpfung an jene Ausftattung ber Kirchen mit weltlichem Gute, ber um bie Mitte bes 11. Jahrhunberts beftehenbe Zuftanb in Betreff ber Befetzung ber höhern geiftlichen Würben aus bem frühern hervorgegangen war. Obschon wir keinen Augenblick anftehen, in Bezug barauf bas Ergebniß von J. Ficker's bahnbrechenben Forschungen uns zu eigen zu machen, welche gegenüber ber bisher gültigen Theorie von ber Entwicklung jenes Verhältniffes aus bem Wesen bes Lehnsverbanbes — sei es von vornherein hinsichtlich ber gesammten, mit ben Kirchen verbunbenen weltlichen Güter unb Rechte, sei es zunächft nur hinsichtlich ber Hoheitsrechte — baffelbe vielmehr herleiten aus bem Herrenrecht ber weltlichen Fürften als Obereigenthümer am Kirchengut, ba nach germanischer Rechtsanschauung bie Kirchen selbft bes Grunb= eigenthums unfähig waren unb nur so ben Genuß weltlicher Güter unb rechtlichen Schutz bafür erlangen konnten.[4])

Mochten ferner mehr ober weniger schon im Anschluß an bie Form ber Besitzübertragung Begriffe auf jenes Verhältniß angewenbet werben, welche ein Lehnsverhältniß im eigentlichen unb engeren Sinne, gleich bemjenigen ber weltlichen Vasallen zu ihrem Lehnsherrn, bebeuteten unb schließlich ja auch unbeftrittenermaßen zu völliger Anerkennung gelangt sinb.

Thatsache war, baß überall berjenige, welcher bem neu zu erhebenben geiftlichen Würbenträger bas Nutzungsrecht auf bie Güter seiner Kirche zu übertragen hatte, so wie es nun einmal bie Lage ber Dinge mit sich brachte, bamit auch ben entscheibenben

Einfluß auf die Erhebung selbst besaß. Nicht immer und überall, aber in der Regel und in den Staaten, deren Verhältnisse als maßgebend zu betrachten sind, war es die Form der Investitur, mit den Symbolen von Ring und Stab bei den bischöflichen Kirchen, durch welche jene Uebertragung, unter Leistung des Treu-eides von Seiten des Empfängers, stattfand; sie gab dem letzteren, unter Voraussetzung der Erfüllung seiner Verpflichtungen, auf Lebenszeit das Nutzungsrecht an die materielle Grundlage seiner geistlichen Würde. Gewiß wäre nun mit diesem Zustande ein Fortbestand des kanonischen Wahlverfahrens an sich nicht absolut unvereinbar gewesen. Nichts beweist das besser als der Um-stand, daß kanonische Wahlen im vollsten Sinne des Worts auch so noch hier und da stattfanden, — freilich aber auch nur auf Grund besonderer Privilegien, kraft deren sie gewissen Kirchen ausdrücklich nachgelassen waren, oder infolge persönlicher Ver-günstigung für den einzelnen Fall. Etwas, was äußerlich den Anschein einer Wahl erweckte, war schon auch sonst mit der Er-hebung der höhern geistlichen Würdenträger in der Regel ver-bunden; nur daß in Wahrheit dies eine selbständige Bedeutung neben der Investitur durchaus nicht beanspruchen konnte, und, wenn darauf eigentlich das Recht zur Ausübung der Spiritualien zurückging, doch dem gegenüber die Erwerbung des Rechts zur Nutzung der Temporalien durchaus das Wesentliche am ganzen Acte der Erhebung war, selbst ohne daß von den weltlichen Herren je auch nur das entfernteste Anrecht auf Ertheilung der geistlichen Befugnisse beansprucht worden wäre. So konnte schließlich auch oft genug mit demselben Rechte und Erfolge jeder Anschein eines Wahlverfahrens unterbleiben.

Es würde zu weit führen, alle die einzelnen Modalitäten, in welchen dieser Zustand bezüglich der Besetzung von Bisthümern zum Ausdruck kam, darzulegen. Jedenfalls kamen durch Todes-fall oder Abforderung Ring und Stab, gleich den Einkünften der

Kirche für die Dauer der Erledigung, allemal wieder in die Hand des weltlichen Herrn zurück. Und bald erfolgte dann eine kano= nische Wahl und er investirte den durch sie Erkornen, oder es stellten ihm auch die Wähler, unter Verzicht auf ihr Recht, die Ernennung des Nachfolgers durch Ertheilung der Investitur an= heim; bald erfolgte die letztere von Seiten des Oberherrn, ohne auch nur eine Präsentation abzuwarten oder selbst im Widerspruch mit einer solchen, und nur in Form einer nachträglichen Beistimm= ung der kanonischen Wähler konnte ihr Recht zum Ausdruck kommen; bald war überhaupt schon die Vornahme einer Wahl, die dann in ihrem Ergebniß noch außerdem allen den angegebenen Bedingungen unterworfen war, an die Erlaubniß des weltlichen Herrn der Kirche geknüpft.

Auf jeden Fall erfolgte erst nach Erlangung der Investitur, gewöhnlich auf ausdrücklichen Befehl des Oberherrn, die Weihe und mit ihr die wirkliche Uebernahme und Ausübung der Amts= gewalt.

Bei der Weihe erhielt der Neuerhobene durch den Metropo= liten, oder wer sonst ihn weihte, zum zweiten Male Ring und Stab, jetzt natürlich in ihrer eigentlichen und ursprünglichen Bedeutung als Symbole seines geistlichen Hirtenamts. Es ist bekannt, welches Gewicht die Kirche, seitdem sie sich gegen das Investiturrecht der Laien erhob, darauf legte, daß für die Uebertragung des weltlichen Besitzes gerade dieselben Symbole gewählt worden waren. Genau so trug auch der dabei übliche, aus den bestehenden Rechtsverhält= nissen unmittelbar hervorgegangene Ausdruck, daß der weltliche Oberherr dem Neuerhobenen hiermit seine „Kirche" übergebe, noch ein neues Moment in den Streit hinein.

Indeß von dem Streite später. Vorläufig galt vielmehr eben jene Weise der Erhebung — so hatte es das Naturgemäße ihrer Entwickelung ebensosehr, als nunmehr auch schon das längere Herkommen mit sich gebracht — als eine unanstößige, der Sache

angemeſſene, geſetzmäßige. Als ſolche wurde ſie von den weltlichen Herren ausgeübt, von der überwiegenden Mehrzahl der
Laien ebenſowohl als der Geiſtlichkeit, bis hinauf zum Haupte der
abendländiſchen Chriſtenheit, anerkannt. Mehr als ein Papſt
heiligte ſie durch ausdrückliche Beſtätigung. Als ſpäter im Verlauf des Streites die Vertheidiger der Laieninveſtitur ſich auf an-
gebliche Privilegien früherer Päpſte beriefen, durch welche den
römiſchen Kaiſern und Königen das Recht ausdrücklich verliehen
worden ſei, hatten die Widerſacher derſelben — ſo tief war jenes
Bewußtſein eingewurzelt — nicht ſowohl principielle Einwürfe
dagegen vorzubringen, ſondern behaupteten nur, entweder daß jene
Päpſte zu einer ſolchen Verleihung, die den unveräußerlichen
Grundrechten der Kirche zuwiderlaufe, nicht befugt geweſen ſeien,
oder daß eben neue Verhältniſſe — und das ſeien, ſo behauptete
man kühnlich, die gegenwärtigen gegenüber denen zur Zeit jener
Päpſte — neue Beſtimmungen verlangten.[5])

Kam nun die Kirche einmal dahin, wozu ſie an ſich gewiß
berechtigt war, den weltlichen Machthabern den maßgebenden Einfluß auf die Beſetzung der geiſtlichen Aemter entziehen zu wollen,
ſo gab es ebenſo gewiß kein einfacheres und gründlicheres Mittel
dazu, als das Verhältniß, worauf derſelbe beruhte, zu löſen. Aber
wer hätte das wagen mögen oder dürfen, wo die Anſicht von der
Nothwendigkeit und Unzertrennlichkeit weltlichen Beſitzes der bezeichneten Art von dem Weſen der Kirche die Gültigkeit eines
Glaubensſatzes beſaß? Wohl iſt man einmal in einem ſpätern
Stadium des Kampfes nahe daran gekommen, dieſe Conſequenz
zu ziehen — in dem erſten Vertrage Paſchalis II. mit Heinrich V.
vom J. 1111 —, aber auch nur, um eine blos theilweiſe Durchführung derſelben in's Auge zu faſſen und auch dieſe alsbald für
unmöglich erkennen zu müſſen.[6])

In Wahrheit wurde der Hebel an einem ganz andern Punkte
angeſetzt; und keine Berechnung hätte denſelben geſchickter aus-

wählen können, als ihn der Eifer einer ehrlichen, aber auch bis zu einem gewissen Grade naiven Reformpartei traf, die damit nichts weniger als das Investiturrecht selbst, geschweige denn die vorhandene Machtstellung des Staats gegenüber der Kirche überhaupt bekämpfen wollte, ebensowenig wie der Staat selbst, als er ihre Bestrebungen eifrig unterstützte, damit seiner Befugniß irgendwelchen Abbruch zu thun gewillt war. Und doch brach er selbst so zum besten Theile anderen die Bahn, die ihn bald in seinen Grundfesten erschüttern sollten!

Auch sonst, abgesehen von ihren Beziehungen zur weltlichen Gewalt, mußte die Kirche gegen die Mitte des 11. Jahrhunderts entfernt genug von dem Ideal erscheinen, welches nun einmal die vermeinten Zustände der Urzeit des Christenthums für Alle abgaben, die in Wahrheit die Bedingungen des Heils der Menschheit erfaßt zu haben glaubten. Die enblosen Wirren, welche die Neugestaltung des europäischen Staatensystems mit sich brachte und in welche die Kirche durch ihren weltlichen Besitz noch besonders verwickelt ward, hatten vieles Mißbräuchliche hervorgerufen, was sofort die Angriffe einer etwaigen Gegenbewegung auf sich ziehen mußte. Viel zu sehr waren die meisten Prälaten in die Welthändel verwickelt, um den Anforderungen ihres Amts, selbst bei sonstiger Tüchtigkeit und gutem Willen dazu, in seelsorgerischer Beziehung genügen zu können. Die kirchliche Zucht, der kirchliche Verband war überall gelockert; und wie, so lange diese Zustände dauerten, an die von streng kirchlicher Seite nach althergebrachter Anschauung immer in Aussicht genommene Aufhebung des ehelichen Lebens der Weltpriester — um von wirklichen Lastern in geschlechtlicher Beziehung zu schweigen — nicht gedacht werden konnte, so schienen die Verhältnisse gleich ungünstig zur Ausrottung der schon so lange bekämpften Simonie. Und doch lag wieder, so schien es, in dieser Richtung die erste Möglichkeit, um eine Besserung herbeizuführen.

Mit dem Namen Simonie bezeichnete man im ursprünglichen und eigentlichen Sinne den Erwerb oder die Ertheilung geistlicher Würden um Geld oder Geldeswerth. Nicht ein neues Uebel konnte man sie nennen; sie war, wenngleich erst Gregor der Große den technischen Ausdruck der heiligen Geschichte entnommen zu haben scheint, fast so alt als das Christenthum selbst, und von frühester Zeit an finden wir Beschlüsse, Ermahnungen, Verord-nungen von Kirchenversammlungen, den heiligen Vätern, den Päpsten gegen dieselbe gerichtet. Es ist eine ganz vage, obwohl oft gehörte Behauptung, daß die von uns in's Auge gefaßte Zeit reicher an Fällen von wirklicher Simonie gewesen sei, als irgend-welche frühere, mindestens seitdem die Kirche aus einer verfolgten zur begünstigten und bald herrschenden geworden war.⁷) Aber allerdings war der Zeit bis zu einem gewissen Grade das Bewußt-sein von der Unrechtmäßigkeit des Vergehens geschwunden, und je mehr — daher stammt vor Allem jene Behauptung — Umfang und Hitze des von diesem Begriff aus sich entspinnenden Kampfes wuchsen, desto mehr ward der Name auf Dinge angewendet, deren Verwandtschaft mit der wirklichen und eigentlichen Simonie sich nur durch sehr spitzfindige und zweideutige Deductionen herleiten ließ. Was Wunder, daß schließlich so ziemlich die ganze Welt, soweit sie nicht den Eiferern diente, erfüllt von Simonisten erschien, im schönen Verein — nachdem einmal die Begriffsverwirrung zu Stande gebracht, ihr Inhalt fixirt und bogmatisirt war — mit den Verbrechern wider das Gebot der Keuschheit, den Nicolaiten?⁸)

Soweit nun Simonie so zu sagen innerhalb der Geistlichkeit selbst stattfand, indem von den höheren geistlichen Würdenträgern die von ihnen zu ertheilenden Aemter und Weihen gegen Entgelt vergeben wurden, mochte sie vielfach ihren natürlichen und, wenn wir billig urtheilen wollen, wenigstens principiell nicht geradezu verwerflichen Anlaß in der Entrichtung bestimmter, an jene Er-theilung geknüpfter Taxen von Seiten der Empfänger haben.

Gewiß würde es ebensosehr an sich verkehrt sein, als der geschicht-
lichen Ueberlieferung widersprechen, wenn man jeden Simonisten
dieser Art von vornherein für einen schlechten, unwürdigen Geistlichen halten wollte; gewiß aber auch war diese Weise der Erhebung
eine der Natur der Sache und den Aufgaben der Kirche möglichst
wenig angemessene, sicherlich die schlechteste, um das Eindringen Un-
würdiger zu verhüten. Wie hätte sie nicht von der Kirche bekämpft
werden sollen? Und sie überschritt vollends, von der Habsucht
der höheren Würdenträger ausgebeutet, die Schranken jeder Duldung, seitdem sie anfing, von Jenen zur Beschaffung eines Er-
satzes für das von ihnen selbst bei der Erlangung ihrer Aemter
an weltliche Herren Erlegte betrieben zu werden.

Mar nun diese letztere Art der Simonie an sich so alt,
als der Einfluß der Fürsten auf die Besetzung der höhern geistlichen Würden überhaupt, so mußte sie durch das Zusammentreffen
der Umstände gegen die Mitte des 11. Jahrhunderts hin besondern Anstoß erregen. Denn gleichwie der gegenwärtige Einfluß
der weltlichen Herren sich von demjenigen einer früheren Zeitstufe
unterschied, indem er in den Besitzverhältnissen der Kirche eine
bestimmte, rechtliche Grundlage hatte, so war man jetzt auf dem
besten Wege, gegenüber jenen, obwohl kaum weniger zahlreichen,
doch ihrem Wesen nach immer je für sich vereinzelten und mehr
auf jeweiligen persönlichen Interessen beruhenden Vorkommnissen
das als solches erkannte Uebel eine, um diesen Ausdruck zu gebrauchen, gattungsmäßige, systematische Form annehmen zu sehen.

Wir meinen nicht den Umstand, daß es für die Könige einen
gewissen Werth haben mußte, die höhern geistlichen Aemter mit
hervorragenden, namentlich auch persönlich reich begüterten Männern
zu besetzen, die eben in dieser Eigenschaft um so ungetheilter die
Mittel ihrer Kirche zur Erfüllung ihrer Reichspflichten verwenden
konnten, obendrein als eine Art von Gegengabe für die bedeutsame
Stellung, die ihnen zu Theil geworden, der Kirche Etwas von

ihrem Eigengute zuzuwenden im Stande waren. Für die fein=
fühligen Gewissen der Eiferer mußte auch dies zwar entschieden
unter den Begriff der Simonie fallen. Aber wenn auch der erste
der angeführten Gesichtspunkte sie zum Angriff herausfordern
mußte, wie hätte nicht der andere ihre Stimme doppelt und drei=
fach müssen schweigen heißen? Und in der That herrscht über
diesen Punkt, so wesentlich er mit dem bestehenden Recht der Be=
setzung zusammenhing, in der Litteratur des sogenannten Investitur=
streits, soweit sie von kirchlicher Seite stammt, ein bemerkens=
werthes Stillschweigen.

Andrerseits schloß auch ein wenigstens seiner Form nach
vollständig kanonisches Wahlverfahren, dem zugleich jede weltliche
Einmischung fernblieb, verwerfliche Einwirkungen von Bewerbern
auf die Wähler nicht aus, ebensowenig als der Bestand der Laien=
investitur an sich Simonie in seinem Gefolge zu haben brauchte.
Ehrgeizigen hatte auch gegenüber dem Fürsten einer früheren
Staatenbildung oder seinen Berathern der Gedanke an den Versuch
einer Bestechung nicht schwer kommen können. Doch mußte durch
die Stellung der geistlichen Würden innerhalb der neuen Verhält=
nisse Derartiges ganz besonders an die Hand gegeben erscheinen.*)
Denn war es überhaupt Sitte, daß man des Herrschers Majestät
nicht leicht ohne Geschenke nahte, zumal wenn es galt, eine Bitte
auszusprechen, und daß namentlich ein zu belehnender Vasall,
gleichsam als vorläufiges Aequivalent des zu empfangenden Bene=
ficiums oder um damit seine Bereitwilligkeit zur Erfüllung der
zu übernehmenden Pflichten zu versichern, eine gewisse Gabe dar=
brachte, so konnte es am allerwenigsten ausbleiben, daß aus ent=
sprechenden Gaben erwählter Prälaten, welche die Investitur
suchten, ein Mittel für alle diejenigen ward, welche überhaupt
durch den entscheidenden Act der Investitur, sei es nach voran=
gegangener Wahl oder nicht, ein höheres geistliches Amt zu er=
werben wünschten. Um so mehr konnte dies um sich greifen, je mehr

bei der immer beträchtlicheren Abnahme der Krongüter und bei den fortwährenden Kriegen, ja selbst für viele Fälle bei dem bloßen Mangel an baaren Werthzeichen derartige Zuschüsse den weltlichen Herren willkommen sein mußten. Und waren die Herren selbst solchen Einwirkungen unzugänglich, so gab es doch etwa immer Personen, welche einen bestimmenden Einfluß auf sie auszuüben im Stande waren und diese Art des Gewinns nicht scheuten.

Von verschiedenen Seiten aus und nach verschiedenen Richtungen hin begann nun um eben jene Zeit, schon lange und sorgfältig im engern Kreise vorbereitet, jetzt durch die Weltlage plötzlich zu allgemeinerer Bedeutung erhoben, ein gewaltiger Ansturm gegen dieses ganze Wesen der Kirche, ein Drängen von ihm ab nach dem durch die Ueberlieferung vorgezeichneten Ideale.

Das Stichwort aller dieser Bestrebungen wurde die Befreiung der geknechteten Kirche. Drei Arten der Auffassung möchten hauptsächlich zu unterscheiden sein, welche der vieldeutige Begriff damals von den activen Parteien erfuhr; wiederum je nach dem Sinne, in welchem wir denselben jedesmal gebraucht finden, läßt sich sofort die ganze Stellung jeder einzelnen unter jenen und jedes unter ihren Angehörigen entwickeln. Wir möchten unterscheiden: das Streben nach der Befreiung der Kirche von der Knechtschaft der Weltlichkeit (weltlichen Gesinnung, weltlichen Wandels); dasjenige nach Befreiung derselben von der Knechtschaft der weltlichen Gewalt durch Vernichtung jedes Einflusses derselben auf die Kirche und Beschränkung jeder von beiden auf das ihr eigenthümliche Gebiet; endlich das Streben nach absoluter Befreiung der Kirche als der corporativ aufgefaßten Vertreterin des Geistes und aller geistigen Interessen von jeder materiellen Schranke und nach Erringung der ihr gebührenden Stellung zur Materie sammt allem, was mit ihr zusammenhängt, d. h. zur absoluten Herrschaft darüber, also auch über den Staat als Vertreter der materiellen Interessen.

Erkannten Schäden der Kirche abzuhelfen, hatte es von jeher

nie an Anstrengungen gefehlt. Mußten solche in den ersten Jahrhunderten des neuen Europa, vereinzelt in jeder Beziehung, wie sie auftraten, im Wesentlichen auch ohne Ergebniß bleiben, so entstand dann eine Gewalt, welche ihrer Natur nach ganz zur Trägerin solcher Bestrebungen geschaffen, ja ausdrücklich darauf hingewiesen war, das Kaiserthum eines Karl des Großen. Von seinen Nachfolgern, die nur zu wenig seine Nachfolger im Geiste waren, übernahm das damals auf neuen Bahnen aufstrebende Papstthum die Idee. Schon wurde von diesem einmal der Anlauf zu einer Umgestaltung der Beziehungen der Kirche zum Staate genommen. Zwar bedingte auch gerade die Richtung, welche das Papstthum genommen, daß Alles einzig und allein auf die Persönlichkeit des Mannes ankam, der an der Spitze stand; und Päpste wie Nicolaus I., Hadrian II., sollten nicht so bald wieder ihres gleichen finden. Indeß konnte dem Papstthum die einmal übernommene Mission doch auch nie wieder gänzlich entrissen werden: wer hinfort eine allgemeine Besserung erwirken wollte, mußte es im Bunde mit ihm. So that es in einzelnen Vertretern das neu erstandene römisch-deutsche Kaiserthum, so that es eine von unten her aus selbständigen Anfängen erwachsene Bewegung mit allgemeinen Tendenzen. Daß die letztere, wie sie im cluniacensischen Mönchthum zum schärfsten Ausdruck kam, fortbestand, war für die Kirche der dauerbe Gewinn dieser Epoche. Im Uebrigen wurden auch so von ihr die angestrebten Ziele bei Weitem nicht erreicht; und gerade der Umstand, daß an der entscheidenden Stelle nur die einzelne Persönlichkeit den Ausschlag gab, brachte gegen die Mitte des 11. Jahrhunderts hin, vor allem durch den Pontificat Benedicts IX., erheblichen Rückgang.

Auch jetzt konnten die Zustände, so wie sie eben in mehreren wesentlichen Punkten charakterisirt wurden, nicht verfehlen, das Streben nach einer Besserung in ernsten, wohlmeinenden Männern hervorzurufen, denen das Heil der Welt nach Maßgabe des einen,

feſtſtehenden Ideals am Herzen lag. Man kann ſich nicht ver-
hehlen, daß die Mittel, welche man von dieſer Stufe der Beſtrebungen an bis da hinauf verwendete, wo die ſpecifiſch römiſch-
päpſtlichen für ihre eigene Rechnung zu arbeiten begannen, zum
großen Theil recht äußerliche, am allerwenigſten nach principiellen
Geſichtspunkten beſtimmte waren. Indeß ſie regten doch die Geiſter
an, über das alltägliche Leben hinaus auf Beſſeres und auf Beſſerung
zu ſinnen, und ehrlich gemeint waren ſie. Zahlreiche Mißſtände
im öffentlichen Leben trugen nur noch mehr dazu bei, auch weitere
Kreiſe und namentlich die niederen Schichten der Geſellſchaft für
religiöſe Einwirkung empfänglich zu machen, die Sehnſucht nach
einer Aenderung der Dinge zum Guten hervorzurufen. In den
neuerſtandenen Klöſtern der wiederhergeſtellten Ordnung, obgleich
ihre letzten Ziele noch weit jenſeits der hier in's Auge gefaßten
lagen, ſtand denn doch auch zum Kampf zunächſt für die letzteren
ein gewaltiges Heer bereit. Kurz, Geiſtliche und Laien aller
Lebensſtellungen vereinigten ſich in dem Beſtreben, den offen da-
liegenden, wirklichen Uebelſtänden abzuhelfen, ohne doch blind gegen
alles Neue ſchlechthin zu eifern, vielmehr in Anerkennung deſſen,
was in der bisherigen Entwickelung der Dinge wohlbegründet
erſchien, namentlich auch eines von dieſem Standpunkte aus ver-
nünftig abgegrenzten Einfluſſes der Staatsgewalt auf die kirchlichen
Angelegenheiten. In dieſer Richtung bewegten ſich die Abſichten
eines Heinrich III. und vieler wackerer Männer; an ihrer
Durchführung durfte ſich getroſt ein jeder Geiſtliche betheiligen,
ohne ſeine doppelten Pflichten, die denn doch einmal nicht ab-
zuleugnen waren, zu verletzen.

Aber wenn man einmal damit begonnen hatte, ſich von den
gegenwärtigen, in einer nächſtliegenden Vorzeit begründeten Zu-
ſtänden hinweg auf diejenigen einer idealen Vorvergangenheit zu beziehen und wenigſtens die theilweiſe Zurückführung der letzteren
zu erſtreben, konnte es dabei bleiben? Auf den Schultern dieſer

Partei erhebt sich eine neue, strengere, die, hauptsächlich begründet im Stande der Klostergeistlichen und Eremiten, die volle Consequenz zog und ein strictes Zurückgehen auf jene Zustände verlangte. Aufrichtig fromme und nicht minder wohlmeinende Männer waren es, welche sie leiteten, aber nur mönchisch war der Charakter ihrer Reform, entsprechend dem Geist der Askese, welcher sie huldigten. Sie führte vom Leben, von der greifbaren Welt ab auf Gebiete, die dem Menschen für immer verschlossen sind, sofern er nicht eben seine Natur verleugnen will. Ihr stärkstes Werkzeug war der für den Schwärmer allezeit bereite Fanatismus des großen Haufens; und je größer gegenüber aller Anfechtung der Welt die Furchtlosigkeit und Ueberzeugungstreue der Führer war, in desto höherem Maße stand ihnen jener zu Gebote. Aber Klarheit der Gedanken und Scharfsichtigkeit würde man bei den Vertretern dieser Bestrebungen vergebens suchen. Und wohin mußten schließlich die letzteren führen?

Man verlangte, was die nachgerade brennend gewordenen, nächstliegenden Fragen betraf, nicht nur die Abschaffung der Mißbräuche im geschlechtlichen Leben der Kirchenbiener, sondern Aufhebung desselben überhaupt; — die heilige Schrift mußte für beide angegriffene Kategorien den Namen Nicolaiten hergeben[10]), und schon nicht mehr so sehr als Sünde, denn als Ketzerei ward, gleich der Simonie, dieser Nicolaitismus bekämpft. Man verlangte die Beseitigung des Erwerbs kirchlicher Aemter nicht nur durch Geld und Geldeswerth, nicht nur auch durch Dienste irgendwelcher Art, Versprechungen oder Bitten, sondern auch die Beseitigung jedes weltlichen Einflusses auf kirchliche Dinge. Man verlangte damit die Wiederherstellung des Verhältnisses, welches in den Urzeiten des Christenthums dem heidnischen Staate gegenüber bestanden hatte, ohne jedoch die aus der neuen Stellung zum christlichen Staat erwachsenen Vortheile aufgeben zu wollen; denn Todsünde wäre es selbstverständlich gewesen, dabei von einer

Aufgabe der Kirchengüter zu sprechen. Das Verhältniß zwischen
Staat und Kirche nach der in dieser Weise erfolgten Trennung
malte man sich freilich noch aus als begründet in der schönsten
Eintracht und Bereitwilligkeit zu gegenseitiger Unterstützung, soweit
eben die beiderseitige Competenz reiche.

Wenn man nun Solches verlangte und zu alledem das durch-
greifendste Mittel zur Hebung der verfallenen Zucht und Ordnung
innerhalb der Kirche in der Herstellung einer nach Maßgabe eines
stufenweisen Geschäftsganges und Gehorsams streng gegliederten
Kirchenverfassung erblickte, deren einheitliche Spitze mit den umfassendsten Machtbefugnissen ausgerüstet sein müsse, so bildete
diese Richtung, ohne eine selbständige Bedeutung erreichen zu
können, schließlich in der That nur ein brauchbares Werkzeug für
eine dritte, die, obwohl an sich ihren Zielen völlig fremd, doch in
ihr gerade die wesentlichste Stütze finden sollte und bei nur einigermaßen umsichtiger Benutzung der ihr so zur Verfügung gestellten
Mittel eben von dieser Grundlage aus die sicherste Aussicht hatte,
die eignen Ideen in die Wirklichkeit zu übertragen.

Kaum irgendwo findet das Verhältniß einen treffenderen
Ausdruck, als in dem Wesen des heiligen Petrus Damiani, des
Wortführers jener Partei im hervorragendsten Sinne, und seiner
Stellung zu Hildebrand. Wie gut und ehrlich meinte er es mit
seinen Absichten! Und doch — es ist nicht zu viel gesagt — hat
er eigentlich nie recht gewußt, was er wollte. Daß Hildebrand
mit den Seinen denn doch noch ganz Anderes erstrebe, als er
selbst für gut und recht hielt, sah er wohl; doch ließ er sich von
demselben beherrschen und immer von Neuem für seine Ziele verwenden, indem er dafür die eigne Autorität vor den Augen der
Welt in die Wagschale warf. Er stand eben in dem Bereich der
bannenden Gewalt, die der überlegene, klare Geist über den beschränkten ausübt; und mehr oder weniger gilt dasselbe von allen

anbern Trägern berselben Richtung, z. B. Arialb und Lipranb, ben geistlichen Führern ber mailänber Patarener.[11])

Die Bestrebungen jener britten Richtung aber wurden bestimmt burch bie Jbee bes römischen Papstthums. Die Ziele besselben lagen, sobalb bie Jbee nur einmal gefaßt war, klar vor Augen; sie waren seitbem und sinb, so wie sie sich von ber einmal an- genommenen Grunblage aus vermittelst bes einfachsten Schluß- verfahrens ergeben, fest unb unverrückbar in jeber Hinsicht; sie bestehen in jebem Augenblicke mit bem Anspruch auf Verwirk- lichung. Jhr Jnhalt ist: bie unumschränkte, persönliche Herrschaft bes Papstes als Statthalters Gottes über alle Gebiete bes Glaubens unb Lebens, als Ganzes zusamemengefaßt, wie in jeber einzelnen Beziehung. Mit solchen Zielen gab freilich bas Papstthum selbst bas Wesen einer religiös-kirchlichen Macht auf unb wurde zur politischen im hervorragenbsten Sinne; von biesem Standpunkt aus allein ist es zu betrachten unb zu verstehen.

Unb waren berartige Ziele viel zu hoch, um von ber Masse erfaßt, bie Wege bahin viel zu schmal, um von ihr auch nur be- treten werben zu können, so war es in ber That auch nur eine Clique, um biesen Ausbruck zu gebrauchen, welche bamals bie in biesem Sinne hervortretenbe Bewegung machte, zugleich aber auch in bieser ihrer Eigenschaft um so erfolgreicher leitete.

Auch biese Richtung erhob Anspruch auf ben Namen einer reformatorischen: sie burfte es vor ihrer Zeit. Denn nicht blos bem Wortlaut nach berief auch sie sich auf jene immerhin viel- fach fingirten, boch burch bie allgemeine Anerkennung geheiligten Satzungen ber Vorzeit;[12]) sie ging auch wirklich, im eignen Jn- teresse, mit ber zuvor charakterisirten, mönchisch-reformatorischen Richtung bis zu beren äußersten Zielen zusammen. Von ba aus strebte sie selbständig weiter; aber im bezeichnenben Unterschieb von jener that sie mehr, als sie sprach. Jm Fluge wurde, inbem man bie litterärische Vertretung beliebig gearteter, auf rein kirch-

lichen Anschauungen beruhender Grundsätze getrost den Eiferern so
gut wie ausschließlich überließ, eine Position nach der andern
genommen, ein wichtiges Princip nach dem andern zur Geltung
gebracht, während an der bedrohten Stelle oft noch kaum eine
Ahnung der Gefahr vorhanden war. Wohl hätten zuweilen die
Eiferer bedenklich werden mögen, wenn sie bemerkten, wozu sie
eigentlich benutzt wurden. Indeß ihnen blieb keine Zeit der Ueber-
legung; immer von Neuem trieb sie Stachel und Sporn vorwärts.
Für die politischen Ziele des Papstthums einzig und allein hat
schließlich der Fanatismus derer gewirkt, die da auf Erden ein
Gottesreich mit engelgleichen Gliedern herstellen zu können meinten.

Es durfte endlich das aufstrebende Papstthum auch darum
vor seiner Zeit sich reformatorisch nennen, weil ein wichtiger Be-
standtheil des von ihm erstrebten Zustandes gleichfalls eine strenge
äußere Zucht und Ordnung in allen Verhältnissen war, die schon
an sich, gegenüber den heillosen Wirren der Zeit, als eine wesentliche Besserung erscheinen mußte.

Entstanden war dasselbe und hatte sich zu seiner schon damals wenigstens in den Grundzügen anerkannten Machtfülle aus-
gebildet im directen Gegensatz zu dem gleich natur- wie sach-
gemäßen, vom Anfang der Kirche her gegebenen Princip der Auto-
nomie der einzelnen Bestandtheile. Schritt für Schritt hatte es
über dieses bisher, wenn schon oft auch wieder durch die Ereignisse vorübergehend auf frühere Stufen zurückgeworfen, einen Erfolg nach dem andern errungen. Wenn nun bei der damaligen
Lage der Dinge ein Mann an die Spitze dieser Bewegung, als
der am höchsten stehenden und damit zur Leitung berufenen, sich
stellte, der die Verhältnisse überschaute und seiner Endziele sich
vollbewußt war, so standen ihm zu deren Erreichung Mittel zu
Gebote, wie sie noch selten eines Menschen Hand in sich vereinigt
hatte. Er konnte in gewaltigem Schwunge von weiter Ferne her
die Kirche dem gefaßten Ideale wunderbar nahe bringen.

II.

Der 22. April 1073 brachte Hilbebrand, den Archibiaconus und Kanzler der römischen Kirche, unter dem Namen Gregor VII. auf den päpstlichen Stuhl.

Eine bedeutende, wahrlich nicht thatenarme Vergangenheit lag hinter ihm. Und welche Umwälzung, in ben Zuständen wie in ben Gemüthern, mußte sich im Verlauf von wenig mehr als einem Vierteljahrhundert vollzogen haben, wenn jetzt eben er mit seinen Ansichten, nicht ohne den besten Willen zu ihrer Durchführung, obschon zugleich nicht ganz ohne Bangen, diese Stufe erklimmen konnte.

Als in einer unheilvollen Spaltung die traurige Zerrüttung der Kirche so recht offenkundig, als zu Rom, ihrem Mittelpunkte, Aergerniß an der Tagesordnung, ehrbares Leben eine wunderbare Seltenheit war, hatte ein kleiner Kreis von Männern jener specifisch päpstlich-politischen Tendenzen, wie wir sie soeben schilberten, es unternommen, sich an die Spitze zu schwingen und eine Bewegung zum Bessern, was er nun immer so nannte, hervorzurufen. Johann Gratianus, als Papst Gregor VI., war sein Haupt, der geistige Vater eines Hilbebrand und anderer Männer, denen einst die Zukunft gehören sollte. Noch schien eine Erhebung auf ben päpstlichen Stuhl in der Weise möglich, ohne jede Einmischung des Imperium, wie sie nach ben nächstfolgenden Greignissen erst wieder schwer erkämpft werden sollte; und Simonie warb nicht gescheut, als es galt, die geeignete Grundlage für die beabsichtigte Wirksamkeit in Besitz zu nehmen. Den jungen Mönch Hilbebrand holte der neue Papst aus dem ganz unter cluniacensischen Einflüssen stehenden Kloster hervor in die Händel der Welt, und Alles weist hin auf eine hervorragende Betheiligung desselben an ben Dingen im Sinne der neuen Partei, so wenig sich diese mehr im Einzelnen feststellen läßt.[1])

Freilich wurde durch die Ereignisse sehr bald jede weitere Wirksamkeit in dieser Richtung abgeschnitten. Ohnehin hätte dieselbe, man darf es wohl behaupten, zunächst auch nur von sehr zweifelhaftem Erfolg sein können. Noch war diesen Neuerern viel zu wenig vorgearbeitet, zu klein ihr Kreis, viel zu hochfliegend ihre Pläne, um in hinreichend weiten Kreisen begriffen zu werden und Wurzel fassen zu können. Gregor VI. ward gleich den beiden andern Päpsten abgesetzt, ward gefangen über die Alpen geführt und sein Capellan mit ihm.

Doch sollte ihre Sache nicht verloren sein. Nur sollte auf andre Weise und von andrer Seite her ihr der Weg gebahnt werden.

Mit der im Uebergang vom Jahre 1046 auf 1047 durch Heinrich III. erfolgten Neuordnung der römischen Verhältnisse begann zuerst in bestimmter und allgemein wirksamer, dabei durchaus den bestehenden Verhältnissen angemessener Weise die Reform. Die weltliche Gewalt behauptete ihre wohlerworbenen Rechte, aber sie war, mindestens in ihrem obersten Repräsentanten, ernstlich bemüht, sie ohne Mißbrauch zu üben und innerhalb ihres Bereichs die ihrem Schutze unterstellte Kirche von dem, was zu gerechten Klagen Anlaß gab, zu reinigen. Strenge Gebote ergingen von Rom aus auf dem Wege einer neubelebten Gesetzgebung zur Herstellung der verfallenen Zucht und Ehrbarkeit in der Kirche, zur Beseitigung namentlich der als zur Zeit schwerster Uebelstand empfundenen Simonie, in ihrem wahren und eigentlichen Sinne gefaßt. Dabei fehlte es nicht, soweit es die Würde der Kirche zuzulassen schien, an milbernden Uebergangsbestimmungen; wenn auch langsamer, so war doch so gewiß besto sicherer das Uebel auszurotten. Es begann, so darf man wohl sagen, eine rege, fröhliche Wirksamkeit, so recht dazu angethan, ohne selbstsüchtigen Zwecken auf der einen oder andern Seite Raum zu geben, für die Erreichung einer wahren Kirchenverbesserung die schönsten

Hoffnungen zu erwecken. In diesem Sinne wirkte der Kaiser, der edle Papst Clemens II., würde auch allen Anzeichen nach Damasus II., der nach vorübergehender, fremder Usurpation an Clemens' Stelle trat, fortgewirkt haben. Sie beide vertraten die Reformbewegung der ersten Stufe, um diesen Ausdruck zu gebrauchen, auf dem päpstlichen Stuhle. Nur war ihrem Beginnen leider zu kurze Dauer beschieden.

Mit Leo IX. gelangte auf den päpstlichen Stuhl die Reformbewegung der zweiten Stufe. Selbstverständlich hatten ihre Anhänger schon an der bisherigen Bewegung den lebhaftesten Antheil genommen. Aber was hier als letztes Ziel ins Auge gefaßt worden war, galt ihnen nur als vorläufige Grundlage des zu Erstrebenden, und ohne Scheu, aber mit um so größerer Aussicht auf Erfolg, gingen sie nunmehr darüber hinaus, indem sie jede Berechtigung der bestehenden Verhältnisse negirten. Gerade das war es, was sie sofort zu Herren der Lage machen mußte, gerade von hier aus war es am ehesten möglich, die Geister mit sich fortzureißen. Eben derselbe Punkt freilich war es auch, von welchem aus dann eine noch weiter gehende Richtung sich ihrer bemächtigte und sie zwang, ihr selbst nur vorzuarbeiten. Von Leo IX. an datiren diese beiden Stufen der reformatorischen Bewegung erst den eigentlichen Anfang der Kirchenverbesserung.[2])

Und mit bewundernswürdiger Thätigkeit wirkte der Papst, überall persönlich eingreifend, von oberster Stelle aus, während zugleich von unten her die gesammte Partei mit ihrem ganzen Einfluß auf die Gemüther der Zeitgenossen für die von ihm ausgegebene Losung eintrat. Er selbst durchreiste die Hauptländer der abendländischen Christenheit, Legaten gingen von seiner Seite nach allen Richtungen hin — eine Institution, die eben von dieser Zeit an eine ganz neue Bedeutung gewinnt —, Synoden wurden gehalten, in Rom wie in den Provinzen, und welcher Geltungsbereich auch ihren Beschlüssen nach dem Buchstaben des Rechts

zukam, thatsächlich beanspruchten als solchen den gesammten Umfang der Christenheit alle diejenigen, denen der Papst selbst vor-
saß. Bald sollte es üblich werden, in dieser Weise und mit diesem
Anspruch alljährlich, sofern nicht ganz besondre Umstände es ver-
hinderten, in Rom derartige Versammlungen mit Vertretern der
ganzen Christenheit zu halten und Fragen von der umfassendsten
Bedeutung auf ihre Tagesordnung zu setzen.[3])

Die völlig veränderte Lage bezeichnete schon sofort die Bedingung, an welche Leo die Annahme der ihm vom Kaiser über-
tragenen Würde knüpfte. Aber wie hätte man dabei stehen bleiben
können, die Rechtmäßigkeit weltlichen Einflusses auf die Erhebung
blos zum päpstlichen Amt in Abrede zu stellen? Stand doch, bei
allen factischen Unterschieden, die Erhebung zur bischöflichen Würde
nach ihrer geistlichen Bedeutung wenigstens ganz auf gleicher
Stufe. Da lohnte es wohl, sich der gemeinsamen Apostolicität zu
erinnern. Günstig war schon dafür, obwohl es keineswegs als
ausschlaggebend zu betrachten sein würde, daß bereits die bisherige
Reformbewegung mit ihrer Bekämpfung der Simonie das Augen-
merk vorwiegend auf den Eintritt in das geistliche Amt gerichtet
hatte. Was jene begonnen, wurde natürlich gleichfalls fortgesetzt;
die Maßregeln gegen das Uebel wurden immer von Neuem bestätigt und, wo es anging, verschärft. Wäre es nur auf seine
Ausrottung angekommen, man hätte sie mit begründeter Hoffnung
als nahe bevorstehend bezeichnen dürfen, zumal da dem Widerstand sammt jeder moralischen Basis auch die nöthige Einheitlich-
keit völlig abging. Aber statt dessen hörte man verkünden, daß
jetzt erst dem eigentlichen Uebel an die Wurzel zu gehen sei. Oder
war an eine Freiheit der Kirche, wie man sie jetzt an maßgeben-
der Stelle auffaßte, zu denken, so lange ihre wichtigsten Organe
in erster Linie nach dem Willen und im Hinblick auf das Interesse
weltlicher Herren erhoben wurden? Konnten diese auch nur selbst
einen Einwand dagegen erheben, wenn man diese Fessel, wie man

das nannte, abstreifte? Denn sündige Ueberhebung war doch
jeder Eingriff von jener Seite, wenn denn das Heil der Seele
das einzige und höchste Ziel des Daseins und die Kirche allein
berufen war, dieses zu vermitteln, wenn denn dieses irdische Leben
und Wesen nur als Vorbereitungsstadium für das künftige Jen=
seits zu gelten ein Recht hatte und der Staat, geschweige denn,
daß er als Selbstzweck aufgefaßt worden wäre, nur eben Irdisches
in seinem Wesen trug. Und welche Idee vom Staat hatte man
dabei im Auge! Denn versetzte man sich einmal in die Urzeiten
des Christenthums zurück: war er im Lichte dieser Anschauung
nicht eben nur das Organ, welches beständig dem Christenthum
den Untergang drohte, der verkörperte Antichrist, der sich gewalt=
sam den nur durch die Kirche führenden Weg zur Seligkeit ver=
sperrte, während diese den Verfolgten ebenso sicher war, wie die
Martern in den irdischen Gerichten, — und wie die höllischen
Strafen den Verfolgern?[4])

So wird denn das längst bedeutungslos gewordene, fast ver=
gessene kanonische Wahlverfahren wieder an's Licht gezogen und
energisch betont. So ohne weitere Ausführung hingestellt, war
diese Forderung freilich im höchsten Grade unklar. Aber vielleicht
hatte man eben deswegen um so größern Erfolg damit in der
öffentlichen Meinung. Und wenn Leo IX. mit seinen Gesinnungs=
genossen in allem Eifer und in voller Freude an einer unablässigen
Wirksamkeit gegen Simonie, für kanonische Wahl und für den
jetzt den Zielen der Bewegung gleichfalls officiell hinzugefügten
Cölibat sich wenig darum sorgte, wie man in der Wirklichkeit
über die durch eine derartige Fragstellung geschaffenen Schwierig=
keiten hinauskommen sollte, so standen in seiner nächsten Nähe
die Männer, welche klare Consequenzen zu ziehen verstanden, schon
bereit, um eintretenden Falls sofort die Leitung zu übernehmen.
Er selbst hatte den kleinen Kreis von fernsichtigen, entschlossenen
Köpfen um sich gesammelt,[5]) vielleicht ohne andern Grund als die

in der Unklarheit der eignen Partei begründete Vermengung der beiderseitigen Ziele, vielleicht aber auch in der Ahnung, daß allein entweder den Vertretern des herkömmlichen Zustandes oder diesen, als den einzigen Verfechtern principieller Standpunkte, die Zukunft gehöre, — jenen Kreis, der ganz im Gegensatz zu dem gering= fügigen Anschein, den er erweckte, gar bald das Ruder in den Händen haben sollte. Noch hatten seine Mitglieder auch mit manchen entgegenstehenden Einflüssen zu kämpfen; aber mindestens war jeder Erfolg in der jetzt eingeschlagenen Richtung zugleich eine neue Grundlage für die Erreichung dessen, was sie selbst erstrebten, zumal wenn der Papst, im Gegensatz zu den in der letzten Zeit mehrfach hervorgetretenen, autonomistisch=landeskirchlichen Bestrebungen so scharf die Einheit der Kirche in der römischen und deren Supremat betonte. Ihre Hand erkennen wir, wo Leo in seinen Maßregeln schon über das hinausging, was eigentlich nach seinem persönlichen Parteistandpunkt die äußerste Grenze seines Handelns hätte bilden müssen. Auch Hildebrand war durch den Papst wieder nach Rom gebracht worden. Seine in der That einzige Geschicklichkeit in weltlichen Geschäften, namentlich in der Beschaffung und Verwaltung von Geld, sicherte ihm bei der notorischen Unfähigkeit Leo's und seiner Nachfolger in solchen Dingen eine einflußreiche und, was ihren Werth erhöhte, dauernde Stellung. Und geistig, wenngleich nicht äußerlich, war er bald genug der Erste auch innerhalb jenes engern Kreises.

Erfolgte nun zwar durch den Pontificat Victors II. noch einmal ein gewisser Rückschlag gegen diese Wendung der Bewegung, insofern dieser Papst in der Hauptsache wieder an die Bestrebungen der vorvergangenen Epoche anknüpfte und ebenso im Verein mit der Kaisermacht, wie in deren wohlverstandenem Interesse wirkte, so hatte dies doch schon wegen der Kürze der Zeit keine tiefer= gehenden Folgen; und in seiner Gesinnung stand denn doch auch Victor II. den neuen Ideen um ein Beträchtliches näher, als etwa ein Clemens II. Aber würde auch ein Clemens II., jetzt auf den päpstlichen Stuhl erhoben, im Stande gewesen sein, alle die in den letzten Jahren von den weitergehenden Parteien aufgeworfenen Fragen, soweit sie über seine persönlichen Ansichten hinausgegangen wären, einfach wieder von der Tagesordnung abzusetzen?

Am allerwenigsten konnte, obschon sie niedergehalten ward, jene mächtige Clique wieder aus ihrer einflußreichen Stellung verdrängt werden. Die hohe politische Macht, welche ein merkwürdiges Zusammentreffen der Umstände in die Hand des Papstes legte, sollte nachgerade ein neues Moment für ihre Erhebung werden. Als Victor II. die Augen schloß, trat sie nur um so eifriger hervor, und es war kein Wunder, wenn so recht im Gegensatz zu der soeben erlittenen Pression jetzt gerade sie sich auf die Dauer der maßgebenden Stellung bemächtigte und es an der Zeit fand, mit ihren wahren Absichten immer offener hervorzutreten, zumal da durch Heinrichs III. Tod auch die allgemeine politische Lage sich so wesentlich zu ihren Gunsten verändert hatte.

Ihr erster Triumph war die Erhebung Stephans X., und kühn genug strebte dieser auf der bezeichneten Bahn vorwärts. Jetzt war auch die Zeit gekommen, die neue Sache litterarisch zu vertreten, neue Schlagworte unter die Menge zu werfen. Es war ein „Fühler" zugleich — wenn dieser Ausdruck hier gestattet ist — und ein Programm, jene Schrift des Cardinalbischofs Humbert von SilvaCandida, die unter Stephan's Pontificat an's Licht trat; und eben diese Thatsache gehört nicht zu den unwichtigsten Ereignissen des kurzen Zeitabschnitts. Ihren Verfasser, seinen gelehrten Landsmann, hatte der neue Papst sofort zum Bibliothekar, d. i. zum Erzkanzler der römischen Kirche erhoben.[6]

Es versteht sich, daß Humbert das Rüstzeug seiner Beweisführung hauptsächlich dem alten Testament entnahm, der allezeit bereiten Rüstkammer zur Vertretung theokratischer Ansprüche. Doch darauf einzugehen ist hier nicht der Ort. Wenn aber das Buch „wider die Simonisten" benannt ist, so wird nach der Parteistellung des Verfassers von vornherein erwartet werden, daß dieser Begriff im weitesten Sinne genommen ist. So ist es auch. Simonist ist nicht blos, wie das schon Gregor der Große festgestellt hatte,[7] wer Geld zur Erlangung einer geistlichen Würde anwendet oder sich dadurch zur Ertheilung derselben bestimmen läßt; auch wenn Bitte oder Dienstleistung in Verbindung mit irgendwelchem Aufwand, wenn überhaupt irgend ein auf Leistung und Gegenleistung oder persönliche Gunst begründetes Verhältniß als bestimmender Grund dabei mitwirkte, so ist dadurch schon der ganze Vorgang zum Verbrechen gestempelt und hat keine von den Wirkungen des ordnungsmäßigen Verfahrens zur Folge. Immer von Neuem legt Humbert Verwahrung dagegen ein, als ob den geläufigen Ausdrücken „simonistische Ordination, Verkauf des h. Geistes" und ähnlichen irgend etwas Thatsächliches entspreche, wie ja doch das Sacrament, auch von der Hand des unwürdigen Priesters gespendet, Sacrament bleibt. Jeder Simonist ist ein Ketzer und als solcher, selbst bei den vorzüglichsten sonstigen Eigenschaften, ein falscher, unächter Bischof, während den „katholischen" Bischof sogar der Mangel einer kanonischen Wahl nicht dazu stempelt, wie sich mit zahlreichen Beispielen von den Zeiten der Apostel her belegen läßt. Und waren etwa die Apostel durch kanonische Wahl berufen gewesen?

Die von diesen Ketzern vorgenommenen, sogenannten Amtshandlungen und ertheilten Sacramente können natürlich nach keiner Seite hin eine ihrer Bestimmung entsprechende Wirkung üben, vielmehr Jenen selbst und den Empfängern nur zum Verderben gereichen. Jede simonistische Weihe ist an sich ungültig und muß daher eintretenden Falls wiederholt werden, — dies Humbert's Stellung zu einem Streitpunkt, der seit reichlich einem Jahrzehnt die Gemüther auf das lebhafteste beschäftigte und bisher von oberster Stelle allerdings noch mehr nach den bei jedem einzelnen Falle in Betracht kommenden Erwägungen, als grundsätzlich entschieden worden war. Wo keine Würde vorhanden, da ist natürlich auch keine ausdrückliche Absetzung nothwendig, wie von den Simonisten fälschlich behauptet wird. Viel besser ist der schlimme Rechtgläubige, als der im Uebrigen gerechte Ketzer; selbstverständlich gilt für Jenen in Bezug auf Gültigkeit der Weihen, Wirksamkeit der Sacramente, Nothwendigkeit des kanonischen Rechtsverfahrens im Fall eines Vergehens, was diesem, dem Simonisten, abzusprechen ist.

Das Umsichgreifen des Verbrechens, dessen Größe und verderbliche Folgen nach Humberts Vorgang hier weiter auszumalen uns erlassen bleiben möge, leitet auch er von dem Uebergang der christlichen Kirche aus ihrer Stellung innerhalb des heidnischen, römischen Staats, wo die steigende Höhe und Wichtigkeit des geistlichen Amts seinen Träger nur um so heftigeren Verfolgungen aussetzte, in diejenige einer Staatskirche und von ihrem dadurch begründeten Besitz und Einfluß her. Konnte man nun, so fährt er fort, die Simonie noch gewissermaßen entschuldigen, so lange ihre Anhänger von dem eignen Vermögen an die Fürsten gaben, oft sogar noch ihre Kirchen bereicherten, so hat sie doch jeden Anspruch auf Duldung verloren, seitdem die Bewerber um geistliche Aemter auch noch das Versprechen der Ertheilung von Lehen aus den Gütern der zu erwerbenden Kirche an die Fürsten und ihre Genossen als Mittel der Bestechung verwenden. So kam zur Sünde und Ketzerei noch eine klägliche Verarmung der Kirchen; und nirgends zeigt sich eine Aussicht auf Besserung, da Jeder, der zu einer weltlichen oder geistlichen Würde gelangt, sogar der Kaiser, sich verbindlich machen muß, diese Zustände in ihrer vollen Geltung zu belassen. Mag er denn auch sehen, wohin er mit diesem Verfahren kommt, das alle Folgen des todeswürdigen Verbrechens auf ihn überträgt; mag er sehen, wohin es führt, als Antichrist gegen Christus und seine Kirche aufzutreten. Der

Käufer der geiſtlichen Würde kann nach dem einmal begangenen Verbrechen ſich beſſern; der Verkäufer, der Fürſt, begeht es, indem er ſein vermeintliches Recht ausübt, immer von Neuem und iſt darob nur um ſo verdammnungswürdiger.

Nach ſolchen Vorausſchickungen kann es nicht zweifelhaft ſein, in welchem Sinne die namentlich im dritten und letzten Buch der Schrift behandelten Fragen über die Inveſtitur, über die gebührende Stellung der Kirche zum Staat, über die Mittel zur Erreichung der von kirchlicher Seite angeſtrebten Beſſerung werden entſchieden werden. Nach lebhaftem Einſpruch gegen die ebenſo nahe liegende als gefährliche Behauptung, daß bei übrigens unentgeltlicher Erlangung der Weihe die angefochtene Art der Erhebung doch nicht als Simonie bezeichnet werden dürfe, da ja durch die beanſtandete Gegenleiſtung nur der Nießbrauch der Kirchengüter, nicht die geiſtliche Würde erworben werde — einer Behauptung, gegen die auch Petrus Damiani eifrig angekämpft hat[9]) —, nach erneuter Betonung der Unzertrennlichkeit der Verbindung zwiſchen der Kirche und ihrem weltlichen Beſitz und der Theilnahme des letztern am ganzen Weſen der Kirche, wird denn alſo conſtatirt, daß zur Zeit bei der Erhebung jedes Prälaten die Ertheilung der Inveſtitur durch den weltlichen Oberherrn das Maßgebende iſt. Und wenn dieſes Verfahren nach den früher feſtgeſtellten Prämiſſen ohne Weiteres unter den Begriff der Simonie zu ſtellen iſt, ſo wird die Größe und Strafbarkeit dieſes Verbrechens dadurch, daß gemäß dem gegenwärtigen Verfahren der Act der Inveſtitur mit Ring und Stab durch den Weihenden wiederholt wird, nur noch verdoppelt.

Seit den Zeiten der Ottonen namentlich wüthet das Uebel in dieſer Geſtalt. Selbſt ein Heinrich III. hat es beim beſten Willen nicht ausrotten können — (ſo idealiſirte man ſich und dem Publicum, wider beſſeres Wiſſen, bereits dieſe Geſtalt, im Hinblick auf das, was man ſeinen Nachfolgern in dem vorauszuſehenden

Kampfe vorhalten wollte) —; in Frankreich hat es den höchsten
Grad erreicht. Wahrlich, eine Besserung wäre es gegenüber solchen
Zuständen zu nennen, wenn nur ein doppelter „Verkauf" der
Kirchen stattfände, wie in der orientalischen Kirche, wo höchstens
der Metropolit mit seinen geistlichen Helfershelfern ihn ausüben
kann, der Kaiser aber oder sonstwelcher Laie sich mit der Bestimmung
kirchlicher Angelegenheiten durchaus nicht befaßt.[*)] Hier im Abend-
lande, wo Kaiser und andre Laien es thun, findet in jedem einzelnen Fall ein vierfacher „Verkauf" statt. Denn neben den
beiden Hauptpersonen des sündigen Geschäfts wirken doch auch
immer noch Vermittler mit, — die übrigens selbstverständlich die
gleiche Schuld, wie die unmittelbar Betheiligten, auf sich laden.
Mindestens also die Herstellung jenes Verhältnisses, wie es im
Orient besteht, wäre zu erstreben und würde schon einen beträchtlichen Vortheil für die Kirche bedeuten. Begründet wurde dasselbe
von Constantin dem Großen, — und es begreift sich, daß Humbert
dessen Verfahren so recht nachdrücklich in der seiner Zeit geläufigen
Weise hervorhebt. Nicht einmal die grundbösen, ketzerischen Longo-
barden widersprachen dem Papst, als er kraft apostolischer Macht-
vollkommenheit in Mailand einen Bischof einsetzte. Das Recht
der Bestätigung der Metropoliten kommt dem Papst, dasjenige der
Bestätigung der Bischöfe den Metropoliten zu; nicht Pippin, nicht
Karl der Große, noch ihre Nachfolger bis zu den Ottonen herab
maßten sich in dieser Hinsicht Eingriffe in die Rechte der Kirche.
an. Wenn nun seitdem so heillose Zustände in's Leben getreten
sind — jetzt um so unerträglicher, da sogar ein Weib, die Kaiserin
Agnes, in der geschilderten Weise die Kirchen „verkauft" —, so
ist es an der Zeit, ihnen gegenüber die gebührende Stellung der
Kirche zum Staat in Erwägung zu ziehen, ihre Durchführung mit
allen Mitteln in's Auge zu fassen.

Und da kann es denn zunächst nicht zweifelhaft sein, daß vor
jeder weltlichen Gewalt die Kirche den Vorrang zu beanspruchen

hat. Sie verhält sich, einschließlich ihres Besitzes, zum Staat, wie die Seele zum Körper, wie am Leibe das Haupt zu den minder edlen Gliedern, die übrigens selbst wieder unter einander dem Range nach mannigfach abgestuft sind. Nach Maßgabe dieses Verhältnisses soll zunächst jeder von beiden Theilen auf seine Pflichten und seine Weise beschränkt sein. Allerdings hat ja die Kirche das Recht, die Fürsten dieser Welt und überhaupt die „getreuen Laien" zur Hülfe und Mitwirkung in gewissen Dingen geistlicher Natur aufzurufen; doch mag das nur geschehen, um die den Kirchengesetzen hartnäckig zuwiderhandelnden, blos geistlichen Strafen trotzenden Priester nöthigenfalls durch äußeren Zwang zum Gehorsam zurückzubringen — obschon dieser Punkt, aus leicht begreiflichen Gründen, nur sehr vorsichtig berührt wird —, um das Volk zur Ergebenheit gegen die Kirche anzuhalten. Aber auch durchaus Nichts weiter dürfen Laienhände im Bereich der Kirche sich anmaßen.

So ist denn nun die Lage der Dinge. Sehe also ein Jeder, wie er es mit seinem Seelenheil vereinigen kann, jene Diebe und Räuber, nach dem Bilde des Evangeliums[10]), als geistliche Hirten zu betrachten, ihre gottesdienstlichen Handlungen als gültig und heiligend hinzunehmen.

So etwa Humbert. Und was es bedeuten wollte, wenn Erwägungen wie diejenigen, mit denen er abschließt, in jener Zeit der Menge vorgehalten wurden[11], dafür lag in dem Augenblick, wo er schrieb, auch schon ein greifbares Beispiel vor. Wie können sich doch die Zeiten ändern! Reichlich zwei Jahrhunderte waren vergangen, seitdem die pseudo-isidorische Sammlung entstanden war, die kaum Etwas so häufig und eindringlich verkündigte, als daß das Volk seinen geistlichen Oberhirten zu gehorchen habe, zu einem Urtheil über sie unter keinen Umständen berechtigt sei; und welche Waffen lieferte ebendieselbe gerade jetzt wieder zur Durchfechtung der päpstlich-centralistischen Ansprüche! Aber Unterwerfung prebigt man nicht mehr baju, sondern Aufruhr. Soeben war auch schon, angefacht von Fanatikern und durch gewisse politische Verhältnisse nur noch genährt, zu Mailand jener wüthende Kampf der Pataria gegen Simonie und Nicolaitismus entbrannt, der binnen Kurzem an erster Stelle die Handhabe zum offnen Hervor- treten mit den päpstlichen Ansprüchen bieten, der hier und ander- wärts, wohin er verpflanzt ward, eine für alle Gegner derselben im höchsten Grade furchtbare Waffe werden sollte.

Wie hätten, wo eine solche Entwickelung im Gange war, solche Interessen in Frage kamen, die römischen Capitani noch im Stande sein können, durch einen nach den Maßstäben ihres Gesichtskreises bemessenen und erhobenen Papst in die Leitung der Dinge auf die Dauer einzugreifen? Siegend erhob sich ein Nicolaus II., bei dessen Wahl bereits in der Hauptsache alles das zur Anwendung kam, was, früher schon versucht, bald als Gesetz verkündigt werden sollte und in der That ebensosehr die Unab- hängigkeit des Papstthums wie seinen universellen Charakter zur Geltung gebracht hat. Entscheidend für alle Folgezeit wurden die von ihm promulgirten Beschlüsse der römischen Synode vom 13. April 1059, deren geistiger Urheber Hildebrand von nun an auch offen und im vollsten Maße als der eigentliche Träger und Führer des Papstthums erscheint. Nicht zwar die von Neuem verschärften Beschlüsse gegen Simonie und Unkeuschheit der Priester sind es, denen dabei ein besondres Gewicht zuzumessen wäre. Aber die Form der Papstwahl wurde im Sinne der jetzt herrschenden Partei festgestellt und factisch die Befreiung derselben von jedem Einfluß der Kaisergewalt gewonnen; legte man sich dabei im Hin- blick auf die Umstände einstweilen noch eine Beschränkung auf, so hatte diese doch keine principielle Bedeutung und ist thatsächlich nie zur Anwendung gekommen. Es wurden von Neuem alle Kleriker von der weltlichen Gerichtsbarkeit ausgenommen; es wurde den Laien verboten, Amtshandlungen ihrer durch Simonie und

Nicolaitismus befleckten Priester entgegenzunehmen; es wurde die Forderung aufgestellt, daß kein Kleriker, sei es für Entgelt, sei es unentgeltlich, von einem Laien eine Kirche empfangen solle. In Verbindung damit sind auch zum ersten Mal seit dem Beginn der Reformperiode Beschränkungen hinsichtlich des lehnmäßigen Besitzes von Kirchengütern durch Laien ausgesprochen worden.

So war, was Humbert als Lehrmeinung wissenschaftlich zu begründen versucht hatte, binnen Jahresfrist bereits Gesetz der Kirche, seine Befolgung Bedingung des Seelenheils geworden. So erklärt sich wohl auch, daß die an sich hochwichtige Schrift selbst bald wieder in den Schatten der Verborgenheit zurücktrat. Wenn aber die Erreichung der aufgestellten Forderungen ohne eine gründliche Umgestaltung der augenblicklich bestehenden Zustände undenkbar war, konnten sich die leitenden Männer in Rom darüber unklar sein, daß das voraussichtlich einzige Mittel zur Herbeiführung der letzteren ein offener Kampf von Gewalt gegen Gewalt, ein Kampf des Papstthums gegen weltliche und geistliche Mächte sein werde? Wenigstens weist darauf nicht das neue Verhältniß hin, in welches eben damals der päpstliche Stuhl zu den unteritalischen Normannen trat, ein Verhältniß, dessen Form zugleich von da an als die Grundlage eines ganz neuen Staatensystems überall in nächste Aussicht genommen erscheint.

Im Sinne jener Bestimmungen versuchte jetzt auch Rom zuerst eine officielle Entscheidung der mailänder Händel und bahnte die Unterwerfung der mächtigen Nebenbuhlerin, der Kirche des heiligen Ambrosius, an. „Von Neuem gleichsam investirte der Papst auf dieser Synode den Erzbischof Wibo mit seinem Erzbisthum durch einen Ring. War derselbe bisher ein Vasall des Kaisers gewesen, so sollte er fortan der Dienstmann des römischen Bischofs sein: wie anders war die ungewohnte Ceremonie zu deuten?"[12])

Da mußten wohl, wollten sie nicht willenlos sich in den an-

gebahnten Sturz des bisher gültigen Systems hineingezogen sehen,
die Bedrohten sich zur Wehr setzen. Gegen die Beschlüsse der
Synode erhob sich der deutsche und lombardische Episcopat, die
Reichsregierung, — obwohl gerade hier einer kräftigen Action
tausend Hemmnisse im Wege standen. Alle Bedenken und Verhandlungen schneidet der Tod Nicolaus' II. ab, der offne Kampf
entbrennt. Noch fand der Widerstreit der Interessen im Wesentlichen zwar nur in der Personenfrage Ausdruck, ob Anselm von
Lucca oder Cadalus von Parma, ob Alexander II. oder Hono-
rius II. Papst sein solle. Aber konnte, wenn denn die Haupt-
und Grundfrage noch nicht in den Vordergrund gestellt erscheint,
der Ausgang des gegenwärtigen Streits für die künftige Entscheidung der letztern bedeutungslos sein? Und siegreich behauptet
sich Alexander II. auf Petri Stuhl. Wohl mochte, bis das erreicht war, die Gesetzgebung der römischen Kirche auf ein weiteres
Vorschreiten in der begonnenen Richtung verzichten; ja, völlig
freie Bahn schuf eigentlich erst wieder der endliche Tod des Gegen-
papstes und seines letzten, doch eben durch seine Stellung selbst
hochwichtigen Anhängers, des Erzbischofs Heinrich von Ravenna
(1072). Daß das keinen Rückschritt bedeuten solle, bewies die
Wiederholung der Synodalbeschlüsse von 1059 auf der römischen
Synode des J. 1063, wahrlich eine kühne That zu einer Zeit, wo
noch in jedem Augenblick die ganze Existenz des Papstes und
der von ihm vertretenen Richtung auf dem Spiele stand.

Mochte selbst das auf die Erhebung zu geistlichen Würden
bezügliche Gebot — vereinzelt, wie es bastand, ohne besondere Strafandrohung und wie nur deshalb bereits zweimal aufgestellt, um
vor der Hand etwa auf einzelne Geister zu wirken und erst einmal einer spätern Zeit, falls sie daran anknüpfen wollte, die Berufung auf eine ausdrückliche, ältere Bestimmung zu ermöglichen
— an der öffentlichen Meinung im Großen und Ganzen noch
spurlos vorübergehen. Mochte der Papst in einzelnen Fällen, wo

es die Umstände vorläufig räthlich erscheinen ließen, das her-
kömmliche Verfahren der Erhebung ausdrücklich bestätigen. Anderwärts ließen es dieselben Umstände zu, für ein neuzugründendes
Bisthum die „sogenannte Investitur" doch feierlich zu verbieten,
und die speciell in diesem Fall in Betracht kommenden Rechts-
verhältnisse brachten sogar die Genugthuung, daß dafür auch die
königliche Bestätigung ohne wesentlichen Anstand zu erreichen war.
Und im Allgemeinen wurde doch gerade während dieser Periode
hinsichtlich der Consolidirung der Kirche auf Grund der Idee des
römischen Papstthums ganz Außerordentliches erreicht. Zugleich
nahmen die Dinge in Mailand eine Wendung, welche nicht günstiger gedacht werden konnte, um schließlich doch die Frage über
die Erhebung der Bischöfe an geeigneter Stelle zur Entscheidung
zu drängen. Hier war der Punkt, an dem nach und nach das
Princip zu Tage geförbert, von dem aus seine Herstellung in die
Wirklichkeit mit der Hoffnung auf Erfolg in Absicht genommen
werden konnte.[13])

Die mailändischen Unruhen hatten, von Rom fortwährend
genährt und in seinem Interesse ausgenutzt, mit nur kurzen Unter-
brechungen fortgedauert, ohne daß die eine oder die andre Partei
auf die Dauer hätte die Oberhand gewinnen können. Gerade als
die Pataria von Neuem obenauf war, zwischen 1067 und 1068,
hatte sich ihr Führer, der Ritter Herlembald, wieder einmal nach
Rom begeben, und dort waren, sei es, daß man im Hinblick auf
das hohe Alter des Erzbischofs Wido sich auf alle Fälle vorbe-
reiten zu müssen glaubte, sei es, daß man von seinem bemnächst
auszuführenden Plan Kunde besaß, in erster Linie die Maßregeln
in Berathung gezogen worden, die bei einer etwaigen Neubesetzung
des ambrosianischen Stuhls zu ergreifen sein würden. Stand
nun in dieser Hinsicht die Unrechtmäßigkeit des bisher gültigen
Verfahrens für alle Betheiligten ohne Weiteres fest, so betonte
Hildebrand noch besonders, daß nur durch eine „kanonische Wahl"

die mailänbischen Händel gestillt werben könnten. Für kanonisch aber sei biejenige zu erachten, welche burch Klerus unb Volk vorgenommen unb beren Ergebniß burch ben Papst bestätigt werbe. Der Papst sollte an bie Stelle bes Königs eintreten, bie Pataria, bie bisher mehr im Sinn ber mönchisch-reformatorischen Bewegung gekämpft, sollte von nun an birect für bie päpstlichen Ziele einstehen.

Herlembalb nahm bemgemäß in ber Heimath seinen Anhängern einen Eib ab, nach Wibo's Tod eine berartige Wahl burchführen zu wollen. Wibo aber, zum Theil seiner bebrängten Stellung herzlich mübe, zum Theil auch um einem solchen Verfahren zuvorzukommen, trat seine Würbe burch Uebergabe von Ring unb Stab an einen mailänbischen Kleriker Gottfrieb ab, ber ungesäumt vom König bie Bestätigung erbat unb erhielt. Freilich vergebens; benn Niemanb wollte ihn als Erzbischof aufnehmen, ber Bann bes Papstes traf ihn, nur mit Waffengewalt konnte er sich in einer Burg bes Sprengels gegen bie wiber ihn ausgezogene Pataria halten. Um bie Verwirrung noch zu mehren, nahm jetzt Wibo bie früher niebergelegte Würbe von Neuem an, unb bas Schisma war ba, obwohl Herlembalb ben Zweibeutigen wenigstens sofort in sichern Gewahrsam nahm. Als nun Wibo im Jahr 1071 starb, erfolgte ber einmüthige Beschluß, bennoch auf keinen Fall ben Gottfrieb anzunehmen; vielmehr erhob bie Pataria in Gegenwart unb unter Zustimmung eines päpstlichen Legaten ben jungen Kleriker Atto zum Erzbischof. Freilich kaum war bas geschehen, so erhoben sich auch bie Gegner, jagten bie festlich Schmausenben auseinanber, mißhanbelten ben Legaten unb Atto, unb zwangen ben letztern, eiblich auf seine neue Würbe zu verzichten.

Zwar wurbe in Mailanb bie Sache vor ber Hanb nicht weiter getrieben; ruhig lebten Atto unb Gottfrieb, jeber auf seinem Besitz, als Privatleute neben einanber. Der Papst bagegen auf

Antrieb Hilbebrand's entband sofort den erstern von seinem Eide als einem erzwungenen, erkannte ihn als rechtmäßigen Erzbischof an und sprach auf der römischen Synode balb nach Ostern 1072 über Gottfried — was später auch Hilbebrand als Papst alsbald wiederholte — den Bann aus.

Alexander II. hatte sich selbst für eine Ordnung ber Angelegenheit in seinem Sinne ober, wie das in die geistliche Phraseologie umgesetzt lautete, „nach Gottes Vorschrift" (secundum Deum) beim König verwendet. Um so größeres Aufsehen mußte es erregen, wenn biefer zu Anfang bes J. 1073 ben lombarbischen Bischöfen ben gemessenen Befehl ertheilte, Gottfried zu ihrem Metropoliten zu weihen. Der Befehl fand sofort, obschon nicht zu Mailand, das Gottfried als Erzbischof nie betreten hat, doch zu Novara Ausführung. Man wollte hinterher wissen, daß berselbe von Gottfried um vieles Gelb erlangt worden sei. Unb allerbings haben sicherlich ganz bestimmte Abmachungen politischen Inhalts zwischen ihm unb bem König stattgefunden, wie es auch die Ueberlieferung anbeutet. Diejenige von bem Gelbgeschäft dagegen bürfte, ganz abgesehen bavon, daß sie auch äußerlich in wenig vertrauenswürdiger Form auftritt, aus inneren Gründen stark in Zweifel zu ziehen sein. Wenigstens kann die spätere Reue des Königs über sein Verfahren, kann sein späterer Haß gegen die Vermittler in biefer Angelegenheit nicht als Zeugniß für die Wahrheit berselben gelten. Desto leichter aber, ja vielfach so gut wie unwillkürlich, war für die Anschauungen ber Zeitgenossen die Verwechslung beiber Vorgänge. Den Gegnern ber königlichen Sache wenigstens fielen ja boch beide Arten ber Erhebung, mochte nun dabei eine Leistung von wirklichen Werthen ober auch nur sonst irgendwelche Vereinbarung stattgefunden haben, ohne Weiteres unter ben Begriff ber Simonie.

Zu Ende bes J. 1072 war es gewesen, daß sich Heinrich IV. zum letzten Male ber burch die reichsständische Opposition ihm aufgebrungenen Leitung des Erzbischofs Anno von Köln entlebigte,

um frei mit den Männern seiner eignen Wahl die Wiederherstellung der königlichen Macht zu betreiben.

Wenige Wochen darauf nun, zur römischen Fastensynode des
J. 1073, belegte der Papst — auf besondern Antrieb der Kaiserin
Agnes, wie es heißt — mehrere „Rathgeber des Königs, welche
ihn von der Einheit der Kirche trennen wollten," mit der Excommunication.[14])

Gewiß war der Papst, wenn man die Sache vom rein kirchlichen Standpunkt aus betrachtet, berechtigt, geistliche Strafen
auch dieser Art zu verhängen. Aber ebenso gewiß trat gerade in
diesem Fall die geistliche Bedeutung der Maßregel hinter die
politische durchaus zurück; sie war ein Schlag gegen das Kaiserthum und die Kaisermacht in der Person des Königs Heinrich
und hatte sich auch drüben nur dieser Auffassung zu gewärtigen.
Darüber konnten sich ihre Urheber am allerwenigsten unklar sein,
sie konnten auch hinsichtlich ihrer Folgen keine der beiden möglichen
Eventualitäten außer Berechnung gelassen haben. Mag der König
nachgeben oder Widerstand leisten: an diesem einen Fall wird
die Frage über die Besetzung der geistlichen Aemter insgemein;
an dieser die Grundfrage über die Stellung der Kirche zum Staat
hervorgezogen und zur Entscheidung gebracht werden.

Zu gewinnen war im erstern Fall das wichtigste Präjudiz,
ein fester Ausgangspunkt für die Gesammtheit der weitergehenden
Forderungen Roms, deren officielle Aufstellung dann nur noch
eine Frage der Zeit sein konnte. Aber auch wenn der König
widerstand, war für das Papstthum zu gewinnen Alles, zu verlieren fast Nichts. Denn zu vernichten, gesetzt den Fall einer
Niederlage, oder auch nur in seiner derzeitigen Machtfülle wesentlich zu schädigen war dasselbe längst nicht mehr. Nichts beweist
das besser, als daß auch in den Zeiten des heftigsten Kampfes,
wie er bald wirklich entbrennen sollte, die Königlichen nie den
Begriff des Papstthums, einschließlich der gesammten Befugnisse,

welche es bis zur Aufwerfung des Investiturverbots erworben und geübt hatte, in Frage gestellt haben. Oder erkannten sie ihrem Gegenpapst Clemens III. (Wibert) auch nur irgend Etwas von dem nicht zu, was ein Leo IX., selbst ein Nicolaus II. besessen hatte? Haben sie doch selbst zum Theil das Decret des letztern über die Papstwahl und das Recht des Königs zur Betheiligung an derselben für sich angerufen. Es war, so erklärlich die Sache durch den Geist des Zeitalters, wie durch den ganzen Gang der bisherigen Entwickelung ist, die verhängnißvollste Blöße, welche sie sich gegenüber den Römisch-Päpstlichen gaben, die für Principien fochten und mit Principien wirkten, während Jene selbst in der Mehrzahl sich kaum recht darüber klar wurden, daß es sich hier um mehr als um eine Personenfrage handle.

Und wurde man durch eine etwaige Niederlage selbst um einige Stufen zurückgeworfen, was konnte das austragen, wo man von der Erreichung des idealen Zustands überhaupt noch so weit entfernt war?

Indeß zu einer Niederlage für die päpstliche Sache waren die Dinge nicht einmal angethan. Schwer gelitten hatte im Reich das königliche Ansehen, die königliche Gewalt; schon war diese in Italien fast vollständig aufgelöst. Hand in Hand mit dem Papstthum wirkten gegen dieselbe ehrgeizige, auf das allgemeine Wohl niemals bedachte Fürstengeschlechter und arbeiteten ihm, absichtlich und unabsichtlich, fortwährend in die Hände. Bereits eine ganze Reihe von Demüthigungen hatte der widerstrebende Episcopat über sich müssen ergehen lassen. Dazu kam, daß die jetzt vom Papstthum in seinen Dienst genommene reformatorische Bewegung, selbst in Bezug auf die von der strengsten Richtung in's Auge gefaßten Ziele, doch schon nicht Weniges von ihren Forderungen durchgesetzt hatte. Was wollte es z. B. sagen, wenn auch weiterhin noch mehr als einmal selbst gewaltsamer Widerstand gegen den Cölibat sich erhob? Beschränkte er sich doch, sogar innerhalb der engern räumlichen Kreise, innerhalb deren er überhaupt noch hervortreten konnte, zumeist nur auf die unmittelbar in ihren Interessen Geschädigten; und in der Verdammung der Simonie stimmten vollends Alle überein, mochten sie den Begriff nun im engern oder weitern Sinne fassen. Ganze Länderstrecken, innerhalb wie außerhalb des Reichs, waren besonders durch das neue Mönchthum[15]) in einer Weise bearbeitet worden, daß es nur eines Winks der Männer von Rom bedurfte, um den rücksichtslosesten Widerstand, den kühnsten Angriff gegen Alles hervorzurufen, was ihren eignen Absichten entgegenstand, — derselben Männer, die doch in allen andern Dingen, wie auch später ihre Gegner entrüstet constatirten, gegen jede Berechtigung eines Eingriffs von Laien in kirchliche Angelegenheiten so ernstliche Verwahrung einlegten.

Einen zweiten bedeutungsvollen Vorgang brachte dieselbe Synode: den Treueid des neuerhobenen Erzbischofs Wibert von Ravenna. Welch' wunderbare Symmetrie der Ereignisse! In ganz ähnlicher Weise war 1059, als das Papstthum den ersten Anlauf gegen das Imperium unternahm, die Kirche des h. Ambrosius, die andere, wichtigste Nebenbuhlerin der römischen, der letztern verbunden worden. Nur daß dies damals, dem Stand der Verhältnisse entsprechend, in minder scharf ausgeprägter Form zum Ausbruck kam. Jetzt ließ sich gegenüber der Kirche des h. Apollinaris schon Andres wagen, und die bisherige Stellung des Erhobenen zur römischen Curie, wie die Erinnerung an diejenige seines Vorgängers, forderten allerdings noch besonders dazu auf.

Wohl hatten auch bisher Erzbischöfe und Bischöfe bei Empfang des Palliums, beziehentlich bei der Consecration, unbeschadet ihrer sonstigen Verpflichtungen, dem Papst Treue und Gehorsam schwören müssen; aber es hatte sich dabei um den kanonischen Gehorsam gegen Roms kirchliche Oberleitung gehandelt. Der Eid, den Wibert leistete, gehört völlig unter den Begriff des Lehnseides

4*

und verhüllt dieses Verhältniß auch in der Form nach keiner Richtung. Das Schema ist genau dem nachgebildet, mit welchem weltliche Vasallen ihren Lehnsherren sich verpflichteten. Die römische Kirche hatte freilich Hoheitsrechte über Ravenna geltend zu machen. Aber es fiel trotzdem schon damals auf, daß die Eidesformel keines Kaisers, Königs oder Patricius gedachte, mitten unter den bisher unerhörten Verpflichtungen, welche sie dem neuen Erzbischof gegenüber dem Papst und seinen „durch die Wahl der bessern Cardinäle erhobenen" Nachfolgern auferlegte.

Wir wissen, daß es Hildebrands Einfluß war, der den ur-sprünglich widerwilligen Papst zur Ertheilung der Weihe an Wibert bewog. Das schneidet jeden Zweifel darüber ab, wie er zu jenem Eid gestanden haben muß. Oder sollte er nicht eben die Form gefunden haben, unter welcher sich dem Papst das Zugeständniß denn doch annehmbar machen ließ? [16])

So etwa gekennzeichnet war die Lage, so scharf zugespitzt waren alle Verhältnisse, als wenige Wochen nach den letztgenannten Ereignissen Alexander II. vom Schauplatz abtrat und damit Gregors VII. Pontificat begann.

III.

Wenn der neue Papst es vermied, die Dinge sofort zum offnen Bruch zu treiben, wen dürfte das Wunder nehmen? Uebel würde es um die Existenzberechtigung der Untersuchung stehen, die eben nur dies noch besonders begründen zu sollen glaubte. Und wenn Gregor eine Vereinigung über die vorhandenen Streitpunkte am liebsten, wie er wiederholt erklärt, auf friedlichem Wege her-gestellt sähe, so kann auch über die Aufrichtigkeit dieses Wunsches nicht der geringste Zweifel aufkommen. Freilich wird in Verbinbung damit von ihm stets nur der eine Weg zur Erreichung dieses Ziels bezeichnet: daß der König seinen, des Papstes, Rathschlägen Gehorsam leiste. Will er das nicht, dann muß es wohl zum Kampfe kommen. Der Papst wird die Wahrheit bis auf's Blut gegen ihn vertheidigen. Sollten die Waffen, deren er sich dabei zu bedienen gedachte, andre gewesen sein, als diejenigen, mit denen er noch im Verlauf desselben Jahrs auf ganz analoge Anlässe hin den Köng von Frankreich bedrohte?

Indeß nicht sowohl um jene Fragen kann es sich handeln, als darum, ob und inwieweit Gregors Politik an die bisher vom römischen Stuhl vertretene, von ihm selbst ja wesentlich beeinflußte anknüpfte. Oder bedeutet sein in hohem Grade reservirtes Auf- treten eine Geneigtheit zu einem wirklichen Zurückweichen von den bisher aufgestellten Forderungen? Will er dem König durch reelle Zugeständnisse die Unterwerfung erleichtern und so zur Vermeidung unseligen Kampfs das Möglichste thun?

Unparteiische Betrachtung bejaht die erste, verneint die beiden letzten Fragen.

Der Entschluß zum Beharren in der bisher eingeschlagenen Richtung tritt auch sofort nur allzu deutlich hervor in der Art und Weise, wie Gregor alsbald innerhalb der allgemeinen poli- tischen Lage Stellung nahm, noch mehr in allen seinen Aeußer- ungen und Handlungen bezüglich der mailänder Angelegenheit. Atto, der sich jetzt nach Rom begab, fand dort Aufnahme und neue Anerkennung. Das Urtheil über Gottfried und seine An- hänger wird in den päpstlichen Erlassen, auch unter ausdrücklicher Berufung auf den Spruch der letzten römischen Synode, in allen seinen Theilen aufrecht erhalten; „Streiter Christi" sind seine Gegner. Die mailänder Sache ist es vor Allem, die den Papst bewegt, das erklärt er nach den verschiedensten Richtungen hin. Ihre hervor- ragende Wichtigkeit betonte auch der König, als seine bedrängte Lage ihn zu dem verhängnißvollen Schritt jenes bemüthigen

Sündenbekenntnisses bewog, das gegen Ende des Septembers 1073 in Gregors Hände gelangte. Sie bildete in erster Linie den Gegenstand der vertraulichen Verhandlungen, welche der letztere unter Umgehung des Königs mit den wichtigsten oppositionellen Factoren innerhalb des Reichs über die Wiederherstellung der Eintracht zwischen Papstthum und Imperium zu führen unternahm. Mögen die päpstlichen Forderungen, soweit sie bei alledem hervortreten, noch recht unbestimmt und allgemein gehalten sein. Mag die Beschuldigung der Simonie, unter welcher Gottfried und sein Anhang mit aller Energie verfolgt wird, noch ohne weitere Erläuterung gelassen und damit ihre Auffassung im ursprünglichen Sinn für Jeden, der sie noch so fassen will, offengehalten werden. Mag die kanonische Frist zur Buße, welche den gebannten Räthen des Königs diesmal gewiß mindestens in derselben Ausdehnung, wie später wiederholt i. J. 1075, gesteckt worden war, vorübergehen, ohne daß sie dieselbe benutzt hätten oder der König sie aus seiner Umgebung entfernt hätte, mag damit auch er den kirchlichen Censuren thatsächlich verfallen sein. Aber wer wollte von einem Zurückweichen reden, wo eben die Waffen geschmiedet werden, um nöthigenfalls das zu erzwingen, was dabei, galt es auch immerhin durch äußere Mäßigung Zeit zu gewinnen, doch noch deutlich genug als unumgängliche Bedingung des Friedens bezeichnet wird? Der König soll Gott die gebührende Ehre geben, das soll die Grundlage des zugleich zum Nutzen der Kirche und zur Ehre der königlichen Würde zu treffenden Abkommens sein. Seine Bedingungen sind normirt durch das Gesetz der Kirche, die Annahme derselben bedeutet soviel wie Gerechtigkeit, die Ablehnung steht gleich der Verachtung des göttlichen Worts. Und selbst an speciellen Andeutungen über die Richtung, in welcher der König zuerst seinen Gehorsam wird zu bewähren haben, fehlt es nicht ganz, mögen sie auch ziemlich versteckt und nur für Personen des päpstlichen Vertrauens bestimmt sein. Sein jugendliches Treiben soll Heinrich aufgeben und sich nach dem Beispiel heiliger Könige richten: so nannte die kirchliche Phraseologie der Zeit mit Vorliebe Herrscher, wie Karl den Großen und Ludwig den Frommen, deren Nennung auch schon an erster Stelle allemal ihre Bemühungen für Herstellung der kanonischen Wahl in's Gedächtniß rief. Das Haupt der Laien ist der König; als solches muß er mehr denn jeder Andre die Religion ehren, die Güter der Kirchen mehren und vertheidigen, den Rath der Bösen meiden, den der Guten befolgen. Gerade in letzterer Beziehung hatte der König gesündigt. Und das Haupt der Laien ist er? Welch ehrende Hervorhebung seiner Würde, mit deren Höhe ja eben auch seine sittliche Verpflichtung wächst! Aber wie, wenn mit diesen Worten auch schon, den Ereignissen vorgreifend, das ganze Ergebniß der bevorstehenden Auseinandersetzung, so wie es sich im Geist des Papstes wiederspiegelte, bezeichnet sein sollte?[1])

Indeß wenn es noch nicht an der Zeit erschien, mit allgemeinen, deutlich formulirten Forderungen aufzutreten, vielleicht ließ sich im einzelnen Fall hier oder dort gemäß dem Sinn derselben eine Wirkung ausüben und damit ein für den weitern Gang der Dinge immerhin werthvolles Einzelergebniß zu Tage fördern. Das that Gregor, soweit die Verhältnisse des Reichs in Frage kamen, hinsichtlich der Besetzung des Bisthums Lucca. Große Vorsicht des Auftretens erforderten freilich die Umstände gerade hier.

In Lucca war sehr bald nach dem Tod Alexanders II., der das Bisthum auch als Papst beibehalten hatte, dessen Neffe Anselm zum Bischof erwählt worden, derselbe, der später in dem großen Kampfe als einer der standhaftesten und eifrigsten Verfechter der päpstlichen Ansprüche sich hervorthat. Sein früheres Leben übergeht sein Biograph in der Hauptsache. Die Gründe, die er für sein Schweigen anführt, lassen freilich nur zu deutlich durchblicken, was auch die folgenden Thatsachen beweisen: daß dasselbe mit den spätern Ansichten des gefeierten Heiligen nicht recht in Einklang zu bringen war. So gewinnt auch die einzige Erwähnung, mit der er eine Ausnahme von jenem Verfahren macht, nicht gerade an Glaubwürdigkeit. Anselm sei nämlich, so erzählt er, einst noch von Alexander II. an den Hof geschickt worden, um dort ein Bisthum — wahrscheinlich Lucca selbst, dessen sich der Papst entäußern wollte — zu erhalten, habe jedoch aus Abscheu vor einer derartigen Erlangung denselben unverrichteter Sache, zum Verdruß des Königs, der darin eine Mißachtung seines Rechts sah, wieder verlassen. Hat man später, dürfen wir fragen, das auf andern Gründen beruhende Mißlingen einer solchen Mission, wenn sie denn in Wahrheit beruht, durch eine derartige Angabe zu bemänteln gesucht? Oder hat Anselm wirklich schon damals der bezeichneten Ansicht angehangen, jetzt aber der Lockung des Bisthums, das freilich im gegebenen Fall nur unter Beobachtung des herkömmlichen Investiturverfahrens zu erlangen war, nicht widerstehen können? Gewiß ist, daß sehr bald nach seiner Wahl und unzweifelhaft auf seine Anregung hin die Markgräfinnen Beatrix und Mathilde bei Gregor anfragten, was er unter den vorliegenden Umständen zu thun habe. Der Papst antwortete ihnen unter dem 24. Juni 1073, Anselm müsse selbst wissen, welches der rechte, welches der linke Weg sei; wähle derselbe den ersteren, so solle es ihn sehr freuen, wähle er den letztern, nicht minder schmerzen; er selbst werde sich durch keine persönliche Rücksicht zur Billigung der Gottlosigkeit bewegen lassen. Das hieß deutlich gesprochen, aber Anselms tiefe Kenntniß der heiligen Litteratur und sein Tact, an die der Papst dabei appellirte, wollten doch nicht zum Verständniß ausreichen. Noch einmal bat er um Auskunft. Aber er hatte sich geirrt, wenn er vielleicht jetzt eine solche zu erhalten hoffte, die ihm gestatten würde, das Bisthum doch zu erlangen, wie es nun einmal nicht anders zu erlangen war, ohne doch in offnen Widerspruch mit den Absichten

des Papstes zu gerathen. Vielmehr hielt Gregor in seinem vom
1. Sept. 1073 datirten Antwortschreiben den früher eingenommenen
Standpunkt völlig fest, mit scharfem Hinweis darauf, daß er schon
auf eine unweigerliche Beachtung seiner frühern Botschaft rechnen
zu dürfen geglaubt habe. Nur daß jetzt die Sache offen und
beim rechten Namen genannt wird. Der Erwählte soll den
Empfang der Investitur so lange vermeiden, bis der König seine
Gemeinschaft mit Excommunicirten aufgegeben und den Frieden
mit dem Papst hergestellt haben wird. Sollten die darauf bezüglichen Verhandlungen sich zu lange hinausziehen, so mag er
unterdeß beim Papst sich aufhalten, um mit ihm Freud und Leid
zu tragen.

So mochte wohl, wo nur sonst die Umstände es erlaubten,
in der Praxis schon eine Abschaffung der Investitur möglich erscheinen, bis dann der Friede mit dem König die völlige Beseitigung bringen würde.

Wirklich kam Anselm nach Rom; als im December desselben
Jahrs der neuerhobene Bischof Hugo von Die dort eintraf, um sich
die Weihe zu holen, fand er Jenen daselbst vor. Beide wollte
nun der Papst weihen, als ihm der König den Wunsch ausdrücken
ließ, dies nicht zu thun, bevor die Gewählten die Investitur
empfangen haben würden. War es Rücksicht auf die Verschiedenheit der Gesinnungen der beiderseitigen Diöcesanen, war es die
Verschiedenheit in der Stellung beider Bisthümer im Reichs-
verband, die Gregor bewog, diesem Ansinnen wenigstens in Betreff
des Anselm Folge zu leisten? Oder hat dieser selbst im entsprechenden Sinn auf die Entschließungen des Papstes gewirkt,
wenn nicht sogar, um nur ins Amt zu kommen, schließlich doch
die gegentheilige Weisung desselben umgangen? Genug, er erbat
und empfing vom König die Investitur und erst darauf die Weihe.
Was trug es aus, wenn binnen Kurzem bittre Reue ihn über-
fiel und ihn bewog, das nach streng kirchlicher Anschauung un-

rechtmäßig erworbene Bisthum in die Hände des Papstes nieder-
zulegen, um es übrigens von dem letztern als nunmehr rechtmäßigen Besitz sofort wiederzuerhalten, gerade so, wie das später
auch dem getreuen Altmann von Passau und Andern im entsprechenden Fall geschehen ist. Verblieb ja doch der Nachwelt
Kenntniß genug davon, um den wahren Charakter dieser Vorgänge
beurtheilen zu können. Der Papst vermeidet zwar noch jedes
energischere Auftreten von allgemeinem Belang in der Investiturfrage, aber dabei beginnt er schon so recht im Gegensatz zu der
beanspruchten Befugniß des Königs aus eigner Machtvollkommen-
heit Bisthümer zu übertragen. Daß in solchen Fällen für diese
Einsetzung den wahren Maßstab die gehörige päpstliche Gesinnung
des zu Erhebenden abgab, bedarf wohl kaum der Ausführung.
Vom moralischen und kirchlichen Standpunkt aus haben schon
gewichtige Stimmen jener Zeit dieses Verfahren mit Recht scharf
verurtheilt.[2])

Günstiger schon für ein offnes Vortreten mit den neuen Ansprüchen lagen augenblicklich die Verhältnisse Frankreichs. Auch
König Philipp I. hatte an den neuen Papst eine Botschaft gesandt,
durch welche er versprach, sein Leben zu bessern und nach dem
Ermessen des Papstes zur Ordnung der kirchlichen Verhältnisse
mitzuwirken. Welchen Eindruck muß doch schon die bloße Erhebung
des gewaltigen Zuchtmeisters der Könige braußen in der Welt
gemacht, welche Befürchtungen muß sie erregt haben! Jetzt aber
trat Philipp der durch kanonische Wahl erfolgten Berufung des
bisherigen Archidiaconus der Kirche von Autun, Landrich, auf den
seit längerer Zeit erledigten bischöflichen Stuhl von Macon entgegen. Wir wissen nicht, ob es wahr ist, daß er ursprünglich
seine Zustimmung dazu gegeben hatte, wie der Papst gehört haben
will. Jedenfalls droht der letztere für den Fall eines fortgesetzten
Widerstands mit den äußersten Maßregeln. Zwar ist dabei,
in dem Schreiben an den Bischof von Chalon s. S. (v. 4. Dec. 1073),

zuvörderst auch von Simonie die Rede. Der König soll umsonst, wie es sich gebührt, dem Erwählten das Bisthum übergeben; entweder wird er selbst in Zukunft — und damit ist die Forderung allgemein gestellt — unter Vermeidung simonistischen Handels zulassen, daß geeignete Personen zum geistlichen Regiment erhoben werden, oder er wird die empfindlichsten Zwangsmittel angewendet sehen. Schon sind Ausdrücke gewählt, welche von einer activen Betheiligung des Königs an der Bischofswahl Nichts mehr enthalten; und in dem andern, an den Erzbischof von Lyon gerichteten Erlaß wird, ohne die leiseste Hindeutung auf Simonie und was damit zusammenhängt, überhaupt nur von der gebührenden Zustimmung des Königs gesprochen. Verharrt derselbe auf seinem Troß, dann wird der Metropolit den Erwählten auch so in das Bisthum einsetzen, der Papst aber die allgemeine Excommunication über das Land aussprechen. Dann wird schon der Abfall der Unterthanen, um ihres eignen Seelenheils willen, Jenen beugen.²)

Und was kommt da zum Ausdruck, wo der Papst als Lehnsherr selbst waltet? Nicht zwar, als ob in dem Eide des Landulf von Benevent (12. Aug. 1073) überhaupt ein Platz zu irgendwelchen Feststellungen hinsichtlich eines etwaigen Verfügungsrechts dieses Fürsten über Kirchen und Kirchliches hätte sein können, wenn ihm denn nur belassen ward, was sonst den päpstlichen Procuratoren innerhalb der unmittelbaren Besitzungen der römischen Kirche zukam. Aber so oft die normannischen Vasallen der Päpste in Unteritalien seit 1059 diesen den Lehnseid leisteten, haben sie zu ihren sonstigen Verpflichtungen auch geschworen, alle Kirchen mit ihren Besitzungen, soweit sie unter ihrer Herrschaft stünden, in die Gewalt des Papstes überlassen zu wollen. Das hatte damals Robert Guiscard gegenüber Nicolaus II. gethan, dann Richard von Capua gegenüber Alexander II. unmittelbar nach dessen Erhebung; letzterer wiederholte jetzt dasselbe gegenüber Gregor VII. (14. Sept. 1073), sowie es später auch, um hier diese Gruppe gleichartiger Ereignisse zusammenzufaſſen, ſein Sohn Jordan und zuletzt 1080 Robert Guiscard, bei der großen Ausſöhnung zwiſchen ihm und dem Papſt im Angeſicht des bevorſtehenden Entſcheidungskampfs mit dem Kaiſer= thum, gelobt haben. Sollte die Beſtimmung mißverſtändlich ſein? Doch hat man es zu ihrer Erklärung bei dem Hinweis darauf wollen bewenden laſſen, daß ja einſt Calabrien und Sicilien durch Leo den Iſaurier dem Patriarchat Conſtantinopel überlaſſen worden waren, jetzt alſo der Jurisdiction desjenigen von Rom wieder unterſtellt werden ſollten. Aber wie ſteht es dann mit der Provence? Schwor nicht auch Graf Bertram II. (25. Aug. 1081) in dem Eide, in dem er ſich als päpſtlichen Lehnsmann bekannte, daß er alle Kirchen, die in ſeiner Herrſchaft ſeien, dem Papſt Gregor und ſeinen Nachfolgern für alle Zeiten auflaſſe? Und man wende nicht ein, daß hier wenigſtens die Kirchengüter nicht ausbrücklich genannt ſeien; ſie ſind nach der anerkannt feſt= ſtehenden, rechtlichen Anſchauung der Zeit allerdings mit unter dieſem Ausbruck begriffen. Nochmals, der wahre Sinn kann keinen Augenblick undeutlich ſein, mag immerhin die Verſchieden= heit der Umſtände jeweilige Modificationen der ſonſtigen Ver= pflichtungen mit ſich gebracht haben. Dahin alſo ging vom erſten Anfang der neuen Aera her das Beſtreben der päpſtlichen Politik! Gregor adoptirte das rückhaltlos. Wie aber, wenn es gelang, den ganzen Erbkreis zu einem Syſtem päpſtlicher Lehnsſtaaten mit analogen Verpflichtungen umzuſchaffen? [4]

Unmittelbar berührt es ſich mit all dieſen Beſtrebungen, wenn der Papſt ſofort im Beginn ſeines Pontificats den fran= zöſiſchen Großen, die nach Spanien wider die Saracenen aus= ziehen und ſelbſt Reiche gründen wollen, ebenſo ſehr die Ober= herrſchaft des h. Petrus über jene Halbinſel, als die Unzertrenn= lichkeit der Kirchengüter von der Kirche ſelbſt einſchärft und ſie auffordert, falls er nicht ſogar ihrem Beginnen offen entgegen= wirken ſoll, dem h. Petrus nicht daſſelbe zuzufügen, was ihm

jetzt die Ungläubigen anthun. Kam es bis zu wirklichen Ver-
trägen mit Evulus von Roucy und seinen Genossen, sie werden
kaum anders gelautet haben, als die Eide der Normannenfürsten.
Wurden doch schon gegenüber dem König Sancho von Aragonien
in derselben Urkunde, welche ihm das Patronatrecht über alle
den Saracenen zu entreißenden oder von ihm selbst neu zu grün-
benden Kirchen zugestand, mindestens die Bisthümer ausdrücklich
davon ausgenommen.[5])

Und vollends von einem Fürsten der Ungläubigen soll man
selbstverständlich, wie in dem Falle, der dem Papst zu dieser
Auseinandersetzung den Anlaß giebt, der Erzbischof Cyriacus von
Karthago, lieber Alles, selbst den Tod erleiden, als eine Einmischung in die Angelegenheiten der Kirche, namentlich in Rücksicht
auf die Ordination Geistlicher, dulden.[6])

IV.

So weit war Gregor mit seinen Bestrebungen in der uns
vorliegenden Beziehung hervorgetreten, als zum ersten Mal für
ihn in seiner neuen Stellung die Osterzeit nahte, und er, in
directer Anknüpfung an den seit Leo IX. üblich gewordenen Gebrauch, ein allgemeines Concil auf die erste Fastenwoche des J.
1074 nach Rom berief.

Wie hätte er nicht gewillt sein sollen, den ausgiebigsten Gebrauch von dem zu machen, was sich als das wirksamste Mittel
zur Befestigung und Verbreitung der neuen Ideen bewährt hatte?
Hier waren allemal von Neuem die Ergebnisse der Einzelthätigkeit
aus der Zwischenzeit zusammenzufassen und zu neuen Gesetzen zu
formen. Hier war den Gelabnen aus allen Theilen der Christenheit immer von Neuem die Idee der Einheit der Kirche einzig
und allein in der römischen einzuprägen, um dann von ihnen

hinaus in die Welt getragen zu werden. Hier war der Ort, wo von oberster Stelle aus verkündet ward, was dann draußen durch die päpstlichen Legaten — denn auch diesem Rüstzeug der neuen Reformperiode mußte erst Gregor seine vollste Wirksamkeit zu geben — und durch die von ihnen abgehaltenen partiellen Synoden seinen Nachklang fand. Hier war die Stätte, wohin jetzt die Christenheit zu schauen hatte, wenn sie in tiefeingewurzeltem Be- dürfniß sich nach einer obersten Autorität auf Erden umsah, nicht mehr am Hof des Trägers der römischen Kaiserkrone, zumal seitdem dieser durch die Empörung in seinem eignen Reiche zur Partei geworden war. Welches Gewicht mußte den Beschlüssen innewohnen, welche der Nachfolger Petri unter dem Beirath und der hervorragenden Mitwirkung — so mußte es doch nach außen hin scheinen — der geistlichen Hirten der verschiedensten Länder gefaßt! Gregor betont auch selbst in einem der zwei erhaltenen Einladungsschreiben für diese Synode, welchen Werth er darauf lege, seine Maßregeln zur Befreiung der Kirche und zur Wieder- herstellung der Religion unter solchem Beirath zu treffen. Freilich, was konnte doch in Wahrheit bei dem Gange, den einmal die Dinge genommen hatten und dessen Resultate die Bischöfe nicht minder anerkannten, ihr Einfluß in diesen sogenannten Berath- ungen gegenüber dem Willen des Papstes bedeuten, selbst wenn dieser nicht ein Gregor VII. gewesen wäre? Einen so nachhaltigen Eindruck des Verfahrens seiner nächsten Vorgänger mit den römischen Synoden durfte dieser voraussetzen, daß er den An- spruch auf Geltung derselben als allgemeiner Concilien jeder weitern Begründung überhoben glaubte und ihre alljährliche Abhaltung, sogar den widerspenstigen Bischöfen der Lom- bardei gegenüber, als eine alte Sitte der römischen Kirche be- zeichnen durfte. Und wohin führt es erst, will man dem Vergleich bis ans Ende nachgehen, mit welchem er ebendenselben Bischöfen der Lombardei ihr etwaiges Ausbleiben als gleichbedeutend mit der Felonie eines weltlichen Vasallen gegen seinen Lehnsherrn, der eben zum Kampf auszieht, und als derselben Strafen würdig hinstellt? Der treulose Vasall, sagt er, verliert in solchem Falle nicht etwa blos die Gnade seines Herrn, sondern vor Allem sein Lehn. So sah sich Gregor, gerade im Hinblick auf die bevor- stehende Synode, gleichfalls in einen Kampf hineingehen? So sollten sich die Bischöfe, andern voran die lombardischen „steif- nackigen Stiere", als seine Vasallen fühlen lernen? Eben noch von der Synode aus mußte sich der Primas der deutschen Kirche, Erzbischof Siegfried von Mainz, die Frage entgegenhalten lassen, wem anders denn eigentlich, als der Gnade der römischen Kirche, er seinen Platz verdanke; das Jahr war noch nicht vergangen, als auch schon Erzbischof Liemar von Bremen ganz Aehnliches zu hören bekam.

Als Aufgabe der bevorstehenden Kirchenversammlung hatte der Papst in seinen Einladungen bezeichnet: die Mittel ausfindig zu machen, wie dem betrübenden Zustand der Kirche, ihrer Unter- drückung und Ausbeutung durch die Fürsten ebensowohl, die sie wie eine niedre Magd behandeln, als der Verweltlichung der Geistlichen, der Verschleuderung der Kirchengüter durch sie und der aus all diesen Verhältnissen hervorgegangenen allgemeinen Ver- wilderung abzuhelfen sei. Er selbst beseitigt für uns damit jeden Zweifel darüber, ob ihre Beschlüsse auch wirklich in Beziehung zu seinem großen Gesammtplan zu setzen seien. Nicht Neben- sachen, nicht Fragen untergeordneter Bedeutung: die Principien selbst sollten zur Behandlung genommen werden.

Die Synode hat vom 9. bis 15. März im Lateran getagt. Unbekannt ist die Zahl der Theilnehmer, die übrigens vorwiegend Italien und Frankreich angehörten. In Gregors Registrum ist Nichts über sie eingestellt worden, und aus der anderweitigen Ueberlieferung hat erst W. v. Giesebrecht's Scharfblick das rechte Licht über ihre Beschlüsse zu verbreiten gewußt. Hochwichtig sind diese,

und doch wie unscheinbar ihrem Wortlaut nach für minder tief ein=
gehende Betrachtung. Ist's doch, als ob sich das in der ver=
wirrten historischen Ueberlieferung darüber selbst wiederspiegelte,
wenn denn schon von jüngeren Zeitgenossen förmlich wetteifernd
Beschlüsse späterer römischer Synoden Gregors, die auch äußerlich
ihre epochemachende Bedeutung besser kundgaben, gerade auf diese
Synode, gleichsam im dunkeln Bewußtsein ihrer Wichtigkeit,
verlegt worden sind.

Die Erneuerung der Verbote gegen Simonie (im eigentlichen
Sinn verstanden) und Unkeuschheit der Priester, die auch jetzt
erfolgte, will doch mehr bedeuten, als eine bloße Wiederholung
dessen, was schon die Vorgänger gethan. Denn es fehlen von
nun an dazu alle die bisher noch beibehaltenen Uebergangs=
bestimmungen. Beweist das, wie stark man sich jetzt fühlte, so
bildet es vor allem zugleich den Abschlußpunkt der eigentlichen,
kirchlichen Reformperiode und der Thätigkeit Gregors, soweit sie
innerhalb dieser Richtung sich bewegte. Für diese Untersuchung
bedeutet das zugleich den Punkt, von wo an alle die Fälle, in denen
Gregor noch gegen Simonie in ihrem ursprünglichen und eigent=
lichen Sinne eingeschritten ist — und es sind deren nicht wenige
—, aufhören das Interesse zu erwecken, das ihnen bisher zukam,
gerade so wie dies hinsichtlich seiner Bemühungen für Herstellung
des Cölibats, als einer innern, rein kirchlichen Frage, der Fall
ist, sofern nicht eben noch außerdem anderweitige Belange dabei
in Frage kommen.

Neu kam hinzu, daß auch der Mitschuldige eines jeden Ueber=
treters der Simonieverbote denselben Strafen, wie der letztere,
verfallen sein solle. Zwar nicht gerade neu war die Bestimmung
im streng formellen Sinne, vom rein kanonistischen Standpunkt
aus. Aber sie wurde es durch die Lage der Dinge, auf welche
hin sie erlassen wurde und ihre nächste Anwendung finden mußte.
Sie bildet den Ausgangspunkt für Gregors Thätigkeit, soweit

diese nunmehr selbständig die römisch-päpstlichen Ziele verfolgte. Es sei auch darauf hingewiesen, wie eingehend und scharf schon Humbert von den Mitschuldigen an simonistischem Handel und ihrer Strafbarkeit gesprochen hatte.

Die Maßregel konnte aber nach der Lage der Dinge gegen Niemanden gerichtet sein, als gegen die bereits gebannten Räthe des Königs Heinrich und damit auch gegen den letztern selbst. Mit ihr nahm Gregor auch seinerseits und officiell das gegen Jene gerichtete Verfahren auf und gab demselben zugleich eine neue, rechtliche Unterlage. Nur ist die Sache bereits dahin gewendet, daß jetzt auch officiell die Räthe des Königs nur noch als Mitschuldige in Frage kommen, der eigentliche Angriff aber, der früher anscheinend nur ihren Personen galt, auf den König und die von ihm vertretene Sache, das Recht des Staats, gerichtet wird. So ist der Schritt vom religiös-kirchlichen Gebiete, wo die Aufgaben des Papstthums, unbeschadet jeder Frage über ihre Berechtigung an sich, doch wohl eigentlich zu suchen sind, auf das politische hinüber gethan.¹)

Die Richtigkeit dieser Auffassung des Kanons wird durch die Gesandtschaft, die von der Synode aus zum König abging, und ihre Aufträge noch vollends außerhalb jedes Zweifels gestellt. So kam denn endlich zur Ausführung, was Gregor schon alsbald nach seiner Erhebung auf den päpstlichen Stuhl und später nochmals zum Austrag der Unruhen im Reich in Aussicht gestellt hatte; als wichtigste Unterstützung gesellte sich die Kaiserin Agnes den päpstlichen Legaten zu. Sie sollten, dahin ging ihr Auftrag, zugleich die Versöhnung zwischen König und Papst, von der dieser schon so oft gesprochen hatte, zu Stande bringen und den Beschlüssen der letzten römischen Synode in Deutschland, speciell auch durch ein unter ihrem Vorsitz abzuhaltendes Nationalconcil, Eingang verschaffen.²)

Der Papst hatte den König für einen Simonisten erklärt

und betrachtete ihn als den Strafen dieses kirchlichen Vergehens verfallen. Welches Recht hatte er dazu? Und wenn Heinrich durch seine Demüthigung vor den Legaten den Frieden mit Jenem zu erreichen suchte, was hat er damit zugestanden? Diese Fragen verdienen wohl zuvor eine nähere Beleuchtung.

Das bewußte reformatorische Streben auf Seiten der Krone hatte mit dem Tod Heinrichs III. allerdings aufgehört. Freilich darf man als gewiß verkünden, daß auch ein Heinrich III., so sehr es später zur Politik der Römisch-Päpstlichen gehörte, seiner rühmend, sogar recht demonstrativ rühmend zu gedenken,[3] den Anforderungen der folgenden Päpste, vollends eines Gregor, ebensowenig genügt haben würde, als sein Sohn, — daß der Conflict mit ihm gerade so, wie mit seinem Sohne, wahrscheinlich sogar in äußerlich ganz derselben Weise hätte zum Ausbruch kommen müssen. Unter der Regierung Heinrichs IV. nahm das übliche Verfahren bei der Besetzung von Bisthümern und andern geistlichen Würden ganz in der bisherigen Weise seinen Fortgang. Aber während der Vater, wie Freund und Feind in gleicher Weise anerkannten, dabei seine Hände wenigstens immer rein erhalten hatte, fand die Reformbewegung jetzt allerdings Anlaß, über das Vorkommen von Simonie am Hofe zu klagen.

Hier muß nun zwar sofort das Ansinnen zurückgewiesen werden, als ob unser Urtheil über Heinrich IV. irgendwie dadurch beeinflußt werden müsse, wenn Fälle von Simonie unter der vormundschaftlichen Regierung vorgekommen sind. Ist das der Fall gewesen, was hier zu untersuchen nicht der Ort ist, so würde die Thatsache eben nur ein sehr beachtenswerthes Licht auf die Praxis der Partei der Eiferer sowohl, als auch so heiliger, von ihr so hoch verehrter Männer wie Anno von Köln u. A. werfen, die wohl ein besseres Beispiel von Heinrich III. empfangen hatten und mit einem besseren seinem Sohn hätten vorangehen sollen. Und wenn schließlich vielleicht die große Menge auf Grund der in jener Zeit

gebräuchlichen Formen der Staatsverwaltung den König selbst da=
für verantwortlich machte, durften das die Einsichtigen, durfte
das ein Gregor VII.?

Wie steht also Heinrich, seitdem sein eigner Wille in Bezug
auf Regierungshandlungen wirklich in Betracht kam, zu den er=
hobenen Anschuldigungen?

Es ist bereits von andrer Seite auf Grund authentischer
Ueberlieferung hinreichend hervorgehoben worden, wie und warum
derselbe sich von Haus aus bisher nichts weniger als störrisch gegen
Rom gezeigt hatte, wie er eigentlich nirgends ernsteren kirchlichen
Bestrebungen entgegengetreten war.[4]) Nur derjenige, der wenigstens
einige von den Streitschriften jener Zeit gelesen hat — und das
wurden mit dem offnen Ausbruch des großen Kampfs nur zu
bald alle schriftstellerischen Producte überhaupt —, kann eine
Ahnung davon haben, in welchem Grade mit der Zeit hüben und
drüben, bei den Päpstlichen wie bei den Kaiserlichen, gelogen,
gefälscht, im besten Fall geirrt zu werden pflegte. Stellen wir
nun die Aeußerungen selbst der erbittertsten Gegner Heinrichs IV.
über die Erhebungen von Prälaten durch ihn zusammen, wir finden,
wenn wir gerecht urtheilen wollen, wahrhaftig nur Weniges, was
einen haltbaren Grund zu den Anklagen hätte geben können, wie
sie die Gegenpartei erhob, — trotzdem daß oder vielmehr eben
weil jene Männer zum großen Theil recht wohl in der Lage gewesen sind, die Thatsachen bis in ihre Einzelheiten hinein zu kennen.

„Der Simonisten Haupt und Herr und Vater ist der König,
auf simonistische, unkanonische Weise, wider Gottes und der h.
Väter Gebot ist die Einsetzung dieses oder jenes Bischofs erfolgt",
so ruft einmal über das andre der Wüthenden Schaar. Aber
was beweisen allgemeine, obendrein im verschiedensten Sinn aus=
zulegende Anschuldigungen, wo Thatsachen zum Beweis
anzuführen wären und wo obendrein in der Regel andre Schrift=
steller ebenderselben Partei für ebendieselben Fälle Nichts von

5*

Simonie und Bestechung wissen, obwohl man voraussetzen darf, daß gerade bei ihnen selbst der leiseste, begründete Verdacht in den härtesten Vorwürfen gegen den König seinen Ausdruck gefunden haben würde?

Es kann uns nicht beikommen zu behaupten, daß die uns erhaltene Ueberlieferung auch nur entfernt alle wirklich vorgekommenen Fälle der Erhebung von Prälaten durch den König, um diesen Ausdruck zu gebrauchen, berühre. Aber zum mindesten merkwürdig muß es dem Unbefangenen doch erscheinen, wenn gerade in Betreff der beiden einzigen Fälle, in welchen die neu zu Erhebenden unzweifelhaft Bestechung geübt haben, eine Schuld des Königs selbst sich nicht nachweisen läßt. Wohl bestach der magdeburger Domherr Karl, als er das Bisthum Constanz, wohl der bamberger Abt Robert, als er die Abtei Reichenau erlangen wollte, die Rathgeber desselben. Aber Heinrich selbst war frei von jedem Vorwurf und fügte sich, sobald die kirchlichen Autoritäten ernstlich gegen die Genannten einschritten, so empfindlich ihn auch die Verletzung seiner Autorität berühren mochte. Ihn für die Handlungen seiner Räthe verantwortlich machen durfte am allerwenigsten jene Partei, deren Schriftsteller es an dem Beispiel gewisser päpstlicher Legaten, die später in den deutschen Händeln auftraten, selbst hervorhoben, wie es so recht Roms Sitte sei, überall her und womöglich von beiden kämpfenden Parteien Geld zu nehmen, wie unter Alexander II., zu einer Zeit, wo doch schon der gottgeliebte Hildebrand in Allem den Ausschlag gab, ein eclatanter Simonist sich von der gebührenden Strafe loskaufte und obendrein Ehren erwarb, — einer Partei, deren nachherige, eifrige Glieder Angebote an maßgebende Persönlichkeiten zu gleichem Zweck durchaus nicht scheuten oder endlich gar am Hof ihres Königs Hermann alle die gerügten Uebelstände in voller Blüthe erblicken und zum Ueberfluß auf ihren Einspruch hin von ihren eignen Parteigenossen die schimpflichste Abweisung sich gefallen lassen

mußten. Gesteht doch Gregor selbst einmal, und zwar dem König
Heinrich, daß der Bischof Hermann von Bamberg im Begriff
gewesen sei, durch Bestechung über seine und seiner Berather
„Unschuld" den Sieg davonzutragen und den ihm drohenden Urtheilsspruch wegen Simonie abzuwenden.[5])

Aber legt nicht, sofern denn nur Heinrichs persönliche Schuld
in Frage kommen kann, sein Schreiben an den Papst aus dem
Sommer des J. 1073 ein unwiderlegliches Zeugniß gegen ihn ab?
Die Frage müßte verneint werden, auch wenn der Inhalt desselben
ganz anders greifbare Anhaltspunkte in der bezeichneten Richtung
böte, als es wirklich der Fall ist. Mag, wer da will, den Beruf
fühlen, die Mähr von dem charakterlosen, jedes sittlichen Halts
entbehrenden Lüstling und Feigling immer von Neuem aufzu-
frischen. Wir würden auch in jenem Fall die Sache aus der
gerade damals obwaltenden Lage hinreichend erklärlich finden,
trotzdem wir Heinrich für einen der thatkräftigsten, gewandtesten,
genialsten Herrscher halten, welche die deutsche Geschichte aufzu-
weisen hat, und hoffen, daß gerechtere Zeiten ihm diesen Ruhm
noch allgemeiner und freudiger, als es die unsern thun, zuerkennen
werden. Denn man versetze sich in seine Lage, wie er, den
Händen der Rebellen kaum entronnen, noch unter den unmittelbaren Eindrücken der Flucht von der Harzburg, von den schwierig-
sten Verhältnissen umgeben, von falschen Berathern, den Fürsten
des Reichs, umdrängt, gepeinigt wird, eben jenen, die längst mit
dem Papst insgeheim Verbindungen angeknüpft hatten, auf welche,
so sehr das Beste des Königs und die Stärkung des Reichs ihnen
zum Aushängeschild diente, doch mit vollem Recht schon der Begriff
des Hochverraths angewendet werden durfte. Man versetze sich
hinein, wie sie ihm mit dem Zorn des Papstes drohen, dessen
Ausbruch sie selbst zu ihrem größten Bedauern zwingen werde,
um des eignen Seelenheils willen ihm den Gehorsam zu verweigern,
und die schon wankende Krone nur zu leicht von seinem Haupt

fallen machen könne, wie geringfügig und nur mehr äußerlich
bemüthigend sie die Zugeständnisse darstellen, durch welche sich das
drohende Ungewitter doch vielleicht noch abwenden lasse. Aber
auch unter diesem Gesichtspunkt betrachtet beweist der Wortlaut
des Schreibens klar, daß es sich hier im Wesentlichen weder um
Anschuldigungen noch um Entschuldigungen wegen Simonie handelt.
Die Einigung von Königthum und Papstthum, und zwar zunächst
auf Grund der unmittelbar zur Behandlung vorliegenden mailänder
Angelegenheit, das ist die Aufgabe, deren Lösung jetzt vor Allem
versucht werden soll, und zwar so, daß sich der König augenblicklich zur Nachgiebigkeit gegen die päpstlichen Ansprüche bereit erklärt. Die mailänder Sache ist aber anerkanntermaßen keine Frage
der Simonie, sondern des Investiturrechts gewesen, selbst wenn es
wahr wäre, daß in einem ziemlich späten Stadium derselben der
früher erwähnte Gottfried einen Versuch der Bestechung am königlichen
Hof gemacht hätte. Bekennt Heinrich einleitender Weise auch, im
Allgemeinen Mißbrauch mit seiner Gewalt getrieben, besonders
Kirchengüter angegriffen und Kirchen an Unwürdige und Simonisten „verkauft“ zu haben, so verweist er doch theils zugleich auf
jene Zeiten und Verhältnisse, welche nach unserm Urtheil, selbst
die Wahrheit der Thatsachen zugestanden, ihn von jeder persönlichen Verantwortlichkeit dafür befreien müßten, anderntheils darf
man die Gegenfrage aufwerfen, inwieweit er nicht doch gerade hier
in Anbetracht der Umstände die Terminologie der Gegenpartei sich
aneignen zu sollen glaubte, welche nachweislich in neun unter zehn
Fällen auch da von einem „Verkauf“ der Kirchen sprach, wo
wirkliche Simonie auch nicht entfernt stattgefunden hatte.
Gesetzt endlich, das Geständniß des Königs hätte doch einen
thatsächlichen Hintergrund und es wäre eine persönliche Ver-
schuldung desselben einzuräumen im Hinblick auf zwei, aber auch
nur zwei Fälle, in welchen ihm eine solche von einem Theil der
Quellen aufgebürdet wird,⁶) hätte dies auch nur irgendwie ein

derartiges Vorgehen der römischen Curie gegen den König, wie wir es bereits begonnen sehen, hervorrufen können oder dürfen, — derselben Curie, welche gegen einfache Simonisten ganz anders zu verfahren pflegte? Aber der Angriff gegen den König und sein Recht war schon längst eröffnet, ehe jene Fälle, deren Richtigkeit noch obendrein sehr stark zu bezweifeln ist, überhaupt sich zugetragen hatten, und innerhalb des gegen denselben eingeleiteten Verfahrens werden sie nirgends in einer Weise hervorgehoben, die zu der Annahme berechtigte, daß päpstlicherseits ihnen irgendwie ein größeres Gewicht beigelegt, ja sogar nur an ihre Richtigkeit geglaubt worden sei.

Es sind andre Ursachen gewesen und ein andres Streben als nur dasjenige nach Herstellung kirchlicher Zucht und Ordnung, welche es veranlaßten, den König als unverbesserlichen Simonisten hinzustellen und in erster Linie unter diesem Namen zu bekämpfen. Denn galt es, die Universalgewalt des römischen Papstthums durchzuführen, wozu der Sturz des Königthums in seiner bisherigen Gestalt die Vorbedingung war, ohne daß dies doch offen auf die Fahne geschrieben werden durfte, da weder unzweifelhafte kirchenrechtliche Grundsätze sich dafür anführen ließen, noch auch voraussichtlich für ein derartiges unverhülltes Programm die unerläßlich nothwendige Mitwirkung der Massen ohne Weiteres zu gewinnen war, so gab es in der That kein geeigneteres Mittel des Angriffs, als eben die Beschuldigung der Simonie. Sie wird also dreist dem König aufgebürdet; die absolute Unklarheit des Begriffs erlaubt es, Vorgänge aller andern Art und von an sich nichts weniger als verbrecherischer Natur unter dem Namen zu begreifen und damit ohne weitere Discussion vor der öffentlichen Meinung als Verbrechen zu brandmarken. Ganz ähnlich verhält es sich mit den Anschuldigungen gegen Heinrichs Privatleben. Thatsächliche Anhaltspunkte für dieselben hat es allerdings vielleicht in etwas höherem Grade gegeben, als für diejenigen in Betreff der Simonie,

obwohl wir weit entfernt sind, jugendliche Unbesonnenheiten des=
selben, wie sie die Umstände noch besonders erklärlich erscheinen
lassen, als ausschlaggebend für unser endgültiges Urtheil über
seinen moralischen Werth gelten lassen zu wollen. Aber würde
nicht auch der reinste Mann weltlichen Standes mit seinen erlaubten Genüssen einer Partei haben unrein erscheinen müssen,
deren Ideal die strengste, mönchische Abtödtung des Fleisches war?
Hatte sie nicht, sofern sie ihn in den Augen der Welt moralisch
vernichten wollte, jederzeit alle Mittel bereit, um selbst ihn als
Verworfnen darzustellen?

Nichts ist bezeichnender für die Methode der Partei, welche
den König anklagte, als wenn sie etwa gegen einen Bischof, den
sie zu beseitigen wünschte, gerade das als hervorragendsten Anklage-
punkt verwendete, was sie sonst aller Orten als Ideal der Frömmigkeit pries und am liebsten überall ins Leben gerufen hätte.[7])

Es ist die Lüge und ihre Macht, Nichts mehr und Nichts
weniger — und das eben ist das Tragische in seinem Geschick —,
an der Heinrich IV. untergegangen ist. Und selten hat sich treffender
die Wahrheit des alten Sprichworts von den Wirkungen breister
Verleumbung bewährt: ihre Nachwirkung verfolgt noch heute den
Schatten des unglücklichen Kaisers.

Es ist unbegründet, wenn man, da für den frühern Theil
seiner Regierung bis zum Ausbruch des großen Kampfs sich so
gut wie Nichts hinsichtlich der Klage auf Simonie nachweisen
läßt, wenigstens behaupten will, daß er später, als er mit der
zunehmenden Dauer des Kampfs gegen Papst und Rebellen auf
allen Wegen Hilfsmittel mußte zu gewinnen suchen, in dieser Beziehung gewiß weit mehr gesündigt habe als früher. Gerade je
weiter der Kampf vorschreitet, je offner die wahren Absichten
derer, die ihn heraufbeschworen hatten, hervortreten, desto mehr
verschwinden Anschuldigungen, wie wir sie vor und mitten in der
Entstehung desselben so häufig erhoben finden. Für die ganze

übrige Zeit Gregors VII. ist Nichts mehr überliefert, was auch nur entfernten Anlaß zu einem Bedenken gegen die Handlungsweise Heinrichs IV. im Punkt der Simonie geben könnte. Man bedurfte drüben, seitdem es sich auch offen nur noch darum handelte, ob der Papst den König bannen dürfe, ob die geistliche Gewalt höher stehe als die weltliche oder nicht, der Maske nicht mehr. Man stand an oberster Stelle davon ab, jene Parole auf Simonie auszugeben, und — bei gleicher Sachkenntniß, wie früher, wissen nun auch unsre Berichterstatter nichts mehr von dem beizubringen, was sie früher überall sahen und bis auf die kleinsten Einzelheiten ans Licht stellen zu sollen geglaubt hatten. Der König behauptete sein Investiturrecht nach wie vor und legte, das erhellt allerdings aus Allem, gerade im Hinblick auf dessen Anfechtung durch die Päpstlichen ein ganz besondres Gewicht auf das Entscheidende seines Willens bei der Erhebung von Prälaten; aber mehr als einmal fand er dabei Gelegenheit, gerade im Gegensatz zu simonistischen Bestrebungen, die Lauterkeit seiner Absichten in das hellste Licht zu setzen.[8]

`Es ist unbegründet, wenn man seinen Bund mit den Gegnern des Papstthums als einen ebendamit nothwendig auch gegen die Kirchenreform selbst gerichteten hinstellt. So wenig das gregorianische Papstthum an sich mit der reformatorischen Bewegung zusammenfiel, so wenig ist auch Jenes der Fall gewesen. Im Uebrigen hielt man sich beiderseits an oberster Stelle frei von Simonie; und wenn man von Rom aus noch fortwährend ausdrücklich dagegen beclamirte und Strafbestimmungen aufstellte, so hat auch die königliche Partei mit ihrem Papst nicht minder feierlich die wichtigsten Forderungen der Reformpartei, Ausrottung der Simonie und Herstellung des Cölibats, sich zu eigen gemacht. Wenn Simonisten, falls sie von der königlichen Partei zur päpstlichen übertreten wollten, dort erst eine rein äußerliche Buße zu bestehen hatten, um sofort ihre Würde als nunmehr legitimen Besitz aus

der Hand des Papstes wiederzuempfangen, so kann darauf unmöglich ein principieller Unterschied in der Beurtheilung beider
Parteien begründet werden.

Es darf wiederholt werden: nicht das Bündniß mit einer
auf sittlich verwerflichen Tendenzen beruhenden, vom Zeitgeist
bereits überholten und unwiderruflich verdammten Richtung war
es, was die Hauptursache zu Heinrichs Niederlage abgab, — auch
wenn das Verhältniß wirklich in diesem Sinn aufzufassen wäre.
Das war vielmehr der Umstand, daß er und die Seinen in den
Grundanschauungen über das Wesen der Kirche und ihres Besitzes,
über die Nothwendigkeit und über die Competenz des römischen
Papstthums schließlich ganz auf demselben Boden mit den Gegnern
standen, anstatt auf die Versuche einer Erreichung der letzten
Consequenzen aus dem bisherigen Entwicklungsgang der Kirchenverfassung im Sinn der Herstellung des päpstlichen Absolutismus
mit der Berufung auf die ursprüngliche Verfassungsform der
Kirche, deren Wiederherstellung den eignen Bestrebungen allein
einen Bestand hätte sichern können, zu antworten. Der verhäng-
nißvolle Mißgriff war, daß man die Person und höchstens die
exorbitantesten Forderungen Gregors, nicht die Grundlagen des
ganzen Systems bekämpfte. Freilich vereinigte sich auch nur zu
Vieles, um den König und die Seinen den wahren Sachverhalt
verkennen zu lassen, selbst wenn nicht auch noch die Gegner nach
besten Kräften dazu beigetragen hätten.[9])

Welch schneidige Waffe hatte der König durch seinen Brief
dem Papst in die Hand gegeben! Den Weg seiner Boten waren
dann, während er selbst andauernd den mißlichsten Verhältnissen preisgegeben blieb, bald auch Gesandte der Sachsen gegangen, um Gregor zum Einschreiten gegen den König zu vermögen. Schon konnte der Papst, so sehr auch äußerlich noch die
Lage der Dinge Vorsicht des Auftretens verlangte, versuchen,
dieselbe Stellung einzunehmen, die wir ihn später mit so vielem

Erfolg behaupten sehen: er verlangte von beiden Theilen Ruhe bis zur enbgültigen Austragung ihres Streits durch seine Legaten.[10]) Freilich hatten sich dann die Dinge noch einmal seiner Mitwirkung entzogen; von Seiten des Königs waren Thaten, die seinen Worten entsprochen hätten, noch immer ausgeblieben. So mußte denn jetzt die Gesandtschaft mit ihren scharf formulirten Aufträgen Klarheit in die Lage bringen, sowohl in Bezug auf die persönliche Stellung Heinrichs, als auf die des deutschen Episcopats, der gegenüber den päpstlichen Ansprüchen noch so manche Elemente autonomistisch-landeskirchlicher Theorien in sich trug.

Und in der That erreichten die Legaten, wenigstens in der erstern Beziehung, so schien es, was man nur irgend in Rom verlangen konnte. Auch wirkte ja Alles daraufhin zusammen, dem König den Muth zum Entschluß des Widerstands zu benehmen. Er demüthigte sich, um dafür, unter dem Gelöbniß der Besserung für die Zukunft, mit seinen Räthen wieder in die Gemeinschaft der Kirche aufgenommen zu werden; und wenn er den Legaten zur Durchführung des andern Theils ihrer Mission nicht gerade seine thätige Mitwirkung lieh, so ließ er ihnen doch mindestens vollständig freie Hand. Wenn übrigens mit alledem selbstverständlich noch entfernt nicht das Endergebniß des großen Einigungswerks zwischen Papstthum und Imperium bezeichnet, sondern nur dessen gedeihliche Betreibung angebahnt sein sollte, so deutet das ihm abverlangte Versprechen, dem Papst bei der Absetzung der Simonisten nach Kräften behilflich sein zu wollen, zugleich mit dem von den Räthen geforderten und geleisteten, die von Simonisten erkauften Kirchengüter zurückgeben zu wollen, deutlich genug, in welcher Richtung vor Allem der Papst noch die Auseinandersetzung für nothwendig erachtete. Freilich ist auch damit gesagt, daß sie nur im Sinne des beim Papst bereits feststehenden Urtheilsspruchs zu erfolgen habe.

Ganz anders aber verlief, was die Legaten noch außerdem

zu unternehmen hatten: der Versuch zur Abhaltung des National-
concils behufs Promulgirung der letzten Synodalbecrete und
Säuberung des deutschen Klerus von gegnerischen Elementen.
Die Bischöfe setzten ihren Absichten den kräftigsten Widerstand
entgegen, und unverrichteter Sache mußten Jene wieder abziehen,
nicht ohne die Hauptschuldigen vor den Richterstuhl des Papstes
geladen zu haben. Zornerfüllt suspendirte dieser den geistigen
Führer der Widerspenstigen, den Erzbischof Liemar von Bremen,
und lud ihn vor die nächste Synode; auch Siegfried von Mainz
erhielt für sich und sechs seiner Suffragane die gleiche Vorladung,
zugleich mit dem Auftrag, bis dahin sorgfältige Nachforschungen
über die Erhebung (introitus) und Amtsführung der letzteren an-
zustellen.[11])

Gregor selbst war, wie er sich bald nach erhaltener Kunde
von den Vorgängen am Hof vertraulich gegen die Kaiserin Agnes
äußerte, durch die Ergebnisse der Gesandtschaft, soweit sie den
König und seine Stellung selbst betraf, doch nicht völlig oder
wenigstens nicht lange befriedigt. Und allerdings, hatte er ge-
hofft, daß etwa Heinrich nunmehr ungesäumt an eine Lösung der
mailänder Frage nach Maßgabe der römischen Auffassung gehen
würde, so hatte er sich getäuscht; dieser that, wenn Nichts dagegen,
doch auch Nichts dafür. Doch anerkannte der Papst wenigstens
das Verdienstliche der Herstellung einer annehmbaren Grundlage,
von wo aus ein weiteres Einvernehmen zwischen beiden Gewalten
möglich sei. Was nach seiner Auffassung aus einer längern Fortdauer des frühern Zustandes für Heinrich hätte hervorgehen müssen,
deutete er dabei verständlich genug an: Empörung der Unterthanen,
Verlust der Krone.[12])

Keiner Schwierigkeit aber kann das Verständniß der Aeußer=
ung begegnen, welche ein späterer Erlaß (26. Oct. 1074) an den
getreuen Rebellenführer, Bischof Burkhard von Halberstadt, enthält, daß er, der Papst, durch die von seinen Legaten seitens der

deutschen Bischöfe erfahrene Zurückweisung immer noch weit mehr zufriedengestellt sei, als wenn Jene, um den Menschen mehr als Gott zu gefallen, die Wahrheit und die Freiheit der von ihnen repräsentirten Gewalt durch irgendwelche Nachgiebigkeit verletzt hätten. Oder was hatte der Papst, als er hier seine Forderungen aufstellte, in Berechnung ziehen müssen? Entweder die Bischöfe fügten sich einfach, und dann war eben im ersten Anlauf Alles gewonnen. Erhoben sie aber Widerspruch, dann mußte diejenige Gestaltung der Dinge die erwünschteste sein, welche es ermöglichte, sie als offne Feinde zu bekämpfen, mit allen den Mitteln, deren Anwendung gegen den gestattet ist, der sich von der Einheit der Kirche getrennt hat. Keine schwächliche Vermittlung mehr, welche die Entscheidung doch nur hinausschieben könnte und obendrein die Gefahr in sich schlösse, daß vielleicht inzwischen erst die Lage sich zu Ungunsten des Papstthums veränderte![13)

Der letztere Fall war, wie kaum anders zu erwarten, eingetreten. Gab es eine günstigere Position, als im äußern Einvernehmen mit dem deutschen Königthum und, wenn nicht gerade unter dessen thätiger Mitwirkung, doch Connivenz, den deutschen Episcopat niederzukämpfen? Welche bessere Vorarbeit für die künftige Auseinandersetzung mit dem Königthum selbst? Da lohnte es sich wohl, durch möglichst versöhnliches Auftreten und milde Form, wobei ja dem Wesen der päpstlichen Ansprüche Nichts vergeben zu werden brauchte, den König hinzuhalten, bis ihm seine wirksamste Stütze unter den Füßen weggezogen sein würde.

Von solchem Geist getragen sind zwei Schreiben, die unter dem 7. December des J. 1074 gleichzeitig an den König gerichtet worden sind. Nicht dieser selbst ist es, von dem die Gefahr einer Spaltung droht; obgleich er die mailänder Angelegenheit noch nicht, wie er versprochen, geordnet hat, so bürgt doch dem Papst die Aufnahme der Legaten, bürgen mancherlei anderweitige, löbliche Bestrebungen Heinrichs zur Besserung kirchlicher Mißstände, bürgen die Zeugnisse seiner Mutter und der Markgräfinnen Beatrix und Mathilde dafür, daß es geschehen wird. Die bösen, unverbesser- lichen Räthe sind es, welche auf die Spaltung hinarbeiten; sie müssen entfernt, an ihrer Stelle muß auf Männer gehört werden, die für ihres Herrn Seelenheil, nicht für ihren eignen Gewinn besorgt sind und die aufrichtig ben König, nicht blos das Seine lieben. Aber auch der Papst ist nur von der aufrichtigsten Liebe, dem festesten Vertrauen gegen Jenen erfüllt und ist bereit, das letztere eintretenden Falls in entsprechender Weise an den Tag zu legen. Noch kann der mailänder Streit gütlich beigelegt werden, noch ist die letzte Entscheidung in der Sache nicht gefallen. Mag also der römischen Kirche ein Irrthum in ihrem bereits zweimal von der Synode bestätigten Urtheil — der Absetzung des Gottfried und der Anerkennung des Atto — nachgewiesen werden: der Papst ist bereit, dem abzuhelfen. Im andern Fall mag der König aus Liebe zu Gott und aus Ehrfurcht vor dem h. Petrus der Kirche ihr Recht frei zurückerstatten. Er selbst soll durch Gesandte über die zur Synode vorgeladenen Bischöfe Bericht erstatten, soll sie, falls sie sich dem Erscheinen entziehen möchten, dazu zwingen.[14])

Wie starke Beweise des Vertrauens! Wird nicht dem König mit der letzten Aufforderung selbst ein ehrenvoller Antheil am Kirchenregiment eingeräumt? Freilich, wen meinte man zu Rom vor sich zu haben, wenn man ihm das Ansinnen stellte, so an seinem eignen Untergang mitzuarbeiten? Und mit welchen Mitteln mag er wohl die römische Kirche des Irrthums überführen sollen?

Nein, die wahren Absichten des Papstes sind andre gewesen, als sie nach seinen Worten dem König haben erscheinen sollen. Nicht anders kann der Sinn einer speciellen Maßregel erfaßt werden, die noch bald darauf von Rom aus verfolgt wird. In einem Erlaß vom 22. December 1074 an den Grafen, den Klerus und die Gemeinde von Fermo betraut Gregor den Archidiaconus dieser Kirche mit der einstweiligen Verwaltung des erledigten

Bisthums, „bis nach Gottes gütiger Vorsehung sowohl durch unsre eigne Bemühung, als besonders nach des Königs Rath und Verfügung eine geeignete Persönlichkeit für die Regierung jener Kirche gefunden werden wird". Freilich hat die Stelle, heraus= gerissen aus allem Zusammenhang, selbst dafür als Beweis dienen sollen, daß Gregor damals einen ernstlichen Angriff auf das In= vestiturrecht noch gar nicht beabsichtigt habe. Als ob nicht schon, selbst außerhalb alles weitern Zusammenhangs betrachtet, die vor= sichtig zurückhaltende Behandlung des königlichen Rechts sich durch die augenscheinlich gut kaiserliche Gesinnung der Abressaten hin= reichend erklärte.[16])

Oder wollte man absichtlich nicht sehen, was Gregor zu eben= derselben Zeit gethan hatte und noch that, selbst in Bezug auf Bischofstühle aus dem Länderbereich der römisch-deutschen Krone, wo Rücksichten der bezeichneten Art für ihn nicht in Betracht kamen?

Noch war, in der Fastenzeit des J. 1074, seine Gesandtschaft auf dem Weg zu König Heinrich IV., als die Schreiben aus= gefertigt wurden, mit welchen der Papst die von ihm selbst ge= weihten, neuen Bischöfe von Macon und Die (Dauphiné) ihren Diöcesanen, beziehentlich dem Erzbischof von Lyon und seinen Suffraganen, als dem künftigen Metropoliten und den Amtsgenossen des ersteren, vorstellte. So war also die Wahl des Landrich von Macon wider den ausgesprochenen Willen des Königs Philipp aufrechterhalten worden; der Papst hatte dem Verfahren durch persönliche Ertheilung der Weihe so recht ausdrücklich den letzten Abschluß gegeben und seine Sanction ertheilt. Das ist die wahre, gesetzmäßige Art der Erhebung, so hebt er hervor; dieser Hirt tritt, unbefleckt von jeder Simonie, durch die Thür zu seiner Herde ein. Fehlt es in Bezug auf Hugo von Die gerade an solchen Ausdrücken, so beweisen die Thatsachen der Folgezeit, voran das eminente Vertrauen, welches diesem der Papst gewährte,

daß derselbe die Erhebung auch dieses Bischofs nicht anders auffaßte. In Betreff derselben erfahren wir aus dem päpstlichen
Erlasse nur, daß Hugo ursprünglich durch Uebereinstimmung Aller,
einschließlich des Grafen, erkoren worden, der letztere aber später
von seiner anfänglichen Meinung zurückgekommen sei und Gewalt
gegen die übrigen Wähler gebraucht habe, wofür er jetzt, falls er
nicht Genugthuung leiste, mit den härtesten Kirchenstrafen bedroht
wird. Aber andre Quellen geben dazu die Ergänzung, daß in
Wahrheit jene „Wahl" des Hugo einer Ernennung desselben durch
den päpstlichen Legaten Gerald von Ostia, der damals gerade zur
Ordnung der kirchlichen Verhältnisse zu Die eine Synode abhielt,
völlig gleichkam, obschon auch die nachträgliche Zustimmung der
kanonischen Wähler nicht fehlte. Nach vorläufiger Ordnung der
Angelegenheiten des Bisthums, welches namentlich in Hinsicht seines
weltlichen Besitzes augenblicklich stark heruntergekommen war, hatte
sich Hugo noch gegen Ende des J. 1073 nach Rom begeben, um
sich die Weihe zu holen. Jetzt hatte sie ihm der Papst ertheilt
trotz der Reclamation des Königs Heinrich und ohne daß derselbe
die Investitur empfangen gehabt hätte. Er sendet ihn in seinen
Sprengel zurück, nicht blos mit dem gemessenen Auftrag, gegen
die Simonie mit aller Kraft einzuschreiten; der Bischof soll auch
nicht eher Kirchen in seiner Diöcese weihen oder Gottesdienst in
den bereits geweihten halten lassen, bis sie, befreit von den
Händen der Laien, „wie es kanonisch ist", ihrer Selbständigkeit
und der bischöflichen Fürsorge für dieselbe wiedergegeben seien.
In diesem Sinne eben hatte Hugo von Anfang an gewirkt, übrigens ebendamit auch ohne Zweifel die Sinnesänderung des
Grafen hervorgerufen. Daß das, so wie es jetzt der Papst als
Norm hinstellte, mindestens die Aufhebung der Verleihung von
Kirchengütern an Laien bedeutete, ist klar. Aber sollte hier, gleichwie der Papst hinsichtlich des Bischofs das Herrenrecht des Königs
mißachtet hatte, die Gunst der Lage auch schon benutzt werden,

um für die niedern Kirchen die bestehenden Herren- und Patronat-
rechte aufzuheben? Der Ausdruck der päpstlichen Verordnung
weist noch mehr darauf, als auf den zuerst erwähnten Punkt hin. [16])

Nach solchen Vorgängen darf wohl vollends die Aeußerung
betreffs der Besetzung von Fermo als nur auf äußern Rücksichten
begründet angesehen werden. Aber zu eben der Zeit, wo sie erging,
müssen dem Papst auch die entscheidenden Nachrichten darüber
zugekommen sein, daß vom König, dessen Sache sich eben damals
zusehends erhob, eine Unterwerfung ohne Weiteres doch nicht zu
erwarten sei. So wäre es wohl Thorheit gewesen, sich irgend einen
Vortheil entgehen zu lassen, nur um, wo doch der Ausbruch des
Kampfs in kürzester Frist zu erwarten stand, eine etwaige Pro-
vocation zu vermeiden. Woher sonst nur eine Woche nach jener
Verfügung für Fermo, unter übrigens sehr ähnlichen Verhältnissen
— doch gehörte Montefeltro nicht einmal, wie Fermo und Gubbio,
zur römischen Provinz —, jetzt ganz anders geartete Anordnungen
für die Besetzung der Bisthümer Montefeltro und Gubbio, wie
sie in einem Autorisationsschreiben für die dazu abgesandten
Legaten zusammengefaßt sind? Diese sollen zunächst je eine für die
bischöfliche Würde geeignete Persönlichkeit der betreffenden Diöcese zu
ermitteln suchen und, wenn dies glückt, dieselbe nach Einholung
der selbstverständlichen Zustimmung von Klerus und Laienschaft
an den Papst selbst zur Ordination senden. Andernfalls mögen
sie selbständig nach eignem Ermessen eine solche wählen und unverweilt dem Papst zum Empfang der Weihe präsentiren. Für
diesen Fall ist nicht einmal mehr von der Einholung jener,
freilich unter solchen Verhältnissen schon an sich bedeutungs-
losen Zustimmung der Wähler die Rede. In der Diöcese Pesaro
aber sollen dieselben Legaten die Güter der Kirche, welche der
Bischof in unvorsichtiger Weise zu Lehen ausgethan, Jenem auf
jede Weise zurückzuerstatten bestrebt sein, die berzeitigen Inhaber

zur Rechenschaft ziehen und gegen die Ungehorsamen die geistliche und weltliche Unterstützung aller Getreuen des h. Petrus anrufen.[17]) Wenn in all diesen Fällen, neben den Abweichungen von dem kanonischen Wahlverfahren und der Umgehung des Investitur-rechts der weltlichen Herren, Etwas sich bemerklich gemacht hat, so ist es das Streben nach der Gewinnung eines directen Ein-flusses auf die Erhebung der höhern geistlichen Würdenträger für den päpstlichen Stuhl, auch außerhalb der römischen Provinz, wo seine Mitwirkung gesetzlich war. Ganz deutlich tritt dieses Moment auch hervor in dem, was noch einen Monat vor der kommenden Fastensynode, unter dem 24. Januar 1075, in Be-treff des Bisthums von Aragonien (Jaca) verordnet wird. Der dortige Bischof hatte in Rom selbst wegen andauernder körperlicher Schwäche um Enthebung von seinem Amt nachgesucht und für die Nachfolge in Uebereinstimmung mit dem König Sancho zwei Kleriker als Candidaten in Vorschlag gebracht. Letztere weist der Papst, trotz ihrer sonstigen Tauglichkeit, schon wegen ihrer un-ehelichen Geburt, die den Kanones zuwiderläuft, zurück — (es er-weckt fast den Anschein, als seien sie Söhne von Priestern gewesen) —; warum er auch den ersten Theil des Gesuchs verwirft, läßt sich nicht erkennen. Der Bischof, so verordnet er, soll vielmehr auf seinem Platze bleiben, indem er zur Beihilfe bei der Ver-waltung des Amts einen dazu und eventuell zur Nachfolge tüch-tigen Gehilfen annimmt; im Lauf eines Jahrs oder später mag es sich entscheiden, ob er selbst die Geschäfte noch weiter führen kann oder nicht. Im letztern Fall soll von ihm, dem König und dem Klerus der Kirche über die Würdigkeit jenes Gehilfen zur Nachfolge nach Rom Bericht erstattet und h i e r dann eine endgültige Entscheidung über die Besetzung der Kirche getroffen werden. Und ist hier zwar dem König der Anschein einer Mitwirkung noch ge-wahrt, so fehlt selbst zum Anschein der kanonischen Wahl doch noch die Betheiligung der Laien jener Kirche.[18])

Wenn für die nächste Synode ein entscheidender Schritt in Betreff der Erhebung zu den höhern geistlichen Würden beabsichtigt war, so kann es nicht unklar sein, in welcher Richtung dabei von Anfang an sich die Absicht des Papstes bewegte. Jedenfalls gewiß nicht in derjenigen, welche die Aeußerung betreffs der Besetzung von Fermo anzudeuten schien. Daß aber Gregor der Nothwendigkeit eines solchen Schritts sich bewußt war, dafür zeugen die in dieser Zeit mehr denn je sich häufenden Klagen über die Unterdrückung der Kirche durch die Fürsten, die insgesammt den eignen Nutzen der Ehre Gottes und der Gerechtigkeit vorziehen, mitsammt den stärksten Ausdrücken von dem Bewußtsein seiner eignen Verpflichtung, diesen Uebelständen abzuhelfen. Wenn in einem Fall äußre Umstände es empfohlen hatten, dem bestehenden Rechtszustand eine scheinbare Huldigung darzubringen, so geschah daneben alles Mögliche im entgegengesetzten Sinne; und im vertrauten Verkehr wird auch offen das Bevorstehende angekündigt. Oder was bedeutet es, wenn der Papst gleichfalls gerade einen Monat vor der Eröffnung der Synode dem Abt Hugo von Cluny nach bittern Klagen in der oben erwähnten Richtung darlegt, wie er vor Allem, da kein Fürst sich darum kümmre, um die Wuth der Gottlosen in Schranken zu halten, das Leben der Geistlichkeit behüten müsse? So fordre er denn Jenen auf, die Hand dazu zu bieten, indem er diejenigen unter diesen, die den h. Petrus lieben, bitte und ermahne, daß sie, wenn sie in Wahrheit die Söhne und Streiter des letztern sein wollen, die Fürsten der Welt nicht mehr lieben, denn diesen; wenn anders denn Jene nur Vergängliches verleihen, der Apostel aber Ewiges gewährt und kraft seiner Gewalt zum himmlischen Vaterland führt. Denn er, der Papst, wolle nunmehr deutlich erfahren, wer in Wahrheit jene Getreuen sind, wer sie sind, die den himmlischen Fürsten um des himmlischen Ruhms willen nicht weniger lieben, als diejenigen, denen sie um irdischer und armseliger Hoffnung willen den Nacken beugen.[19])

Das ist, nur in geistliche Phrase gehüllt, die deutliche An=
kündigung des bevorstehenden Investiturverbots.

Hatte es gegolten, den König selbst hinzuhalten, um nicht
durch ein vorzeitiges Hereinziehen seiner Person und seines un=
mittelbaren Interesses sich selbst die Action zu erschweren, so
hinderte Nichts, auf andern Gebieten die Gewinnung noch weiterer
Grundlagen für den Erfolg derselben zu versuchen; und die Mög=
lichkeit des offnen Kampfs von Gewalt gegen Gewalt ins Auge zu
fassen, für sie die Waffen bereit zu halten, gebot die Noth=
wendigkeit.

So war noch im Herbst des J. 1074 ein neuer Schlag gegen
den deutschen Episcopat auch in seinen an den früher erwähnten
Ereignissen nicht betheiligten Gliedern mit dem auf eine frivole
Anklage hin gegen den Bischof Pibo von Toul angeordneten Unter=
suchungsverfahren auf Simonie versucht worden. Hierbei mußte
zugleich Klarheit in die Stellung des damit beauftragten Erzbischofs
von Trier kommen. Und hatte der Papst bereits früher die bur=
gundischen Großen, die sich dem h. Petrus zum Waffendienst ver=
pflichtet hatten, zur Kampfbereitschaft und zum Zuzug, soweit es
sich nöthig erweisen werde, aufgerufen, hatte er dabei seinen be=
kannten Kreuzzugsplan in einer Weise zur Sprache gebracht, die
geeignet ist, ein wohlbegründetes Mißtrauen gegen die Aufrichtig=
keit seiner Worte zu erwecken, hatte er dann Mühe und hohes
Angebot nicht gescheut, um den Herzog Gottfried von Lothringen
auf seine Seite zu ziehen, und andauernd die Fühlung mit den
Häuptern der Mißvergnügten in Deutschland unterhalten, so
wandte er sich jetzt, dicht vor der Synode, an die Herzöge Berthold
und Rudolf, die gefährlichsten Gegner des Königs Heinrich und
seines politischen Systems, um in nachdrücklichster Weise und im
speciellen Hinblick auf die namentlich durch die Bischöfe getragenen
kirchlichen Mißstände ihre Mitwirkung zur Abschaffung der letz=
tern, nöthigenfalls mit Anwendung von Gewalt, zu verlangen.

Gewalt soll von ihnen und allen Getreuen des apostolischen Stuhls gegen Simonisten und Nicolaiten gebraucht werden: — es ist das Gebot, welches in Anknüpfung an Humberts Ausführungen und die Beschlüsse des Concils von 1059 die nächste Synode in abschließender Form verkünden, dem sie durch das Investiturverbot in Betreff des Begriffs Simonie seine letzte, unzweideutige Erläuterung geben sollte. Viel lieber will Gregor, so sagt er selbst, durch ein neues, noch nicht dagewesenes Verfahren die Gerechtigkeit Gottes wiederherstellen, als zugleich mit den vernachlässigten Gesetzen die Seelen der Menschen zu Grunde gehen sehen.

Auch der König von Dänemark soll sich — so hat ja immer die Politik des Papstthums die Nationalkönigthümer gegen das Imperium zu benutzen gesucht — über seine Bereitwilligkeit dazu erklären, die römische Kirche im Kampf gegen die Feinde Gottes mit seinem Schwert zu unterstützen.[20])

V.

Vom 22. bis zum 28. Februar des J. 1075 hielt Gregor zum zweiten Mal eine größere Kirchenversammlung in Rom ab. Es ist die erste, aus deren Acten ein Auszug in das päpstliche Registrum, so wie es uns vorliegt, eingestellt worden ist, gleichwie dasselbe auch Vorladungen zu ihr in größerer Zahl als zu irgendwelcher andern Synode Gregors bietet. Beide Thatsachen schon dürften nicht eben als bedeutungslos zu betrachten sein.[1])

Die Richtung, in welcher sich die Absichten des Papstes bewegten, könnte nicht undeutlich bleiben, auch wenn nur jener Originalauszug mit seinen Strafurtheilen erhalten wäre. Oder bezeichnen diese in irgend einem Punkt etwas Andres, als das bewußte Streben, in einer Reihe von Fragen, wo das Recht des h. Petrus nach der ihm zu Rom gegebenen Auffassung beeinträchtigt erschien, die Gegner durch den Schrecken zur Unterwerfung zu bewegen oder mindestens, falls dies nicht sofort gelang, Klarheit in ihre Stellung zu den päpstlichen Ansprüchen zu bringen und sich selbst die günstigste Position zu ihrer erfolgreichen Bekämpfung zu sichern? Wer, abgesehen von allem Andren, die zwei wichtigsten gekrönten Häupter der Christenheit unmittelbar vor die Frage stellte, ob sie sich beugen oder dem Anathem verfallen wollen, mußte wohl alle Möglichkeiten, die sich daraus ergeben könnten, in Betracht gezogen haben. Und waren es Gründe andrer Art, welche veranlaßten, daß der Bann über den Normannen Robert Guiscard erneuert, über Robert von Loritello, seinen Neffen, eben jetzt verhängt ward, so hatte gegenüber dem König von Frankreich Simonie und das Besetzungsrecht der Bisthümer einen der hervorragendsten bisherigen Beschwerdepunkte gebildet. Für excommunicirt soll dieser gelten, wenn er nicht den nach Frankreich abzusendenden päpstlichen Legaten hinreichende Bürgschaft seiner Besserung leisten wird. Ganz unzweideutig aber sind die weitern Maßregeln. Von den Schwellen der h. Kirche werden ausgeschlossen „Fünf vom Gefolge des Königs (Heinrich IV.), nach deren Rath Kirchen verkauft werden", und excommunicirt sollen sie sein, wenn sie nicht bis zum 1. Juni Genugthuung geleistet haben werden. Der Papst suspendirt und excommunicirt ob seines hochmüthigen Trotzes den Erzbischof Liemar von Bremen; er suspendirt die Bischöfe Heinrich von Speier und Werner von Straßburg, — denn sie hatten der Vorladung zur Synode nicht Folge geleistet; er suspendirt auch Hermann von Bamberg, — nur mit dem Unterschied, daß diesem, dem offenkundigen Simonisten, eine neue Frist zur Genugthuung gewährt wird; er suspendirt endlich die Bischöfe Wilhelm von Pavia und Kunibert von Turin und entsetzt den Dionysius von Piacenza. Die drei letzteren waren schon seit Jahren Häupter des Widerstands gegen die Pataria in Oberitalien gewesen.

Jede dieser Maßregeln steht im engsten Bezug zu den Ereignissen des soeben vergangnen Jahrs, jede von ihnen ist eine
Antwort des Papstes auf das, was seinen Ansprüchen zuletzt je
von der betreffenden Seite entgegengestellt worden war. In Beziehung zu einander treten sie durch das Mittelglied der mailänder
Angelegenheit und der letzten Synodalbeschlüsse. In dem Verfahren gegen den König wird der Form nach noch einmal der
Weg betreten, der schon unter Alexander II. eingeschlagen worden
war und sich bis zu einem gewissen Grad erfolgreich bewiesen
hatte. Nur daß jetzt die Einwirkung auf Heinrichs Entschließungen
mit verdoppeltem Druck versucht wird, wenn denn zugleich das
gegen die Bischöfe, seine einzigen zuverläßigen Bundesgenossen, eingeleitete Verfahren ihn nach dieser Seite hin isoliren wird. Denn
das mußte in erster Linie dessen Zweck sein. Auch sind die Urtheile gegen sie thatsächlich nichts weniger als auf einzelne, bestimmte Handlungen derselben begründet, die nach unzweifelhaftem
kanonischen Recht als Vergehen im eigentlichen Sinn zu bezeichnen
gewesen wären. Der Widerstand gegen die Abhaltung des National-
concils und die verweigerte Folgeleistung auf die päpstliche Vorladung war es, was die deutschen, der Widerstand gegen die
Pataria, was die italienischen unter jenen Bischöfen zu büßen
hatten. Sie sollten als schreckende Beispiele zeigen, was die
Frucht des Ungehorsams gegen den h. Petrus, was die Frucht
autonomistischer Gelüste sei. Galt es dann einmal, die Person
des Königs selbst in den Vordergrund zu bringen und direct in
das eingeleitete Verfahren hereinzuziehen, so hing unter den obwaltenden Umständen die Wahl des Zeitpunkts dafür nur von
dem Ermessen des Papstes selbst ab. Wird also Heinrich, so steht
die Frage, auf die Durchführung seines Ideals von Staats= und
Königsgewalt mit den Männern seiner Wahl verzichten und sich
dem Rathe der mit dem Papst verbündeten, durch ihre Geburt
schon, wie sie so gern betonten, zu seinen Rathgebern bestimmten

Reichsfürsten anheimstellen? Der Papst hatte seinerseits schon unzweideutig bezeichnet, was er als die unausbleibliche Folge eines Zustands, wie ihn jetzt der Bannspruch gegen die königlichen Räthe von Neuem ins Leben rief, ansehen müsse.

Indeß nicht blos bei dieser negativen Art der Thätigkeit, wenn man sie so nennen darf, sollte es auf der Synode bleiben. Vielmehr war sie bestimmt, einen der wichtigsten Fortschritte auf dem Gebiet der kirchlichen Gesetzgebung zu bringen, und fünf ihrer Kanones sind, neben einer durchgängigen, jeden Zuwiderhandelnden mit den härtesten Kirchenstrafen bedrohenden Bestätigung aller alten kirchlichen Satzungen überhaupt, in dieser Richtung von epochemachender Wichtigkeit geworden.

Kein Geistlicher, so besagen vier derselben, der für Geld oder Geldeswerth eine Weihe oder ein geistliches Amt oder eine Kirche erlangt hat oder unkeusch lebt, soll irgendwelche geistliche Handlung verrichten dürfen; „und wenn Solche als Verächter unsrer Bestimmungen, nein, vielmehr derjenigen der heiligen Väter sich erweisen, so soll das Volk jene Verrichtungen von sich weisen, damit die, welche nicht aus Liebe zu Gott und aus Scheu vor der Würde ihres Amts sich bessern, doch aus Scheu vor den Laien und durch die Verweise des Volks wieder zum Guten gewendet werden."

Dem Wortlaut nach nicht wesentlich mehr als eine Wiederholung der im J. 1059 unter Nicolaus II. aufgestellten, 1063 von Alexander II. wiederholten Bestimmungen, mußten diese Kanones nach dem, was sich inzwischen vollzogen hatte, jetzt doch noch von ganz andrer Bedeutung sein. Mit ungleich größerer Berechtigung auch, als damals, konnten jetzt derartige Forderungen allgemein hingestellt werden. Nachdem sie in Italien bereits den Gang der Dinge bis zum offnen Bruch mit der Königsgewalt geleitet, sollten sie nun namentlich auch in Deutschland derselben ihre Stützen entziehen, — die kräftigsten Mittel gegen die kräftigsten, weil durch die stärksten Bande der Natur und des Interesses zugleich zusammengehaltenen Elemente der gegnerischen Seite. Sie sollten dem Klerus, besonders dem höhern deutschen Klerus, den Boden, in dem seine Stärke wurzelte, untergraben und ihn zu einem römischen machen. In diesem Sinne und vor Allem nach Deutschland hin wurden denn auch die vorliegenden Gebote in der ausgedehntesten Weise verbreitet, ward ihre Durchführung auf das nachdrücklichste eingeschärft. Nur zu bald äußerten sich ihre Wirkungen in den ins Auge gefaßten Bezirken, namentlich in Südwestdeutschland, im Bereich des Bisthums Constanz; mit staunender Entrüstung über ein derartiges Vorgehen des Statt-halters des Gottes der Liebe gegen dessen geweihte Diener mußten nur zu bald edle, wahrlich nicht einseitige Männer von unab-hängiger Gesinnung den Weheruf erheben über die Wuth, mit welcher die Fanatiker die ihnen zugewiesene Aufgabe vollzogen.*)

Nicht dieselbe Verbreitung wurde dem fünften Kanon gegeben, der gleichfalls direct an eine Bestimmung der römischen Synode vom J. 1059 anknüpfte. Damals war bereits untersagt worden, daß ein Geistlicher irgendwie durch Zuthun eines Laien sein Amt erhalte. Jetzt wurde dies genauer dahin erklärt, daß der König kein Recht auf die Vergebung von Bisthümern besitze und daß alle Laien überhaupt sich der Investitur in Bezug auf Kirchen enthalten sollten.

Man wird an dieser Fassung des ersten ausdrücklichen In-vestiturverbots, einschließlich der besondern Hervorhebung der bischöflichen Kirchen und der Person des Königs Heinrich, nicht zweifeln dürfen. Ganz so erklärt auch Gregor noch vor dem Ende desselben Jahrs in seinem Ultimatum an Heinrich IV., daß er dieses Gebot zwar als ein allgemeines und durchaus auf die ganze Christenheit bezügliches gefaßt und ausgesprochen, doch aber in erster Linie eben von Heinrich dessen Erfüllung erwarten zu dürfen geglaubt habe. Freilich besitzen wir nicht den authentischen Wortlaut der Verordnung, und noch nicht einmal soviel würden wir davon wiſſen, hätten nicht den mailänder Geſchichtſchreiber Arnulf gerade die Verhältniſſe ſeiner Vaterſtadt und ihres erzbiſchöflichen Stuhls darauf geführt, eine Kunde von ihr zu geben, die eben deswegen aber auch um ſo glaubwürdiger iſt. Und wenn es nicht wahrſcheinlich iſt, daß die neue Beſtimmung, gleich derjenigen von 1059, ohne ſpecielle Strafandrohung gelaſſen worden ſei, ſo mag doch als ſehr möglich zugegeben werden, daß dieſelbe die zu erwartende Strafe der Excommunication für den die Inveſtitur ertheilenden Laien nicht offen, ſondern in irgendwelcher verhüllten Form bezeichnet enthielt. Für den inveſtirten Geiſtlichen verſtand ſich die Ungültigkeit der ſo erlangten Würde ohnedies von ſelbſt; ihm war mit dem vorhandenen geſetzlichen Material, einſchließlich der vier vorerwähnten Kanones, die bei der Unbeſtimmtheit des Begriffs einer Erlangung der Würde um Geld oder Geldeswerth leicht auch hier die Anwendung erlaubten, hinlänglich beizukommen. Jedenfalls iſt es, wie auch die Folge lehren wird, nicht überflüſſig zu conſtatiren, nach welcher von beiden möglichen Richtungen hin ſich jeweilig die Inveſtiturverbote mit ihren Strafandrohungen vorwiegend gekehrt haben.[3])

Was mußte ein Verbot der Laieninveſtitur bedeuten? Die Antwort kann nicht zweifelhaft ſein. War die Inveſtitur die aus den beſtehenden Verhältniſſen ſelbſt hervorgewachſene, dem Bedürfniß der Kirche nach Rechtsſchutz in ihrem Beſitz einzig entſprechende rechtliche Form, durch welche der Obereigenthümer des Kirchenguts dem jeweiligen geiſtlichen Vorſteher der betreffenden Kirche das Nutzungsrecht am letztern für deſſen Lebensdauer, vorbehältlich der Ableiſtung der darauf haftenden Verpflichtungen, übertragen konnte, war der dabei von dem Inveſtirten geleiſtete Treueid die einzige, bindende Bürgſchaft, welche dem Obereigenthümer die Leiſtung jener Verpflichtungen ſicherte, ſo erhellt, daß mit dem Aufhören der Inveſtitur das gerade im Vertrauen auf die Fortdauer des darauf begründeten Rechtsverhältniſſes durch die Schenk

ungen der weltlichen Herren so ungeheuer gemehrte Kirchenver-
mögen aus seiner bisherigen Stellung ein für allemal heraus-
trat, aus Nutzeigenthum zu freiem Eigenthum ward, jeder Verpflichtung gegen den Staat ledig, aus den bestehenden Staatsverbänden losgelöst ward, geschweige denn daß — was daneben zu
einer Frage von ziemlich untergeordneter Bedeutung herabsank —
die weltlichen Machthaber noch auf die Auswahl der Personen
für die geistlichen Würden selbst irgend einen Einfluß gehabt
hätten.

Das Verbot der Laieninvestitur ist nur eine negative Maßregel. Konnte ihr Urheber beabsichtigen, es dabei bewenden zu
lassen? Das ist nicht vorauszusetzen; und in der That ist später,
als er zum letzten Mal dazu kam, sich mit dem Gegenstand zu
beschäftigen, auch ein Anlauf zu einer positiven Neuregelung der
Besetzung der höhern geistlichen Aemter von ihm genommen worden.
Auch sonst würde es nicht zweifelhaft sein können. Wenn man,
was die Erhebung der Personen selbst anlangt, vielleicht sagen
könnte, daß das speciell sogenannte kanonische Wahlverfahren jetzt
einfach in sein Recht einzutreten hatte und es besondrer, neuer
Bestimmungen und Bestrebungen in dieser Richtung gar nicht bedurfte, so ist doch klar, daß das Letztere in Bezug auf das Eigenthumsrecht am Kirchengut nicht ohne Weiteres der Fall war.
Unmöglich konnten diese Gütermassen, aus ihrem bisherigen Ver-
bande losgelöst, wenn man so sagen darf, frei in der Luft schweben
bleiben; wobei der Zug der Zeit, der überhaupt auf hierarchisch-feu-
dale Zusammenfassung und Gliederung des vereinzelten Gleichartigen drängte, noch nicht besonders in Rechnung gestellt zu werden
braucht. Es ist eine Schwierigkeit dabei, daß Gregor, wie er es
vermied, seine Verordnung speciell zu begründen oder erläutern, so
auch über die bei seinem Verfahren ins Auge gefaßten letzten Ziele
sich klar und sachgemäß auszusprechen unterlassen hat, daß ferner
sein Ideal von den Zuständen dieser Welt nie auch nur annähernd

bis zu dem Grade von Verwirklichung gelangt ist, um die dem Bisthum und seinem Besitz darin angewiesene Stelle auf den ersten Blick in unzweideutiger Weise erkennen zu lassen. Es hat überhaupt eine bewußte Verschiebung des Sachverhalts von Seiten der kirchlichen Partei stattgefunden, wenn sie denn in der ganzen Frage das Schwergewicht auf die Besetzung und den maßgebenden Antheil an dieser legte, während sie die Frage über die Zukunft der Kirchengüter, abgesehen davon, daß deren unlösbare Zusammengehörigkeit mit dem Amt immer betont ward, durchaus in den Hintergrund drängte. Mochte das für die mönchisch-asketische Partei mit ihren dem praktischen Leben und seinen Bedürfnissen durchaus abgewendeten Anschauungen noch eine gewisse Wahrhaftigkeit in sich tragen: für die päpstlich-centralistische Partei ist die Investiturfrage nicht sowohl eine Gewissens-, als eine Besitz- und damit Machtfrage gewesen. Es verhält sich damit genau ebenso, wie mit ihrer eifrigen Aufnahme und Fortsetzung der bereits durch die mönchischen Eiferer ins Leben gerufenen Bestrebungen zur Herstellung des Cölibats. Man darf behaupten, daß ihr, der päpstlich-centralistischen Partei, dabei das Streben zur Zusammenhaltung des Kirchenguts, namentlich durch Aufhebung der sehr üblich gewordenen Vergabungen und Vererbungen an die Söhne und Töchter von Klerikern, mindestens in gleichem Grade maßgebend gewesen ist, als dasjenige nach der völligen Loslösung der Kleriker von allen Schranken weltlicher Rücksichten gegenüber ihren hierarchischen Pflichten, daß dagegen in ihren Bestrebungen der für die mönchischen Eiferer ausschlaggebende Wunsch nach engelgleicher Reinheit der Kleriker von allen fleischlichen Beziehungen nur einen sehr untergeordneten Platz eingenommen hat. Wenn nun in den Gesammtbestrebungen des Papstes Alles darauf hinausgeht, das gesammte Kirchenregiment in allen seinen Zweigen und mit allem Zubehör unter seiner directen Leitung zusammenzufassen, wird nicht eine Voraussetzung dafür vorhanden sein müssen, daß auch in Betreff der Vergebung der höhern geistlichen Würden und der Verfügung über das damit verbundene Kirchengut Entsprechendes von ihm erstrebt ward? Schweigt er darüber, so werden seine Handlungen selbst Auskunft geben müssen.

Die Natur der Verhältnisse, auf welchen das bestehende Investiturrecht beruhte, stand dem Zeitalter noch so völlig deutlich vor Augen und es wird das durch die Aeußerungen selbst noch späterer Schriftsteller der kirchlichen Partei so unzweideutig bezeugt, daß die Voraussetzung einer Unklarheit oder Selbsttäuschung auf Seiten Gregors über die Bedeutung seines Verbots durchaus unzulässig ist. Freilich empfahl es sich nicht, wollte man nicht muthwillig den davon Betroffnen die Augen öffnen und sie zum vereinten Widerstand gegen den revolutionären Schritt reizen, offen davon zu sprechen. So werden in erster Linie Aeußerlichkeiten an dem bisherigen Verfahren betont, deren Aufgabe durch die weltlichen Herren die Kirche vor Allem und unbedingt verlangen müsse und dürfe, — ohne daß die anderweitigen Folgen des verlangten Zugeständnisses weiter zur Discussion gestellt werden. Es ist eine Sünde, daß der investirende Herr zum künftigen Bischof sagt: „Ich übergebe dir diese Kirche", es ist eine Sünde, daß er demselben als Zeichen dessen Ring und Stab, Symbole des geistlichen Amts, übergiebt, und die Reinheit des so durch ungeweihte Hände usurpirten Sacraments kann nicht dadurch wiederhergestellt werden, daß dieselbe Handlung hinterher bei der Weihe des Neuerhobenen von geistlicher Hand in ihrem wahren und ursprünglichen Sinn als Uebertragung der geistlichen Befugnisse wiederholt wird. Das ist Sünde —: folglich muß die Investitur von Laienhand überhaupt aufhören. Und wenn die Kirche es vorläufig nicht für gut findet, sich darüber zu äußern, welches Positive an die Stelle des bisherigen Verhältnisses treten soll, so haben die Laien erst recht nicht die Befugniß, darnach zu fragen. Mit

dem Inveſtiturverbot, dem ſie ſich einfach zu fügen haben, iſt die
Sache ein für allemal ihrer Cognition entrückt.

Aber vielleicht hat der Papſt nur beabſichtigt, mit dem jetzt
ausgeſprochnen Verbot der Laieninveſtitur zunächſt einmal principiell feſtzuſtellen, was nach ſeiner Auffaſſung die Kirche zu fordern habe, und iſt in Wahrheit vielmehr von vornherein zu Modificationen deſſelben auf dem Weg von Verhandlungen bereit
geweſen, wie er denn auch unmittelbar nach der Synode eine
Botſchaft mit einem darauf hin zielenden Angebot an König Heinrich IV. hat abgehen laſſen; und gerade die Zurückhaltung in
Betreff des Inveſtiturkanons, der weder durch Sendſchreiben noch
durch Legaten, wie die andern, verbreitet ward, ſcheint ein unwiderlegliches Zeugniß dafür abzugeben.

Vorerſt müßte freilich Einſpruch dagegen erhoben werden, als
habe Gregor mit Rückſicht auf die Geheimhaltung des Verbots
einen Anſpruch auf die Zuläſſigkeit ſeiner Nichtbefolgung anerkannt.
Er hat ſpäter gegen eine ſolche Auffaſſung der Dinge ausdrücklich
Verwahrung eingelegt. Aber auch ſonſt ſpricht Nichts für jene
Vorausſetzung. Schon bisher war vom König, ſelbſt ohne daß
nur der Verſuch gemacht worden wäre, ihm ein deutliches Bild
von der Sache zu geben, geſchweige denn, daß man eine weitere
Begründung oder Erläuterung der päpſtlichen Forderung als durch
ganz allgemeine geiſtliche Phraſen für angemeſſen erachtet hätte,
nie etwas Andres verlangt worden als einfache Unterwerfung.
Nicht anders war in Bezug auf andre Regenten verfahren worden.
Es war aber auch bei dem vom Papſt eingenommenen
Standpunkt eine Modification des Decrets, die auf mehr als be-
deutungsloſe Aeußerlichkeiten hinausgegangen wäre, unmöglich.
Sollte der auf den bisherigen Beſitzverhältniſſen beruhende Einfluß
der weltlichen Gewalten auf die Erhebung der Biſchöfe beſeitigt
werden, ohne daß doch, was Gregor durchaus feſthielt, der weltliche Beſitz der Kirchen aufhören durfte, ſo gab es gar kein andres

Mittel zu deſſen Erreichung, als die Aufhebung des Rechts der
Laieninveſtitur und jeder weltlichen Befugniß in Bezug auf Kirchen-
gut. Wie könnte auch Gott — denn ihm iſt das Kirchengut dar-
gebracht und gehört in dieſer Eigenſchaft gar nicht unter den
Begriff der Temporalien, ſondern der Spiritualien —, wie könnte
auch Gott der Lehnsmann unheiliger, weltlicher Gewalten ſein?
Empfahl es ſich aus taktiſchen Rückſichten für den bevorſtehenden
Kampf der Geiſter, die Sündhaftigkeit der Laieninveſtitur vor
Allem von dem Geſichtspunkt der Entheiligung eines Sacraments
durch Uebergabe der „Kirche" mit den Symbolen einer geiſtlichen
Befugniß durch ungeweihte Hand zu betonen, ſo waren doch die
Geiſter noch lange nicht durch das Elend eines Jahrzehnte langen
Kampfs bis zu dem Punkt heruntergebracht, daß man, um nur
über die Gewiſſensbedenken hinſichtlich des verletzten Sacraments
hinwegzukommen und die erſehnte Waffenruhe ohne ganz offen-
kundige Verleugnung früher geprebigter Grundſätze abſchließen zu
können, Kirche und Beſitz, Wahl und Inveſtiturertheilung aus-
einandergehalten hätte, daß man etwa nur eine neue Zeitfolge
dieſer Acte hätte hergeſtellt und dem letztgenannten ein neues
Symbol verliehen wiſſen wollen. Dagegen proteſtirte jetzt ſelbſt
die Partei der mönchiſchen Eiferer, deren Idealen es ſonſt etwa
noch am nächſten gekommen wäre, wenn jetzt vielleicht die Nothwendigkeit einer freien kanoniſchen Wahl in jedem Falle und nach
dieſer der bedingungsloſen Uebertragung des Nutzungsrechts an
den Gütern auf den neuen Vorſteher der Kirche decretirt worden
wäre. Der Papſt aber hat Biſchöfe, bei deren Erhebung ein
ſolches Verfahren beobachtet worden war, die erſt frei kanoniſch
gewählt waren und dann die Inveſtitur erhalten hatten, erſt recht
nicht anerkannt, ebenſowenig, als ſolche, deren geſammte Anſprüche
auf den Biſchoffſitz einzig und allein auf die Erlangung der Inveſtitur zurückgingen. Es gab für den, welcher die Unzertrennlichkeit des weltlichen Beſitzes von den geiſtlichen Aemtern feſthielt,

keinen andern logischen Gegensatz zu dem bisher gültigen Rechtszustand, dessen Zulässigkeit eben der Papst negirte, als den Uebergang des Obereigenthums am Kirchengut sammt dem daran
haftenden Besetzungsrecht für die Bischofsitze an den Papst.⁴)

Man führe nicht die Botschaft des Papstes an Heinrich IV.
und ihren anscheinend so versöhnlich gefaßten Auftrag an! Um
eine wirkliche Ausgleichung der einander widerstreitenden, beiderseitigen Ansprüche herbeizuführen, war ein Jahr früher die Zeit
gewesen. Da konnte wohl Gregor dem König kundgeben, die
gegenwärtige Art der Besetzung der Bischofstühle sei nach seiner
Auffassung unvereinbar mit den Interessen der Kirche; man müsse
versuchen, sich über ein neues, das auch ihrem Bedürfniß Rechnung
trage, zu vereinbaren. Sehen wir ab von der Ausführung dessen,
in welcher Richtung ein päpstliches Angebot zu einer aufrichtigen
Vereinbarung sich hätte bewegen müssen — (sie hätte nach der
Weise des ersten Concordats vom J. 1111 erfolgen müssen, und
selbst das hätte noch ein gewaltiges, im formellen Recht durch
keinerlei Nothwendigkeit begründetes Zugeständniß des Imperiums
bedeutet) —: aber ohne alle Vermittlung wohlerworbene Rechte
für nichtig erklären und dann sich zur Verständigung über den
Streitpunkt bereit stellen, falls man eines Besseren überwiesen
werden könne, während man doch zugleich die Grundsätze, aus
denen das Verbot unmittelbar hervorgeht, als unverbrüchlich fest-
zuhaltendes Dogma predigt, das ist Heuchelei.

Wen aber möchte schließlich auch so die Zurückhaltung Gregors
mit seinem Investiturverbot Wunder nehmen? Wie, wenn eine
offne Verkündigung, ein schroffes Hervortreten mit der in alle Verhältnisse so tief einschneidenden Verordnung alle im Genuß ihrer
Rechte Bedrohten zu vereintem Widerstand aufrief? wie, wenn
durch den Anschluß eines Theils der Geistlichkeit an sie das ohnehin schon mit Mühe zusammengehaltne Bauwerk der Hierarchie
aus den Fugen und alle bisher darauf verwandte Arbeit verloren

ging? War der Kampf unvermeidlich, so durfte er nicht vorzeitig und um eine sei es an sich noch so wichtige Unterfrage entbrennen. Römische Politik sollte die in jedem Fall üble Rolle des Herausfordernden vorgezogen haben, während so, wie er die Sache wirklich angriff, der Papst die Leitung der Dinge in seiner Hand behielt und schließlich, wenn denn der Augenblick des Zusammenstoßes kam, in alle Vortheile der entgegengesetzten Rolle eintreten konnte, ohne doch inzwischen seiner Würde und seinen Principien das Geringste vergeben zu haben? Auch war ja noch nicht alle Hoffnung abgeschnitten, den König unter dem Druck der Verhältnisse nachgeben zu sehen, sei es vielleicht auch vorerst nur in der mailänder Angelegenheit, vielleicht ohne daß er sich recht über die Tragweite des ersten Zugeständnisses klar wurde. Obendrein war auch die den königlichen Räthen gesteckte Frist abzuwarten. Päpstlicherseits freilich war man sich auf keinen Fall darüber unklar, daß eine Nachgiebigkeit des Königs in der mailänder Sache gleichbedeutend mit der Anerkennung des neuaufgestellten Princips überhaupt sei, dessen Durchführung dann von Seiten Heinrich Nichts mehr entgegengestellt werden konnte. Sie bedeutete eben im Augenblick für die Verhältnisse des römischdeutschen Reichs das, was diese für diejenigen der gesammten Christenheit. Eben deswegen ist auch jenen von nun an, namentlich für unsre Frage, die Thätigkeit Gregors zunächst fast ausschließlich zugewendet.

Wiederum konnte es nicht in der Absicht des Papstes liegen, den weitern Verlauf der Dinge dem Zufall zu überlassen, sein Verbot der Laieninvestitur eben auf der römischen Synode ohne weiteres Aufheben von der Sache verkündet zu haben und nun etwa auf einen ersten Schritt des Königs in derselben zu warten. Denn unbekannt zwar konnte dem letztern der Kanon schließlich auch nicht bleiben; aber war nicht, geschah dies ohne alle Vermittlung, gerade das Gegentheil des gewünschten Eindrucks bei ihm zu erwarten? Ohnedies hatte derselbe bereits vor der Synode eine entschieden gereizte Stimmung gegen Rom an den Tag gelegt. Gregor benutzte zu seiner Botschaft „einige von den Getreuen des Königs", — seien es die persönlich erschienenen Bischöfe Adalbero von Würzburg und Hermann von Metz, seien es die Gesandten anbrer, ausgebliebener gewesen; denn daß Gesandte des Königs selbst, wie früher der Papst verlangt hatte, auf der Synode erschienen seien, ist weder überliefert noch sonst wahrscheinlich. Heinrich möge sich, ließ er ihm sagen, über die Abschaffung des schlechten Herkommens nicht beunruhigen; er, der Papst, sei bereit, mit dazu geeigneten Gesandten desselben, weisen und frommen Männern, in Betreff jener Bestimmung Verhandlungen zu eröffnen und, wenn ihm die Statthaftigkeit von Milderungen, unbeschadet der Ehre Gottes und ihres beiderseitigen Seelenheils, nachgewiesen werden könne, solche eintreten zu lassen.

Wir wissen, was dem Papst seine Pflicht für Wahrung der Ehre Gottes und seines Seelenheils gebot. Aber ist es gestattet, einen Augenblick innezuhalten und den Blick über die ganze Reihe der Ereignisse seit 1046 schweifen zu lassen, so staunt man doch immer von Neuem darüber, was jetzt das Papstthum dem Imperium bieten durfte, noch nicht dreißig Jahre nachdem es aus Kaiser Heinrichs III. Hand die Rettung von dem gefürchteten Untergang in dankbarer Demuth angenommen hatte.

Es war um dieselbe Zeit, daß Gregor gegenüber einem andern König, dem von Dänemark, das Recht der Päpste, alle Fürsten und Völker in dem, was tabelnswerth sei, zu tabeln und auf den Weg der Besserung zu führen, und die viel weitere Ausdehnung des ihnen angewiesenen Wirkungskreises gegenüber demjenigen der Kaiser hervorhob, indem er hinzufügte, daß er, da der Kirche durch die Könige so große Unbill widerfährt und diese überall dem Ungehorsam, d. i. dem Götzendienst, fröhnen, sich im Gebet an den Herrn der Könige, den Gott der Rache, um Abhülfe wende.

Aber sonst ist der Papst vorläufig über leise Andeutungen hinsichtlich des Investiturverbots, die nur Eingeweihten recht verständlich sein konnten, allerdings nicht hinausgegangen. „Nur aus einer sehr allgemeinen Wendung in einem Schreiben an die Gemeinde von Lodi (v. 3. März 1075) läßt sich erkennen, daß auf der Synode über die kanonische Besetzung von Kirchen eine Verfügung getroffen worden sei"; und wenn in dem Erlaß, welcher die Suspension über Hermann von Bamberg verhängt (20. April 1075), der Verweis auf den Zeitpunkt, „wo Gott durch Vermittlung des h. Petrus dieser Kirche einen geeigneten Hirten zukommen lassen werde," uns einen neuen, werthvollen Beitrag zur Beurtheilung der Bestrebungen Gregors an die Hand giebt, so ist das damals und in dieser Vereinzelung von den betheiligten Kreisen gewiß nur als eine der gewöhnlichen Formeln des römischen Curialstils betrachtet worden.[6])

Wenigstens blieb bei alledem der einmal eingenommene Standpunkt gewahrt. Aber eben während der Frist des Zuwartens vollzog sich eine Umgestaltung der Lage, welche es wohl fraglich erscheinen lassen konnte, ob vorläufig die Festhaltung der aufgestellten Ansprüche selbst noch so weit hervorzukehren sei. Der König hatte zwar auf die päpstliche Botschaft hin keinen ausdrücklichen Protest erhoben, aber von einem Eingehen auf die vom Papst gewünschten Unterhandlungen war bei ihm auch nicht die Rede. Ueberhaupt ließ er kein Zeichen einer Aenderung seiner Anschauungen erblicken. Er blieb in Verbindung mit seinen Räthen, auch als diese nicht an dem ihnen gesteckten Termin zur Rechtfertigung in Rom erschienen und damit endgültig der Excommunication verfielen, und die reformatorischen Kanones der letzten Synode fanden bei dem weitaus größten Theil des deutschen Episcopats, wie der niedern Geistlichkeit, denselben hartnäckigen Widerstand, wie alle bisherigen gleichartigen Bestrebungen der römischen Curie. Aber mehr noch: es erfolgte in mehr als einer

7*

Richtung eine ganz positive Wendung der Dinge gegen das päpstliche Interesse. Bald nach dem Osterfest hatte zu Mailand die
autonomistische Partei einen großen Sieg über die Pataria davon-
getragen, welcher in seinen Wirkungen einer Auflösung der letztern für längere Zeit gleichkam und neunzehnjährigen blutigen
Kämpfen ein vorläufiges Ende bereitete. An eine Verwirklichung
der Absichten des Papstes, soweit sie sich an die Person des noch
immer in Rom weilenden Atto knüpften, war nun vor der Hand
nicht mehr zu denken, und noch mehr mußte jede Hoffnung darauf
schwinden, seitdem die Mailänder, indem sie allerdings auch den
Gegencandidaten Gottfried bei Seite schoben, vom König Heinrich
einen neuen Erzbischof zu begehren beschlossen. Zugleich belebte
jenes Ereigniß von Neuem den Widerstandsgeist aller dem römischen
Papstthum mit seinen gegenwärtigen Tendenzen feindseligen Elemente in Italien, wie das nun auch bereits in dem Auftreten
ihrer Führer, Wiberts von Ravenna und des Cardinals Hugo
Candidus, seinen offnen Ausdruck fand. Und König Heinrich zog
in ebendenselben Tagen, wo spätestens seine und seiner Räthe
Demüthigung unter den Willen des Papstes in Rom hätte bekundet sein müssen, nachdem es ihm in der überraschendsten Weise
gelungen war die verfügbaren Mittel des Reichs in seiner Hand
zu vereinigen, gegen die Sachsen aus, um binnen kürzester Frist
einen glänzenden Sieg über dieselben zu erfechten.

Kein treffenderes Bild der Eindrücke, welche alles dies beim
Papst hervorrufen mußte, als die Schreiben, welche unter dem
20. Juli 1075 aus Anlaß der nunmehr über den Bischof Hermann
von Bamberg verhängten Excommunication und Absetzung erlassen
worden sind. Auch sonst vereinigt sich ja so Vieles, um den Fall
besondrer Beachtung werth erscheinen zu lassen: die enge Verbindung der bamberger Kirche mit der römischen auch nach ihrem
Uebergang in den mainzer Metropolitanverband; das eigentliche
Vergehen des Bischofs und der Anlaß, welcher von seinen Feinden

ergriffen wurde, um die neue Untersuchung gegen ihn ins Leben zu
rufen; die eigenthümliche Beendung des frühern Verfahrens gegen
ihn unter Alexander II. mit den begleitenden Umständen und die
Energie, mit welcher Gregor die Sache wieder aufnahm; die
Stellung des Bischofs als zeitweiligen, ebenso begabten wie einflußreichen Führers der Reichsgeschäfte zum König und die Prä-
cision, mit welcher ihn das Papstthum allemal gerade in dieser
Stellung mit seinen Angriffen zu finden und zu treffen wußte.

Das eine jener Schreiben wendet sich direct an den König,
— denselben, der nach kanonischem Recht unzweifelhaft in mehr
als einer Beziehung der Excommunication verfallen war, aber
ohne jede von den sonst in solchen Fällen üblichen Verwahrungen.
Der Papst bietet dem „ruhmreichsten König" Gruß und apostolischen Segen ohne jeden Vorbehalt. Er belobt ihn zum Eingang
vor Allem wegen seines mannhaften Widerstands gegen die Simonisten, sowie wegen seiner Bemühungen zur Herstellung des
Cölibats, und giebt vorsichtig nur in dem Ausdruck, daß Heinrich
durch diese Gesinnungen die gegründete Hoffnung eines bereinstigen
Strebens nach noch Höherem und Besserem bei ihm erweckt habe,
zu erkennen, daß er seine Forderungen noch für keineswegs völlig
befriedigt erachte. Waren nun zwar jene Lobsprüche, soweit sie sich
auf positive Bestrebungen Heinrichs in den angegebenen Richtungen
bezogen, entschieden unbegründet, so war der Papst doch auch nicht
ganz ohne Ursache, mit dem Verfahren des Königs bis zu einem
gewissen Grad zufrieden zu sein. Hatte ja doch Heinrich wenigstens den von der andern Seite angebahnten Maßregeln nirgends
positiven Widerstand entgegengesetzt, hatte er doch, was in der
That nicht zu unterschätzen war, den Hermann von Bamberg ohne
Einrede fallen lassen. Ein wirkliches Vergehen, nach der Anschauung der Zeit, war diesem nachgewiesen worden, — und
Heinrich hatte der Gerechtigkeit willig eine seiner kräftigsten Stützen
geopfert. Dafür durfte ihm wohl jetzt der Papst selbst in etwas

überschwänglichen Worten seinen Dank ausdrücken. Kann doch selbst Lambert von Hersfeld bei aller seiner antiköniglichen Gesinnung sein Staunen darüber nicht verbergen, daß Heinrich auch nicht mit einem Wort den Anklägern jenes Mannes sich widersetzt habe, der doch in Krieg und Frieden, in ruhigen und verwirrten Zeitläuften ihm immerdar hülfreich zur Seite gestanden, der allein, als alle andern Fürsten Aergerniß an ihrem König nahmen, dies nie gethan, sondern in allen Unglücksfällen des Tages Last und Hitze in unerschütterter Treue mit ihm getragen hatte. Das Schreiben beschäftigt sich weiterhin, wie seinem ganzen Inhalt nach das an Siegfried von Mainz gerichtete, speciell mit der bamberger Angelegenheit. Dem Erzbischof wird die Leitung, dem König die Zulassung einer „kanonischen" Neubesetzung des erledigten Stuhls ans Herz gelegt. Aber wenn dabei, den veränderten Verhältnissen angemessen, auf ein unmittelbares Eingreifen des Papstes, wie noch drei Monate zuvor, auch nicht einmal mehr hingedeutet wird, so ist doch mindestens auch Alles, was als Aufforderung zu einer activen Betheiligung des Königs an der Neubesetzung hätte gedeutet werden können, auf das Sorgfältigste vermieden.[6])

Indeß nicht lange mehr sollte der Papst in dieser beängstigenden, die äußerste Zurückhaltung erheischenden Lage bleiben. Noch vor Ablauf des Juli erschienen zwei Gesandte des Königs in Rom, um Verhandlungen mit ihm einzuleiten; und sollten diese zwar nicht sowohl eine der bisher aufgeworfnen Fragen, als den seit so langer Zeit beabsichtigten, durch immer neue Zwischenfälle immer von Neuem hinausgeschobenen Römerzug Heinrichs und seine Kaiserkrönung zum Gegenstand haben, so boten sie doch gerade zum Austrag der erstern den fruchtbarsten Anlaß. Ein Gregor hätte nicht sofort die ganze Wichtigkeit der Position übersehen sollen, die ihm, dem soeben noch auf allen Punkten Geschlagenen, auf diese Weise freiwillig wiedereingeräumt wurde?

Deutlich genug wenigstens kommt das in der Haltung seines um den Beginn des Septembers an den König ergangenen Antwort- schreibens zum Ausdruck, mag dessen äußere Glätte und der offen- sibel versöhnliche Ton auch noch einen Nachklang jüngstvergangner Zustände in sich tragen. Um die Herstellung eines wirklichen Friedens, so erklärt der Papst, zwischen beiden Gewalten, somit für die Kirche, handelt es sich. In Anbetracht dieses Zwecks will er nun zwar seine volle Bereitwilligkeit zu einem Eingehen auf die Wünsche des Königs bekundet haben, aber er macht die Ge- währung von Zugeständnissen desselben abhängig, die, mögen sie noch so allgemein formulirt sein, gerade die weitestgehenden For- derungen Gregors in ihrer Gesammtheit in sich schließen. Auch der Hinweis auf die Investiturfrage fehlt dabei nicht. Zum Schluß wird dem König von Neuem die noch immer nicht erledigte Besetzung von Bamberg, allerdings noch einmal im Wesentlichen mit den bereits in dem frühern Schreiben gebrauchten Ausdrücken, in Erinnerung gebracht. Und um dieselbe Zeit ergeht an den Erzbischof von Mainz, im geraden Gegensatz zu dessen zögernden Maßregeln und zu der Stimmung des größten Theils der deutschen Geistlichkeit, die einbringliche Mahnung zu stricter Durchführung der von der letzten Synode ergangenen vier reformatorischen Ka= nones. Noch Wichtigeres mag es sein, was hinter den geheimniß- vollen Eingangsworten des Schreibens sich verbirgt. Ohne Zweifel hatte Jenem der Papst bei seiner jüngsten Anwesenheit in Rom bald nach der Fastensynode den bedenklichen Auftrag — einen Prüffstein seiner Hirtentreue — ertheilt, dessen Ausführung jetzt Siegfried mit so beweglichen Entschuldigungsgründen von sich ab- zuweisen gesucht hatte. Hatte er nach unbenutztem Ablauf des Bußtermins auf einem deutschen Nationalconcil das endgültige Urtheil gegen die Räthe des Königs, hatte er vielleicht sogar, wie dies für Frankreich zwei Jahre später durch Hugo von Die zu Autun geschah, das Investiturverbot verkünden sollen? [7])

Freilich blieb auch die gegenwärtige Conjunctur von nur
sehr kurzem Bestand. Eine neue Wendung, welche Heinrich bald
darauf den Verhandlungen zu geben versuchte, brachte den Papst
heftig auf und ließ ihn alle Hoffnung verlieren, daß auf dem eingeschlagenen Weg Etwas vom König zu erreichen sein werde.
So blieb allerdings Nichts übrig, als der offne Kampf. Die
Verhandlungen kamen ins Stocken; und indem jeder von beiden
Theilen auf seinem Standpunkt verharren blieb und diesem gemäß,
ohne Rücksicht auf den andern, verfuhr, mußte wohl in kürzester
Frist, auch ohne die Mitwirkung so gewichtiger andrer Umstände,
wie sie für diesen Fall noch obenbrein stattfand, der wirkliche
Bruch zwischen beiden Gewalten sich vollziehen.

Wenn Heinrich es unterlassen hatte, sich auf die von Seiten
des Papstes erfolgte Kundgebung des Investiturverbots zu äußern,
so hatte sich ihm in der nächsten Zeit darnach auch keine Gelegenheit geboten, seiner Stellung dazu einen thatsächlichen Ausdruck
zu geben.[8] Desto mehr und in um so gewichtigeren Fällen bot
sie sich ihm jetzt. Zwar die Nachricht von der Erhebung des
neuen Bischofs von Lüttich durch ihn mochte noch nicht nach Rom
gedrungen sein, als das letzterwähnte Schreiben des Papstes an
den König abging; auch hat gerade diese Erhebung, soviel wir
wissen, auf den weitern Gang der Dinge keine unmittelbare Einwirkung geübt. Um so größere aber übten mehrere andre, die
kurz darauf erfolgten. Zum Bischof für Bamberg ernannte der
König den Propst Robert von Goslar, seinen vertrauten Freund
und Rathgeber und treuen Anhänger, der denn auch am 30. November auf königlichen Befehl von seinem Metropoliten die Weihe
empfing. Von Mailand waren alsbald nach dem großen Sieg
über die Pataria und Herlembalds Tod Gesandte beim König erschienen, um unter dem Eindruck der Nachricht von diesen Ereignissen eine definitive Regelung der Frage über die Besetzung ihres
Erzbisthums, die nun einmal in der Person des Gottfried keinen

befriedigenden Abschluß fand, anzubahnen. Sie hatten die Zusicherung von Jenem erhalten, daß er ihnen einen Erzbischof nach
ihrem Wunsch geben werde. Darauf hatte derselbe im Herbst
gerade einen seiner gebannten Räthe, den Grafen Eberhard von
Nellenburg, zur Ordnung der italienischen Verhältnisse abgesandt,
und dieser seinen Auftrag in einem der jüngsten Wendung der
der Dinge ganz entsprechenden Sinn ausgeführt, die Pataria
noch weiter bekämpft, gegen das Papstthum gerichtete Verbindungen
angeknüpft, endlich die Mailänder zum nunmehrigen Empfang
des Erzbischofs von Neuem an den König verwiesen. Dazu ernannte nun der letztere den mailänder Kleriker Tedald, einen
seiner Kapellane, ohne weder Atto noch den früher von ihm selbst
ernannten Gottfried zu berücksichtigen, und Tedald fand Aufnahme
bei den Mailändern.[9] Endlich ernannte der König auch Nachfolger für die erledigten Stühle von Fermo und Spoleto, innerhalb eines Gebiets, dessen Herrschaft für den h. Petrus selbst beansprucht ward, innerhalb der römischen Kirchenprovinz selbst, und
sandte dieselben zum Empfang der Weihe an den Papst als ihren
künftigen Metropoliten.

Politische Rücksichten in erster Linie waren es, welche den
König bei all diesen Erhebungen leiteten, jede einzelne von ihnen
findet in solchen ihre besondre, ausreichende Erklärung. Einwendungen vom Standpunkt des gültigen kanonischen Rechts aus
konnten, sofern die Frage wegen der Zulässigkeit der Laieninvestitur
überhaupt außer Betracht blieb, nur gegen diejenige des Tedald
erhoben werden. Denn alle übrigen waren in durchaus uneigennütziger Weise vom König vorgenommen worden; selbst die erbittertsten Gegner mußten Nichts von Simonie beizubringen, und
Heinrich bewies auch bei andern entsprechenden Fällen in der
Folgezeit, ohne daß irgendwelche äußere Veranlassung zu demonstrativer Vermeidung von Simonie vorgelegen hätte, daß er dabei

wirklich weiter Nichts, als Gehorsam gegen seinen ausgesprochnen Willen beanspruche. [10])

Welchen Eindruck es dagegen auf den Papst machen mußte, als um den Beginn des December, vermuthlich ziemlich dicht hinter einander, ihn die Nachrichten von diesen Ereignissen ereilten, ist unschwer zu begreifen. Da mußte wohl für endgültig festgestellt gelten, daß eine einfache Unterwerfung Heinrichs unter die päpstlichen Ansprüche ohne weitergehende Zwangsmittel, als bisher, nicht zu erwarten sei, mochte er sich gleich von Neuem in der früher vorgebrachten Angelegenheit brieflich an den Papst gewendet haben, mochten seine Gesandten, freilich ohne noch eine specielle Instruction zu besitzen oder je erhalten zu haben, noch immer in Rom weilen.

Gregor hatte sich bereits zu Gunsten der gefangenen sächsischen Bischöfe, besiegter Rebellen, beim König verwendet. Jetzt ergehen an und gegen den Bischof von Constanz, dessen Sprengel der Hauptsitz der deutschen Pataria war, Verordnungen, welche die letztere zu neuen Anstrengungen aufftacheln, den durch sie auf die dem Papstthum widerstrebenden Gewalten ausgeübten Druck erheblich verstärken mußten. An Tebald ergeht unter dem 7. December 1075 in einfachen, aber sehr bestimmten Worten mit dem Hinweis darauf, daß der einzig rechtmäßige Erzbischof von Mailand, Atto, noch am Leben und im Amte sei, und unter Zurückweisung jedes anderweitigen Vermittelungsversuchs auf Grund des derzeitigen Standes eine Vorladung zur nächsten Synode und das Verbot der Annahme der Weihe; unter dem folgenden Tag wird den Suffraganen der mailänder Kirche untersagt, Jenem die Weihe zu ertheilen. Den Abschluß giebt dem Werke das bekannte, unter demselben 8. December ausgefertigte Ultimatum des Papstes an den König. Der fortgesetzte Umgang mit den gebannten Räthen ist es zuerst, sodann der Widerspruch zwischen seinen Versprechungen und Handlungen, was diesem hier in ernstester Weise vorgehalten wird. Der letztere wird speciell aufgezeigt an seinem Verfahren in Betreff der mailänder Kirche, ferner an der jüngst erfolgten Vergebung der Kirchen von Fermo und Spoleto, „wenn denn überhaupt von einem Menschen eine Kirche übergeben oder geschenkt werden kann"; von wo aus durch den gewichtigsten Hinweis auf den schuldigen Gehorsam gegen den apostolischen Stuhl der Uebergang zu einer Besprechung des Investiturverbots gefunden wird, welches, wie der Papst betont, als allgemein gültiges und verbindliches von vornherein, und am ersten von Heinrich, betrachtet werden sollte. Daß der König auf die beabsichtigten Verhandlungen nicht einging, ja noch obendrein das Decret verletzte, ist ein schweres Verbrechen. Möge er noch in sich gehen und Gott und Christus und dem h. Petrus die Ehre geben, möge er nicht die Freiheit der Kirche hindern, sondern in treuer Ergebenheit ihr Wachsthum fördern, möge er nicht auf Grund seines gegenwärtigen Glücks sich erheben, sondern an Saul und sein Schicksal im gleichen Fall gedenken! [1])

Noch tiefern Eindruck mußten die mündlichen Aufträge machen, welche die Ueberbringer des Schreibens, die drei bisher in Rom weilenden königlichen Gesandten, an ihren Herrn empfingen. Bann und Entsetzung, wie sie schon längst Gregor als unvermeidliche Folge des Verlusts der Kirchengemeinschaft für den König bezeichnet hatte, wurden hier schon für die nächste römische Synode angedroht, wenn Heinrich nicht ungesäumt sich rechtfertige und bessere.

Gewiß war durch dieses Ultimatum die abstracte Möglichkeit einer friedlichen Lösung der schwebenden Fragen noch zu letzter Stunde, wenn auch nur im Sinne einer bedingungslosen Unterwerfung des Königs, nicht ausgeschlossen; die Maßregeln des Papstes waren darnach, so weit es anging, getroffen. Aber außerhalb jeder menschlichen Erwartung lag dieselbe doch nach allen bestehenden Verhältnissen: sie blieb aus, und der offne Kampf

begann, mußte beginnen. Den erften Streich führte im über-
fchäumenden Zorn der König mit den Seinigen auf den Synoden
zu Worms und Pavia;[12]) ihn gab Gregor zurück auf der römifchen
Faftenfynode des J. 1076.

VI.

Wenn diefe hochwichtige Verfammlung in Hinficht der Gefetz-
gebung nichts Neues brachte, fo wird doch kaum bezweifelt werden
können, daß fie das bisher Feftgeftellte ausdrücklich wiederholte
und bekräftigte.[1])

Bekanntlich ift von der Inveftiturfrage ebenfowenig in der
jetzt, wie in der 1080 über Heinrich ausgefprochenen Bannformel
die Rede. Aber auch überhaupt finden fich, fo lange der Papft
mit feiner Perfon unmittelbar im Kampf ftehen blieb, unter feinen
Verfügungen und Maßregeln keine, welche auf diefe Specialfrage
Bezug hätten, wenigftens foweit es fich um die Staaten der
Chriftenheit handelt.[2]) Seine Thätigkeit wird völlig vom Kampf
felbft und feinen Intereffen als einheitlichem Ganzen in Anfpruch
genommen. Was Wunder auch? War doch der Streit von
beiden Seiten fofort auf die Grund- und Cardinalfrage hin prä-
cifirt worden, in der alles Andre enthalten war: ob die vom
Papftthum in der von Gregor ihm gegebenen Bedeutung beherrfchte
Kirche über den Staat gebieten folle oder nicht. Sie war, als
folche hingeftellt und von allen Seiten ohne weitere Discuffion
angenommen, fowie ohne weiteres Zurückgehen auf die letzten
Gründe der Dinge behandelt, die entfcheidende, das Verhältniß
eines Jeden zu dem Verbrechen des Schisma war von diefem
Augenblick der einzige Maßftab, an welchem er und fein Werth
bemeffen ward. Welcher Vortheil für Gregor, daß feine Gegner

eine Art des Angriffs gewählt hatten, durch welche sie ihm die
Wahl seiner Stellung selbst in die Hand gaben! So wurde der
in seiner Wichtigkeit von ihm am allerwenigsten unterschätzte
Kampf der Geister von Anfang an auf ein Gebiet verwiesen, auf
welchem er gemäß den Anschauungen jener Zeit nur einen für die
Kirche günstigen Ausgang nehmen konnte.

Indeß auch die aus dieser Zeit vorliegenden Verordnungen,
welche in Betreff der allen bisher besprochenen Verhältnissen gänzlich
fernstehenden afrikanischen Kirche ergingen, sind in ihrer Art besondrer Aufmerksamkeit werth.

Schon Leo IX. hatte diese mit seiner allumfassenden Fürsorge
als Vorwurf von Bestrebungen ins Auge gefaßt, welche sich, soviel
die dürftigen Reste der Ueberlieferung erkennen lassen, vor Allem
darauf richteten, auch dort den Primat der römischen Kirche und
des Papstes festzustellen und die im christlichen Abendland zur
Geltung gelangte hierarchische Organisation durchzuführen. Gregor VII.
hatte sofort mit Lebhaftigkeit den vielleicht nicht ohne seine Mitwirkung entstandenen Plan des großen — obschon oft über-
schätzten — Vorgängers aufgegriffen und bereits wenige Monate
nach seiner Erhebung Verbindungen dort angeknüpft, die oben Erwähnung fanden. Jetzt aber kam man ihm sogar von drüben
entgegen.

Es waren daselbst bis vor Kurzem alle Bisthümer, mit
Ausnahme des erzbischöflichen Stuhls von Karthago selbst, ein-
gegangen gewesen. Nun hatte der maurische Fürst Anazir beschlossen, in seiner neuen Hauptstadt Buzca (Bougie in Algerien,
Prov. Constantine) ein solches zu errichten; eine kanonische Wahl
war vorgenommen worden, und Fürst und Gemeinde hatten noch
im Lauf des J. 1076 den erwählten Priester Servandus mit der
Bitte um Ertheilung der Weihe an den Papst gesandt. Jetzt,
wie es scheint im Juni desselben Jahrs, thut dieser Beiden die
vollzogne Erfüllung ihres Begehrens kund. Zugleich ertheilt er

dem Erzbischof Cyriacus von Karthago den Auftrag, in Gemeinschaft mit dem neugeweihten Erzbischof Servandus — (denn diese
Würde war demselben vom Papst ertheilt worden) — nach der
Vorschrift der h. Väter einen Dritten zum Bischof zu wählen und
gehörig beglaubigt zur Consecration an ihn selbst abzuschicken,
damit dann wenigstens die erforderliche Dreizahl von Bischöfen
zur Ertheilung der Weihe bei der als nothwendig erkannten,
weitern Vermehrung der Bisthümer in Afrika vorhanden sei.³)

Es mag auffallen, wenn der Papst hier eine Anordnung
trifft, die doch recht bedeutende Abweichungen von einem wirklichen
kanonischen Wahlverfahren in sich schließt. Indeß, obwohl nicht
zu übersehen ist, daß auch dieses Verfahren für ihn „nach Gottes
Vorschrift" (secundum Deum) ist, so mag dem kein besondres
Gewicht beigelegt, ja selbst angenommen werden, daß für die Zukunft von Gregor hier Gleiches kaum beabsichtigt gewesen ist.
Ist aber so in diesen Erlassen im Ganzen eben nur die Absicht
zu erkennen, eine im Wesentlichen kanonische Besetzung der afrikanischen Bisthümer zu Stande zu bringen, nur für den Augenblick noch verbunden mit dem Bestreben, durch Verweisung der
Ordination an den päpstlichen Stuhl diesem ein specielles Recht
endgültiger Entscheidung über jene zu wahren, so giebt diese Wahr-
nehmung doch gewiß kein Recht dazu, in derartigen Bestrebungen
Gregors und nicht in den weitergehenden, wie sie anderwärts zu
Tag treten, Aeußerungen seiner letzten und wahren Absichten in
Betreff der Bischofswahlen erblicken zu wollen.

Die Sache findet ihre hinreichende Erklärung in der völligen
Verschiedenheit, welche zwischen den Verhältnissen der Kirche in
Afrika und in den christlichen Staaten Europas obwaltete. Dort
bestand sie unter der äußern Herrschaft von Muhammedanern, ohne
die weltlichen Beziehungen der Kirchen des europäischen Abend-
lands, fast ganz noch in der ursprünglichen Verfassung und jeden-

falls dem Staat gegenüber in derselben Stellung, in welcher sie sich anfänglich allgemein gegenüber dem heidnischen römischen Reich befunden hatte. Das Letztere erstrebte ja auch die rein kirchlich-reformatorische Bewegung in den europäischen Staaten zu erreichen, — freilich ohne die einzig mögliche Vorbedingung dazu zu erfüllen, d. h. Güter und Herrschaft mit allem daran haftenden Einfluß und ihren Vortheilen aufgeben zu wollen. In Afrika fand die Kirche Duldung, ja selbst je nach den Umständen freundliche Unterstützung; und wenn sie in letzter Instanz vor äußerer Verfolgung nie ganz sicher war, so war sie es doch immer und vollständig vor derartigen Eingriffen der Staatsgewalt, wie man sie in Europa so scharf zurückweisen zu müssen glaubte. Ein Mehreres war aber hier allerdings auch unter keinen Umständen zu erreichen; das höchste Ziel der Wünsche mußte es schon sein, den bestehenden Zustand im Wesentlichen zu erhalten. Von diesem Gesichtspunkt aus sind Gregors Verordnungen in diesem Fall zu beurtheilen; von ihm aus erklärt sich auch seine auf den ersten Anblick wohl recht verwunderliche Sprechweise gegenüber dem muhammedanischen Fürsten. Beschränkten religiösen Fanatismus wird bei einem Gregor VII. nicht einmal Jemand voraussetzen; er hat ihn auch nicht in Bezug auf sehr wichtige Glaubensfragen seiner eignen Kirche bewiesen, wo ihn seine Stellung am ersten dazu aufgefordert hätte. Seine Gegner haben diesen, nach dem Urtheil jener Zeit entschieden schwachen Punkt, z. B. hinsichtlich seines Verhältnisses zur Lehre des Berengar von Tours, auch sehr wohl herauszufinden und zu ihren Angriffen zu benutzen gewußt. War ihm, was bei aller Betonung der vorwiegend politischen Natur seiner Ziele gewiß nicht behauptet werden soll, die Religion selbst nicht gleichgültig, wie hätte er beschränkt genug sein sollen, den Glauben seiner Kirche, zumal in der Gestalt, in welcher er ihn eben vertreten mußte, für den alleinseligmachenden zu halten? Als Fürst aber steht ihm Anazir, eben auf Grund der angebeuteten Verhältnisse, wie ein ganz Unbetheiligter gegenüber: jeder von Beiden läßt den Andern innerhalb des seiner Befugniß zustehenden Wirkungskreises gewähren. Daher auch in dem betreffenden Schreiben ein offner, rückhaltsloser, fast herzlicher Ton, den wir in entsprechenden andern, an christliche Fürsten gerichteten vergebens suchen würden.[4])

In Bezug auf die Verhältnisse des römisch-deutschen Reichs finden sich die ersten Zeichen der wiederbeginnenden Action Gregors hinsichtlich unsrer Frage, nach all den bekannten Vorgängen von mehr als einem Jahre, erst wieder oder vielleicht besser gesagt sofort von dem Augenblick an, wo er nach dem Wiederausbruch des nur vorübergehend einmal äußerlich zum Stillstand gebrachten Kampfs die Schiedsrichterstellung über den streitenden Parteien einnahm: bei der Wahl des Gegenkönigs Rudolf.

Gregor hatte bereits Unter dem 3. September 1076 Gelegenheit genommen, in dem Schreiben, in welchem er die deutschen Rebellen über seine Ansicht in Betreff der Beilegung des Streits im Reich aufzuklären suchte, seine Forderungen an das Staatsoberhaupt für den von nun an herzustellenden Zustand auszusprechen. In Eins zusammengefaßt lauten sie dahin, daß König Heinrich, wenn er wieder zu Gnaden angenommen sein will, die Kirche als seine Herrin, nicht als seine Magd zu betrachten hat. Specielle Erwähnung findet daneben die Entfernung der bösen Räthe und ihre Ersetzung durch solche, die den König selbst, nicht blos das Seine lieben und Gott in Allem höher denn weltlichen Gewinn achten, ferner — in umschreibenden zwar, doch nicht mißverständlichen Ausdrücken — die Befolgung des Investiturverbots, sowie endlich auch noch insgemein andre Rechte der Kirche von ihm zurückgefordert werden. Dies für Heinrich und den Fall des Ausgleichs mit ihm; aber genau ebendasselbe soll auch der eventuell neu zu wählende König leisten.[5]) Es ist kaum zu bezweifeln, daß, wenn die Dinge ohne weitere Zwischenfälle in der

bamals eingeschlagenen Richtung weitergegangen wären, diese päpstlichen Forderungen in Gestalt eines Eids von dem zukünftigen
König, mochte es Heinrich ober ein anbrer sein, anzuerkennen
gewesen sein würden, gerade so wie das später nach Rudolfs Tod
Gregor in der That verlangt hat.

Jetzt bedingte der wirkliche Gang der Ereignisse allerbings eine anders geartete Theilnahme des Papstes an der am
15. März 1077 erfolgten Wahl des Gegenkönigs, als Jener sie
ursprünglich wohl in Aussicht genommen hatte. Rudolf leistete
der römischen Kirche keinen Treueid; obgleich Gregor ihn von der
Zeit an, wo er ihn als legitimen König der Deutschen anerkannte,
auch als Lehnsmann des h. Petrus betrachtete, und Jener selbst
den Papst sofort seines Gehorsams in allen Dingen versichern
ließ. Dagegen legte er allerdings den anwesenden päpstlichen
Legaten auf ihre Anforderung das Versprechen ab, Bisthümer
weder für Geld noch Gunst vergeben, vielmehr jeder Kirche die
Ausübung ihres Rechts auf die kanonische Wahl verstatten zu
wollen.°)

Es mag nicht die Frage aufgeworfen werden, ob die Legaten
für diesen Punkt in Rücksicht auf den nunmehr wirklich eingetretenen
Fall einer Königswahl eine bestimmte Instruction erhalten hatten,
die sie mit jener Anforderung einfach ausführten, oder ob sie
gegenüber der unvorhergesehenen Gestaltung der Dinge nach eignem
Ermessen in dieser Weise vorgehen zu sollen glaubten. Wie
sollte es nicht für möglich gelten, daß die Organe des Papstes in
einer durch den Wortlaut zahlreicher officieller Kundgebungen
desselben so nahe gelegten, mißverständlichen Auffassung den Kern-
punkt der Bestrebungen ihres Auftraggebers in der Herstellung der
kanonischen Besetzung der Bisthümer nach dem traditionellen Sinn
dieses Begriffs gesucht und durch Erreichung eines darauf bezüglichen Versprechens von Seiten des neuen Königs jenen zu genügen
geglaubt hätten? Aber auch den erstern Fall zugestanden, sollte

es wirklich so auffällig sein, daß Gregor, gleichwie er es dem König
Heinrich gegenüber gethan hatte, auch hier nicht sofort mit dem
Investiturverbot in seiner vollen Schärfe und mit allen seinen Consequenzen hervortrat? War anderwärts, wenn ihnen sofort die Augen
über die ganze Tragweite der päpstlichen Bestrebungen geöffnet wurden,
in erster Linie der hartnäckigste Widerstand der Könige zu fürchten, so mußte hier die Rücksicht, wenn nicht auf Rudolf, so doch
auf die Reichsfürsten kaum minder zur Zurückhaltung mahnen.
Nicht blos eine Gestaltung der Dinge, wie diejenige, welche der
Vertrag vom J. 1111 ins Leben rufen wollte, war dazu angethan,
auch ihren lebhaftesten Einspruch hervorzurufen. Oder hätten sie
nicht wahrnehmen sollen, daß durch die vom Papst angebahnte
Umwälzung aller Besitz- und Machtverhältnisse auch sie in ihrer
Stellung empfindliche Einbuße erleiden würden, — daß namentlich
mit dem Bestreben nach der Emancipation des Kirchenguts vom
Verfügungsrecht der weltlichen Obereigenthümer auch das andre
Hand in Hand ging, die Verleihung von Kirchengut an sie selbst
aufzuheben? So empfahl es sich wohl, von dem, was aus der
Aufhebung des bestehenden Investiturrechts hervorgehen sollte, zunächst auch den sonst Verbündeten gegenüber nur den einen Punkt
zu betonen, gegen welchen zugleich am wenigsten Einwendungen erhoben
werden konnten: daß die Könige ihr thatsächliches, positives Besetzungsrecht der Bischofstühle aufzugeben hätten. Wie konnten sie
die Aufgabe namentlich gegenüber der Forderung der mit der
ganzen Heiligkeit eines Glaubenssatzes ausgestatteten kanonischen
Wahl verweigern? Bis dieser neue Zustand sich in den Gemüthern
befestigt hatte, — wobei innerhalb des dem Wort nach kanonischen
Wahlverfahrens sich immerhin schon wieder eifrig und erfolgreich
für die Herstellung eines maßgebenden päpstlichen Einflusses auf
die Erhebung der Prälaten arbeiten ließ —, mochte den Königen
vorerst wohl selbst noch eine nachträgliche Einweisung der neuerhobenen Prälaten in ihre Besitzrechte zugestanden und theoretisch

noch nicht einmal die unbedingte Unzulässigkeit von Leistungen aus dem Kirchengut an sie behauptet werden. In diesem Sinn ohne Zweifel — (und zwar äußerlich wahrscheinlich in derselben Form, welche gelegentlich eines andern Falls bald zu erwähnen sein wird) — hat auch Rudolf ohne Einspruch der geistlichen Autoritäten bald darauf an der Erhebung eines Abts für St. Gallen theilnehmen dürfen[7]), dem übrigens von Heinrich IV. noch im Herbst desselben Jahrs Ulrich, ein Sohn des Herzogs Markward von Kärnthen, mit Erfolg entgegengestellt ward. Da man dabei ein anderes Eigenthumsrecht am Kirchengut, als dasjenige der Kirche selbst, unter keinen Umständen zugestand, so hatte eine derartige Einweisung in der That doch nur eine rein formelle Bedeutung und konnte nicht mehr sein, als eine Zusicherung des gebührenden königlichen Schutzes, wie ihn die Kirche ja in ganz besonderem Maße beanspruchte. Fiel ferner mit dem Eigenthumsrecht der Könige am Kirchengut die Verpflichtung zu den darauf haftenden Leistungen und die Zulässigkeit jedes Zwangs zu ihrer Erfüllung weg, so konnte vorläufig noch um so unbedenklicher zugestanden werden, daß die Kirche sich trotzdem ihnen, soweit sie natürlich das verantworten könne, nicht entziehen wolle. Nur daß sie eben in ihren eignen Gesetzen den Maßstab zur Beurtheilung dessen zu finden sich vorbehielt.[8]) Aber daß man dabei auch jeden Augenblick sich vorbehielt, in dieser Beziehung die v o l l e Consequenz der proclamirten Glaubenssätze durchzuführen, steht nicht minder fest.

Die Auffassung des Vorgangs in diesem Sinne wird Zweifeln vollends kaum mehr begegnen nach Betrachtung der folgenden, auf König Heinrich und seinen Kreis bezüglichen Verordnungen des Papstes.

Der Bischof Gerhard von Cambray hatte im vorhergehenden Jahr nach vorgängiger kanonischer Erwählung von Heinrich die Bestätigung und Investitur empfangen und nun, noch vor Empfang der Weihe, bei seiner jüngsten Anwesenheit in Rom deswegen vom Papst zur Rede gestellt, versichert, weder von dem Verbot der Laieninvestitur noch von der Excommunication des Königs in zuverlässiger Weise unterrichtet gewesen zu sein. Er hatte darauf sofort seine Würde in die Hände des Papstes niedergelegt und seine Sache demüthig dem Urtheil desselben anheimgestellt. Gregor hat darauf, so berichtet er unter dem 12. Mai 1077 an seinen Legaten Hugo von Die, in Anbetracht der dadurch an den Tag gelegten Gesinnung des Gerhard sowie der Fürbitten andrer Bischöfe für ihn und ihres lobenden Zeugnisses über seinen frühern Lebenswandel, vor Allem aber wegen der vorangegangenen kanonischen Wahl diesem das Bisthum bedingungsweise wieder zuerkannt. Derselbe soll nämlich, damit dieses Beispiel der Nachsicht nicht von Bischöfen ungleicher Gesinnung falsch ausgelegt oder für ihre Zwecke ausgebeutet werde, vor der in nächster Zeit von Hugo von Die abzuhaltenden Synode die Wahrheit seiner Aussage sowie seine Nichtbetheiligung an einem für die römischen Bestrebungen höchst bedenklichen Vorfall, der sich kürzlich in Cambray zugetragen, eidlich noch einmal bekräftigen, um dann erst endgültig bestätigt und geweiht zu werden. Gerhard that dies auch auf der noch weiter zu berührenden Synode von Autun und erhielt daselbst die Weihe, — um freilich nach kurzer Frist von Neuem mit König Heinrich in Verbindung zu treten. Doch darf seine Geschichte hier nicht weiter verfolgt werden. Jedenfalls ist klar, daß auch eine durch kanonische Wahl erfolgte Erhebung, wenn ihr eine wirkliche Investitur nach dem herkömmlichen Recht folgte, dennoch in den Augen des Papstes ungültig war, obwohl ja in solchen Fällen der von kirchlicher Seite so eifrig und vor der Oeffentlichkeit meist ausschließlich angefochtene Einfluß der Könige auf die Bestimmung der Person des geistlichen Würdenträgers gar nicht zur Geltung kam. Wahrlich, um nur diesen Uebelstand zu beseitigen — falls es denn überhaupt ein solcher war — hätte es

keines Verbots der Laieninvestitur bedurft. Das waren weitergehende Ziele, die mit diesem verfolgt wurden. Es erhellt ferner,
daß, wenn der Papst selbst anderwärts, wo er eine noch größere
Freiheit der Verfügung als hier besaß, eine nachträgliche Uebergabe des Kirchenguts an den kanonisch Gewählten vorläufig nicht
als absolut unzulässig erklärte, diese eben Nichts mit dem bisherigen
Investiturrecht gemein haben sollte. Was war endlich wohl der
ausschlaggebende Grund beim Papst für das im gegenwärtigen Fall
eingeschlagene, mildernde Verfahren? Da erscheint wohl bei der
eigenthümlichen Art, wie das Investiturverbot im J. 1075 aufgestellt worden war, die Nachsicht ganz sachgemäß und von der
Natur der Dinge selbst geboten. Aber daß den Versicherungen
des Gebhard in dieser Hinsicht beim Papst außerordentlich wenig
Gewicht beigelegt ward, beweist am besten die für den erwähnten
Eid vorgeschriebene Formel, die selbst einem ziemlich ängstlichen
Gewissen eine ganz ausreichende Kenntniß von der Existenz des
Investiturverbots und des Bannspruchs gegen den König abzuschwören erlaubte. Auch nicht gerade der unsträfliche frühere
Lebenswandel des Angeschuldigten kann in hervorragender Weise
auf die Entschließungen des Papstes eingewirkt haben. Oder sagt
nicht Gregor selbst, daß Jener noch in der zuletzt von ihm bebekleideten Stellung das Verbrechen der Simonie durch Verkauf
geistlicher Stellen geübt habe, ebendasselbe, welches sonst so oft
als ein unsühnbares Vergehen wider den h. Geist bezeichnet wird?
Die vorangegangene kanonische Wahl kann es, trotz des vom
Papst auf diesen Umstand gelegten Gewichts, gleichfalls nicht
gewesen sein, wenn anders uns im weitern Verlauf der Untersuchung noch Fälle begegnen werden, in denen die gleiche Verzeihung gewährt ward, ohne daß dieser Grund dafür hätte angeführt werden dürfen. Gestehe man zu: es war die Aussicht
und der Wunsch, einen neuen Anhänger für die eigne Partei zu
gewinnen, welche Gregor in Wahrheit zu dem Verfahren bewogen, das

zugleich darauf hin wohlberechnet erscheint, den noch nicht ganz zweifellosen Gesinnungswechsel des Bischofs noch genauer festzustellen und ihn selbst fester zu binden. Gern wurde dabei die Gelegenheit, die sich bot, benutzt, um auch noch in einem weitern Falle zu den bisherigen ein directes päpstliches Ernennungsrecht für einen Bischofssitz zu üben.⁹)

In der andern Richtung fordern die zwei am 17. September 1077 in Betreff der Besetzung des Patriarchats von Aquileja ergangenen Verfügungen eine schärfere Beachtung. Um die Mitte des August war zu Regensburg der Patriarch Siegharb, zuletzt wieder Heinrichs VI. Bundesgenosse, gestorben. Klerus und Laien von Aquileja hatten darauf den — übrigens unbekannten — Archidiaconus ihrer Kirche zu seinem Nachfolger erwählt und den Papst davon mit der Bitte um Bestätigung desselben in Kenntniß gesetzt. Darauf antwortet jetzt der Papst. In dem einen, an Klerus und Gemeinde selbst gerichteten Schreiben führt er zunächst aus, wie es sein bestimmtes und unermüdliches Bestreben sei und lebenslang sein werde, im Anschluß an das göttliche Gebot, „daß der Hirt zu seiner Herde durch die Thür eingehen, nicht anderswo, wie ein Dieb und Räuber einsteigen solle", die durch Gottlosigkeit und böse Gewohnheit ins Verderben gerathene Art der Bischofswahl zu reformiren. Im Uebrigen wolle er die dem König gebührende Dienstleistung und Treue in keiner Weise bestreiten oder verhindern, also keineswegs Neuerungen eigner Erfindung einführen, sondern verlange nur, daß bei der Einsetzung von Bischöfen, dem gemeinsamen Ausspruch der heiligen Väter gemäß, die evangelische und kanonische Autorität gewahrt werde. Ueber die Nachricht von jenem Vorgang freue er sich aufrichtig, zumal wenn derselbe in der rechten Weise erfolgt sei. Da es jedoch ihm selbst bei der Schwierigkeit der Sache unmöglich sei, ohne Weiteres eine Entscheidung zu treffen, so sende er ihnen jetzt seine Legaten, um, wenn sie sich von der Vorschriftsmäßigkeit des Wahlverfahrens

und von der allseitigen Tüchtigkeit des Gewählten überzeugen
könnten, diesen zu bestätigen, im andern Fall aber eine Neuwahl
zu veranstalten. Zugleich erhalten in dem zweiten Schreiben die
Suffragane von Aquileja den gemessenen Auftrag, Jene dabei
thatkräftig zu unterstützen, und es wird den Gebannten unter
ihnen für den Fall des Gehorsams Gnade in Aussicht gestellt, im
entgegengesetzten mit den schwersten Strafen gedroht.[10])

Wie oft sind die angeführten Worte des ersten Schreibens
betreffs der dem König gebührenden Treue und Dienstleistung
angerufen worden, um den streng kirchlichen Charakter der Bestrebungen Gregors und zugleich ihre Harmlosigkeit anscheinend
unwiderleglich darzuthun! In so übereifriger Weise geschah dies,
daß Niemand daneben den Umstand beachtete, wie vor Allem der Papst
durch seine Legaten für sich einen bestimmenden Einfluß auf die
Besetzung dieser Würde, was bei ihrem Rang als Patriarchat von
doppelter Wichtigkeit sein mußte, über das kanonische Wahlverfahren hinweg zu gewinnen sucht. Und in der That schien sie
jeden selbst aus anderweitigen Wahrnehmungen aufgestiegenen
Verdacht in dieser Richtung niederschlagen zu sollen. Nur mußte
dann die Aeußerung, was freilich in der Regel auch ihr Schicksal
gewesen ist, aus allem Zusammenhang gerissen werden. Denn wer
darauf achtet, daß unmittelbar daneben der Papst wiederholt in unzweideutiger Weise das Verbot der Laieninvestitur nach seinem ganzen
Umfang aufrechterhalten zu wollen erklärt, weiß damit zugleich, was
die Versicherung in Wahrheit nur bedeuten konnte. Nur dann könnte
ein Zweifel entstehen, wenn die Gründe nicht speciell nachzuweisen
wären, welche den Papst veranlassen mußten, gerade in diesem
Fall vorläufig die am wenigsten schroffe Auffassung von den
Folgen der Lösung des bisherigen Rechtsverhältnisses hervorzukehren, die freilich, unlogisch und innerlich unhaltbar, wie sie war,
im ersten günstigen Augenblick von der Kirche selbst abgestreift
werden sollte und mußte. Denn mit denen, welche ohne Weiteres

das hier Ausgesprochene verallgemeinern zu dürfen glauben, rechten wir überhaupt nicht. Aber jene Gründe liegen in erwünschtester Deutlichkeit zur Einsicht vor: hier hat neben der Rücksicht auf die für Heinrich IV. eben damals sich günstiger gestaltende Lage vor Allem diejenige auf die königstreue, dem Papstthum offen feind-selige Gesinnung der Mehrzahl im Sprengel von Aquileja gewirkt, vereint mit der Erkenntniß, daß ohne ein derartiges Zugeständniß, das in Wahrheit nichts Principielles aufgab, doch die wirklichen Ziele der päpstlichen Bestrebungen sehr wohl zu verdecken geeignet war, auch schon jeder Versuch, eine der Curie genehme Persön-lichkeit auf den so wichtigen Stuhl zu bringen, von vornherein aussichtslos sein müsse.

Freilich war das ganze Verfahren überhaupt schon von An-fang an dadurch gegenstandslos geworden, daß der König auf seinem Kriegszug durch Schwaben bereits am 8. September oder einem der nächstvorangegangenen Tage, ohne die zu Aquileja vorgenommene Wahl anzuerkennen, einen seiner Kapellane, den augsburger Domherrn Heinrich, zum Patriarchen ernannt hatte, der denn auch alsbald Aufnahme im Sprengel fand.

Wenn aber außerdem auch in der Angelegenheit von Aquileja die Verdienstlichkeit des kanonischen Wahlverfahrens vom Papst hervorgehoben wurde, so konnte dazu kein besserer Commentar gegeben werden, als die Verfügung, welche nur einen Tag zuvor, am 16. September 1077, in Betreff der Besetzung des Bisthums Volterra ausgefertigt ward. Die Sache liegt sehr einfach. Gregor meldet den Bischöfen Rudolf von Siena und Rainer von Florenz als das Ergebniß seiner eifrigen Bemühungen, für diesen erledigten Stuhl „nach Gottes und der Kanones Vorschrift" einen nützlichen und geeigneten Bischof gewählt zu sehen: daß seine eignen Wünsche mit denen der dortigen Gemeinde sich in der Person eines gewissen Bonoisus (Bonizo?), Archipresbyters zu Mantua, vereinigen. Er befiehlt ihnen also, demselben die allgemeine Zustimmung in Form

einer von ihnen zu veranstaltenden kanonischen Wahl zu verschaffen, darauf an Stelle des Papstes, nach altem, gesetzlichem
Herkommen, ihn zu bestätigen und zum Empfang der Weihe alsbald nach Rom zu senden.[11]

Das bedeutet so viel wie directe Ernennung eines Bischofs
durch den Papst. Und mochte sie dem Papst rechtlich zustehen,
nicht sowohl auf Grund seines Metropolitanrechts über Volterra,
als vielmehr ebendesselben Eigenthumsrechts an diesem Bisthum,
welches den weltlichen Herren für die ihrigen durch das Verbot
der Laieninvestitur abgesprochen worden war: so darf doch wohl
mindestens die hier ins Auge gefaßte Anwendung des „kanonischen"
Wahlverfahrens gegenüber der so lange gehegten Auffassung von
dem Platze, welchen dieses in den Bestrebungen Gregors eingenommen hätte, geradezu als ein schreiender Widerspruch bezeichnet
werden.

Der Ausbruch des Kampfs im Reich hatte zunächst für die
Zeit der unmittelbaren Betheiligung Gregors an demselben in seine
Beziehungen zu den übrigen Mächten der abendländischen Christenheit einen begreiflichen Stillstand gebracht. Seitdem er sich jedoch
dort über die Parteien gestellt, treten seine Bestrebungen auch in
Bezug auf diese nach und nach wieder hervor: vorerst in Beziehung
auf Frankreich und das britische Reich als die nächstwichtigen, in
welchen zugleich bei dem ältern und festern Bestand des dortigen
Christenthums die Gefahren verhältnißmäßig am geringsten, die
Aussichten auf Erfolg am größten waren, — um dann sofort und
voraussichtlich ohne Schwierigkeit auf die übrigen Staaten übertragen zu werden, in Bezug auf welche der Papst unterdessen nur
mehr eine im Allgemeinen vorbereitende Thätigkeit entwickelte.

Zwar ist hier nicht der schon seit langer Zeit geführte Kampf
des Papstthums gegen die autonomistischen Bestrebungen des französischen Königthums und Episcopats auch nur in seinen allgemeinsten Wendungen zu berühren. Wie Gregor das schon im

Gang befindliche Verfahren gegen den derzeitigen Hauptvertreter derselben aus der Mitte der Geistlichkeit, den Erzbischof Manasses vom Rheims, vom Anfang seines Pontificats an aufgenommen und eifrig fortgeführt hatte[13], so hatte er auch gegen den König, dessen Stellung im Allgemeinen eine große Aehnlichkeit mit derjenigen Heinrichs IV. besaß, im Lauf des Jahrs 1074 eine immer schroffere Haltung angenommen, welche demnächst einen ganz ähn- lichen Conflict herbeizuführen gedroht hatte, wie jener war, der dem deutschen König gegenüber damals bereits im Keim vorlag und bald zum offnen Ausbruch kommen sollte. Zu ebenderselben Zeit jedoch, wo hier die entscheidende Wendung nahte, hatte der Papst sein Verfahren gegen den französischen König suspendirt, ohne recht eigentlich, wenn die Sache nur vom kirchlichen Standpunkt aus zu beurtheilen war, zureichende Gründe dafür anführen zu können, und hatte seitdem jeden weitern Schritt in jener Richtung vermieden. Inzwischen waltete dort doch als sein beständiger Legat für Frankreich und Burgund der unermüdliche, thatkräftige Bischof Hugo von Die, der eifrigste und ergebenste Anhänger des papalistischen Systems, und hielt die Bahn offen für die zum ge- eigneten Zeitpunkt wiederaufzunehmende Thätigkeit seines Meisters.

War aber dann vom letztern schon im April des J. 1076 einmal die Einmischung des Königs in eine geistliche Angelegenheit andrer Art scharf zurückgewiesen worden, so ergingen weiterhin unter dem 10. November 1076 an die Gräfin Adelheid und ihren Sohn Robert von Flandern, deren Stellung für das in Absicht ge- nommene System der Benutzung der größern Reichsvasallen gegen ihre Könige nicht ohne Bedeutung war, zwei Schreiben, welche zum thätigen Einschreiten gegen Simonisten und Nicolaiten auffor- derten und von denen das eine auch bereits unverkennbare Hindeutungen auf das Investiturverbot enthielt. Es war in Bezug auf die herbeizuführende Lösung einer ganz speciellen kirchenrecht- lichen Streitfrage, daß der Papst unter dem 1. März 1077 in

Ausssicht stellte, er werde nach der damals von Neuem ins Auge gefaßten Reise nach Deutschland eventuell auch in Frankreich persönlich erscheinen. Aber wer möchte zweifeln, daß in diesem Falle, der wohl eben das Gelingen seiner Absichten in Bezug auf die Verhältnisse des römisch-deutschen Reichs zur Voraussetzung hatte, die Frage wegen der Freiheit der Kirche auch hier in ihrer allgemeinsten Bedeutung gestellt worden sein würde?

Selbst so, wie die Dinge wirklich gingen, macht sich die rasch wachsende Schroffheit seines Vorgehens gegenüber dem französischen König in hohem Grade bemerklich.

Am 4. März 1077, nur wenige Tage nach jener Aeußerung, sind zwei Schreiben in Betreff einer Neubesetzung des Bisthums Chartres ausgefertigt worden. Nachdem dessen bisheriger Inhaber Robert, zuwider seinem früher geleisteten Eide, seinen Sitz trotz der Aufforderung des päpstlichen Legaten nicht hat räumen wollen, fordert jetzt Gregor die Gemeinde auf, ihn in keiner Weise mehr als Bischof und Herrn anzuerkennen, noch ihm Gehorsam oder Dienst zu leisten. Damit nun aber die verwaiste Herde nicht länger ohne Hirten bleibe und um jede weitere Möglichkeit einer simonistischen Besetzung abzuschneiden, befiehlt er den kanonischen Wählern der Diöcese, unverweilt und ohne jede Rücksicht, sei es Furcht oder Hoffnung auf Gunst, dem so oft erwähnten göttlichen Gebot (Ev. Joh. 10, 1 ff.) gemäß einen neuen Bischof zu wählen, befiehlt er ferner dem Erzbischof von Sens als Metropoliten und seinen Suffraganen, persönlich oder durch Bevollmächtigte die Wahl zu leiten und den von ihr Betroffenen zu weihen, letzteres mit der Drohung, daß er selbst, wenn sie es aus Furcht oder Gunst gegen Jemanden unterlassen, Jenen weihen, ihnen aber für die Zukunft das Recht dazu überhaupt entziehen werde.

Wer ist jener Jemand, dessen Einfluß der Papst mit so gewichtigen Drohungen zu paralysiren sucht? Ohne allen Zweifel König Philipp I. Ihm soll die Möglichkeit einer „simonistischen"

Beſeßung abgeſchnitten werden. Wie bedeutungsvoll erſcheint unter dieſem Geſichtspunkt die Aufforderung, daß ſie als Vertheidiger der Freiheit Chriſti nicht zum Verderben ihrer Seelen ſich das Joch der Ungerechtigkeit ſollen auflegen laſſen, wie bedeutungsvoll das feierliche Verſprechen der päpſtlichen Unterſtüßung für alle Eventualitäten! Im Flug gewählt und geweiht ſoll der neue Biſchof ſein. Es gilt, in einer vollendeten Thatſache das Inveſtitur-verbot bereits zur Geltung zu bringen, das demnächſt ſpeciell für Frankreich öffentlich verkündigt werden ſoll.

Freilich, wird man einwenden, wie ſtreng iſt auch hier wieder wenigſtens das Princip der kanoniſchen Wahl gewahrt!

Um zu dem Schluß berechtigt zu ſein, daß dieſes Verfahren auf principiellen Gründen beruhte und nicht durch irgendwelche äußere Verhältniſſe veranlaßt war, die gerade in dieſem Fall eine weitere Beeinfluſſung der Wahl von päpſtlicher Seite aus nicht räthlich erſcheinen ließen, müßte man nur nicht ſchon unter Andrem in der allernächſten Zeit in Betreff der Beſeßung des Bisthums von Le Puy en Velai ein ganz weſentlich verſchieden geartetes vom Papſt verordnet ſehen. Das Verfahren gegen den dortigen Biſchof Stephan III. war ſchon ſeit geraumer Zeit im Gang. Zwar ſeine Geſchichte gehört an einen andern Ort. Hier ſei nur im Allgemeinen darauf hingewieſen, daß die Lage des Manns große Aehnlichkeit mit derjenigen des Robert von Chartres beſaß, wie er denn gleichfalls noch, dem vorläufig über ihn ver-hängten Urtheil zum Troß, ſeinen Siß behauptete. Jeßt, unter dem 23. März 1077, beſtätigt Gregor den Spruch der Abſeßung und Excommunication, den Hugo von Die bereits im vorhergehen-den Jahr über ihn verhängt hatte, und fordert die Gemeinde, die ihn bisher gehalten, unter Entbindung von allen demſelben ge-leiſteten Eiden auf, nach Ablegung der gebührenden Genugthuung für die auf ſie ſelbſt übergegangene Excommunication vor ſeinem

Legaten Hugo, nach deſſen Rath, Gottes Vorſchrift gemäß, jenem Stephan einen Nachfolger zu wählen.

Eine „Wahl" nach dem Rath des Hugo von Die! Und wer möchte in dem gänzlichen Stillſchweigen über das Betheiligungs- recht des Königs etwa eine Billigung deſſelben für dieſen Fall erblicken? [13]

Energiſch in Frankreich vorzugehen, war Gregors feſter Wille. Wird in einem nur um zwei Tage jüngern Schreiben, welches zugleich in mehreren Punkten ſehr bemerkenswerthe An- griffe gerade auf den Erzbiſchof von Rheims enthält, dem Biſchof von Paris die rückſichtsloſe Anwendung des Aufruhrkanons — wie ich ihn nennen möchte — der Synode von 1075 gegen unkeuſche Geiſtliche befohlen, ebendeſſelben, der überall eine Pataria ſchaffen, überall die Bahn für die Durchführung höherer päpſtlicher An- ſprüche brechen ſollte, ſo laſſen auch die letztern nicht lange auf ſich warten. Am 12. Mai 1077 ergeht an Hugo von Die die Aufforderung, eine Synode abzuhalten, womöglich zwar mit Ein- willigung des Königs, doch andernfalls auch ohne dieſelbe. Hat ſich doch ſchon der Graf von Champagne erboten, ſie in ſeinem Gebiet aufzunehmen und zu ſchützen. Hier ſoll es, neben der Entſcheidung andrer Angelegenheiten, darunter derjenigen von Cambray und Chartres, vor Allem des Legaten Aufgabe ſein, das Verbot der Laieninveſtitur für ſeinen Wirkungskreis zu ver- öffentlichen. Der Entwurf der betreffenden Beſtimmung, welchen der Papſt beifügt, beſagt: daß hinfort das auf kanoniſcher und apoſtoliſcher Vorſchrift begründete Verfahren bei der Beſetzung von Bisthümern gewahrt bleiben, demnach bei Strafe der Abſetzung kein Erzbiſchof oder Biſchof Jemandem, der ein Bisthum von Laienhand empfangen, die Weihe ertheilen ſolle, daß ferner keine Gewalt oder Perſon ſich fürderhin mit einer derartigen Verleihung oder Annahme der Würde befaſſen dürfe, bei Gefahr der Strafe, welche Papſt Hadrian II. auf dem achten allgemeinen Concil (vom J. 869) gegen solche Anmaßung festgesetzt habe. Außerdem soll, wer nach der päpstlichen Bestätigung des Decrets etwa noch ein Bisthum von Laienhand annehmen oder einem Solchen die Weihe ertheilen wird, zu persönlicher Verantwortung an den Papst gesandt werden.

Wie günstig für die Durchführung seiner Forderungen mußte die allgemeine Lage, wie trefflich vorbereitet der Boden in diesen Ländergebieten dem Papst erscheinen, wenn er hier zuerst und so gänzlich ohne alle Vermittlung mit seinem Verbot hervorzutreten für angemessen hielt! Auch kann es kaum zweifelhaft sein, daß ein entsprechendes Vorgehen in Bezug auf das römisch-deutsche Reichsgebiet um diese Zeit dem dort schwebenden Streit eine erhebliche Wendung zum Nachtheil der päpstlichen Sache hätte geben müssen.

Zwar ist auch für den vorliegenden Fall die Beschränkung des Investiturverbots auf die bischöflichen Kirchen gewiß als eine Concession an den bisher gültigen Rechtszustand aufzufassen, dictirt von dem Wunsche, die an der Erhaltung desselben interessirten Elemente nicht sofort zum allgemeinen und äußersten Widerstand aufzureizen, gerade so wie die nur verhüllte Bezeichnung der Excommunication als Strafe für Laien, welche weiterhin von ihrem Investiturrecht Gebrauch machen würden. Denn das war es, was damals Hadrian II. den weltlichen Machthabern angedroht hatte, die sich dem Princip der kanonischen·Wahl zuwider in die Erhebung von Bischöfen einmischen würden. Sicherlich mußte eine derartige Formel, wie sie Gregor fürs Erste vorschrieb, einem großen Theil der damit bedrohten Laien mehr oder weniger unverständlich bleiben.

Aber die Folgezeit hat eben mehr als hinreichend bewiesen, daß der Papst bei dieser Beschränkung nicht zu bleiben gewillt war. Schließlich wäre, selbst wenn die Umstände dies geboten hätten, auch so doch das Wesentlichste erreicht gewesen, theils weil

das Herren- und damit Verfügungsrecht über die niedern Kirchen
schon in außerordentlich weitem Umfang in der Hand der Bischöfe
war, theils weil nach dem Sieg der päpstlichen Ansprüche hinsichtlich der
Bisthümer die Beseitigung aller wesentlichen Rechte der weltlichen
Herren auf den andern Theil jener Kirchen so ziemlich von selbst sich
ergeben mußte. So konnte wohl vorläufig, wo es die Umstände
empfahlen, ohne Nachtheil für die Sache in Betreff derselben auch
geschwiegen werden. Darf endlich gefragt werden, ob eine Betrachtung des hier von Gregor eingeschlagnen Verfahrens wohl
dafür spricht, daß einst die Zurückhaltung in Betreff des Investiturverbots von 1075 und die damals an den Tag gelegte Bereitwilligkeit zu Verhandlungen mit Heinrich IV. einer aufrichtigen
Neigung des Papstes zu wirklichen Zugeständnissen an den letztern
entsprungen gewesen sei? Die Antwort möchte um keinen Grad
minder verneinend als früher lauten.

Hugo von Die hatte während seiner Thätigkeit als päpstlicher
Legat bereits drei Partialsynoden abgehalten, zu Anse die erste,
die zweite zu Clermont im August 1076, die dritte alsbald nach
Beginn des J. 1077 zu Dijon. Sie alle übertraf an Bedeutung
die vierte, welche er aus Anlaß der Verordnung Gregors auf
den 10. September 1077 nach Autun einberief. Eine Menge
wichtiger Entscheidungen ist dort getroffen, das Investiturverbot
in der That verkündet worden, obwohl leider der Wortlaut des
betreffenden Kanons nicht erhalten ist. Wirklich scheint auch
keinerlei erheblicher Widerspruch gegen das letztere erhoben worden
zu sein; und wenn in der Hauptsache zunächst weder König noch
Bischöfe sich durch dasselbe in ihrem fernern Handeln bestimmen
ließen, gleichwie auch schon früher einmal der Erzbischof von
Rheims einen in der gleichen Richtung an ihn ergangenen Befehl
des Papstes in Bezug auf einen einzelnen Fall einfach bei Seite
gelegt hatte, so entstand doch hier auch weder ein geistiger Kampf
um die Frage, wie in Deutschland, noch fand sich überhaupt eine

geschloffene Partei des Widerstands zusammen. So befand man sich päpstlicherseits, zumal wenn man keinen unnützen Lärm von der Sache schlug, in der doppelt günstigen Lage, ohne Auffehen Schritt für Schritt die Durchführung des Verbots anbahnen zu können und doch auch für jeden einzelnen Fall freie Hand zu behalten.[14])

Simonie und der Mangel einer kanonischen Wahl nehmen eine bedeutsame Stellung ein unter den Gründen, auf welche hin Gregor unter dem 6. October 1077 die Abseßung des schon seit längerer Zeit ungehorsamen, selbst offen widerseßlichen Bischofs Rainer von Orléans in Aussicht stellt. Sie soll unwiderruflich eintreten, falls derselbe auch noch einem leßten Versuch, ihn zum Gehorsam zu bringen, widerstrebt, mit dem die Erzbischöfe von Sens und Bourges beauftragt werden. Soweit freilich bietet die Angelegenheit nichts Ungewöhnliches. Aber welches Licht fällt auf die Bestrebungen des Papstes für Herstellung der „kanonischen" Wahl, wenn er für den zuleßt angedeuteten Fall die genannten Metropoliten beauftragt, einen gewissen Sanzo, über den sie bereits nach Rom Bericht erstattet haben und der sich selbst genugsam als ein Getreuer des h. Petrus ausgewiesen hat, an Stelle des Rainer „nach Gottes Vorschrift" einzusehen?

Rainer zog sich wirklich durch fortgeseßten Troß das angedrohte Urtheil zu, behauptete jedoch zunächst noch seinen Plaß. Indeß fand allerdings nach kurzer Zeit durch die Gegenpartei eine Wahl statt, und der von ihr betroffene Sanzo begab sich, beglaubigt durch das Wahldecret, zum Empfang der Weihe nach Rom. Freilich folgte ihm alsbald ein andres Schreiben aus der Gemeinde Orléans, in welchem gegen dieses Verfahren Einspruch erhoben ward. Am 29. Januar 1078 gab in Antwort darauf Gregor derselben kund, wie er gewillt gewesen sei, im Vertrauen auf die ihm bekannte Tüchtigkeit des Sanzo jenem ersten Schreiben, dem Wahldecret, Glauben beizumessen und diesen zu bestätigen.

Jetzt suspendire er zwar auf Grund der zweiten Kundgebung, über die er sich höchlich verwundern müsse, sein Verfahren bis auf Erlangung einer nähern Kenntniß der Sachlage, wolle ihnen jedoch nicht verbergen, daß eine vorläufig angestellte Untersuchung das überwiegende Recht auf der Seite des Sanzo habe erscheinen lassen. Die Gemeinde solle inzwischen diesem, der sich und seine Angelegenheit der Entscheidung Gregors völlig anheimgestellt habe, bei Strafe der Excommunication die gebührende Ehrerbietung erweisen, ohne ihn irgendwie zu beunruhigen. Er selbst werde seinerzeit mit dem Beirath des Genannten für die Ordnung der kirchlichen Verhältnisse zu Orléans Sorge tragen.

Und bei dieser Auffassung der Sache ist Gregor, soweit das erhaltene Material uns sehen läßt, geblieben. Wie hätte er auch von Gottes Vorschrift, die nun einmal den Sanzo als einzig rechtmäßigen Bischof legitimirte, abweichen dürfen? Noch immer saß Rainer fest auf seinem Stuhl, als das letzte in das Registrum eingestellte Schreiben in dieser Angelegenheit am 5. März 1079 an Klerus und Gemeinde von Orléans ausgefertigt ward, während der „von ihnen gewünschte Sanzo" — so schreibt Gregor, indem er die eignen Wünsche und diejenigen der Minorität in der Diöcese der Gesammtheit unterschiebt — sich in Rom aufhielt. Aber von hier werden demnächst Legaten abgesendet werden, um gegen Rainer abschließend einzuschreiten, und dann wird der Papst den Mann ihrer Wahl, Sanzo, „nach Gottes Vorschrift" bestätigen.[15])

Wie der Bischof von Orléans, so hatte auch Robert von Chartres troß der gegen ihn eingeleiteten Maßregeln seinen Sitz noch behauptet. Gregor hat, wie sich aus einer augenscheinlich in den letzten Wochen des J. 1077 an Hugo von Die ergangenen Verfügung ergiebt, in der letzten Zeit nur gehört, daß sein Legat Jenen von Neuem und unwiderruflich für abgesetzt erklärt und gebannt habe, und bestätigt jetzt seinerseits dieses Urtheil. Zugleich meldet er, daß König Philipp ihn schon zum zweiten Mal gebeten habe, einen Abt Robert als Bischof für Chartres anzunehmen und zu weihen. Der Abt sei zu ihm gekommen mit der Angabe, daß er die ihm vom König angebotene Uebertragung des Bisthums zurückgewiesen habe und seine Sache durchaus ihm, dem Papst, anheimstelle. Zugleich sei auch ein Bericht über die demselben günstige Stimmung der Mehrzahl unter den Einflußreicheren und Gutgesinnten in der Diöcese eingetroffen. Entschieden könne jedoch, ohne daß ein wirkliches Wahlverfahren vorangegangen sei, Nichts werden, zumal da jener Bericht nicht ohne Weiteres glaubhaft erscheine. Hugo solle daher Erkundigungen einziehen, und wenn er die Sache so einrichten könne, daß eine allgemeine und freie kanonische Wahl auf Jenen sich richte, so werde er, Gregor, selbst zum Abschluß der Angelegenheit das Nöthige verfügen.

Wie aber, wenn jener Bericht dem Papst zuverlässiger erschienen wäre, d. h. wenn er nicht augenscheinlich dahin gelautet hätte, daß die große Majorität im Sprengel noch immer fest an dem abgesetzten Bischof hänge und der Boden erst noch weiter vorbereitet werden müsse, um selbst die bloße Aufstellung eines Gegenbischofs räthlich erscheinen zu lassen? Denn so ist nach allen Anzeichen die Lage hier beschaffen gewesen. Es wird nicht leicht bezweifelt werden können, daß dann der Papst ebendieselbe Kundgebung wohl für gleichbedeutend mit einer förmlichen kanonischen Wahl nehmen zu dürfen erklärt und dem Abt Bestätigung und Weihe unbedenklich ertheilt haben würde. Und auch die Investiturfrage geht dabei nicht ohne eine beachtenswerthe neue Beleuchtung aus. Wäre sie wirklich nur gestellt gewesen, um den Einfluß der weltlichen Herren auf die Bestimmung der Personen für die zu besetzenden Aemter unwirksam zu machen: hatte nicht hier der König dem Papst einen Candidaten präsentirt, der dem letztern völlig genehm war, ja von ihm in der That, obwohl in andrer Verbindung, acceptirt ward? Indeß beharrlich lehnt derselbe jede

derartige Lösung ab, obwohl sie die Personenfrage völlig und
schon längst in seinem Interesse entschieden haben würde, während
doch so der bisherige Zustand im Sprengel voraussichtlich noch
für längere Zeit aufrechterhalten und die Entscheidung allen Wechsel-
fällen der Zukunft ausgesetzt blieb.

Ueberdies wird jede Ungewißheit in dieser Richtung beseitigt
durch den Hinblick auf die Beschlüsse der neuen, vierten Synode,
welche Hugo von Die als päpstlicher Legat am 15. Januar 1078
zu Poitiers eröffnete, derselben, die bei dem erregten Widerspruch
des Königs und einer nicht unbeträchtlichen Anzahl von Bischöfen
leicht auch zu einem offnen Bruch mit Rom hätte führen können,
wenn nicht doch einerseits die französischen Verhältnisse gar zu
wenig zu einem solchen angethan gewesen wären, und man päpstlicherseits nicht auch im eignen Interesse wenigstens die äußerste
Eventualität zu umgehen gesucht hätte. Denn dieser Synode
scheint mit Sicherheit eine Reihe von Kanones zugewiesen werden
zu müssen, unter denen auch, und zwar in bezeichnender Weise an
ihrer Spitze, ein Verbot der Laieninvestitur in bedeutungsvollster
Ausdehnung sich befindet. Auf alle geistlichen Aemter ohne Aus=
nahme bezieht sich dasselbe. Wird dabei eine Strafe für die zuwiderhandelnden Kleriker nicht erwähnt, so wird den Laien dagegen für denselben Fall um so energischer mit dem Bann, den
auf diese Weise besetzten Kirchen mit dem Interdict gedroht.[16])

Das Verhältniß und Verfahren Gregors gegenüber dem
britischen Reiche tritt zuerst in bestimmter Weise in den Kreis
dieser Untersuchung mit mehreren am 27. September 1076 in
Betreff des erzbischöflichen Stuhls von Dol in der Bretagne erlassenen Verfügungen.

König Wilhelm der Eroberer hatte England unter dem wirksamsten Beistand des päpstlichen Stuhls, insbesondere auch des
damaligen Cardinals Hilbebrand, gewonnen und waltete nun darüber in bekannter Weise. Die Stellung der Kirche zum Staat

9*

war dort noch durchaus dieselbe, wie sie bisher überall gewesen war, ja der Charakter und das Interesse des Königs bedingten einen ganz besonders starken Einfluß des letztern auf sie. An der Spitze der Kirche stand dort Lanfranc als Primas von England und der Normandie und beständiger Legat des Papstes für dieses Gebiet. Wenn derselbe nun zwar, allen Schwierigkeiten zum Trotz, unter dem Schutz und der Mitwirkung Wilhelms eifrig im Sinn der strengern Reformbewegung wirkte und in dieser seiner Thätigkeit von Rom her, eben weil sie die beste Grundlage für die Durchführung der specifisch päpstlichen Bestrebungen zu schaffen geeignet war, immer neue Antriebe erhielt, so war doch er selbst ebensowenig als der König gewillt, sich jenen ohne jede Beschränkung anzuschließen. Vielmehr waren Beide, wenn auch ein jeder von verschiedenem Interesse getrieben, eifrige Anhänger eines — man darf es so nennen — landeskirchlichen Systems: weder war Lanfranc geneigt, eine mehr als im Allgemeinen regelnde Oberleitung des Papstes anzuerkennen, noch Wilhelm, einem Andern auch nur den geringsten Eingriff in seine königlichen Hoheitsrechte zu gestatten. Dazu waren Beide scharffichtige, entschlossene Männer, welche die Waffen Roms nicht fürchteten und an Geschick und Energie den dortigen Politikern nicht nachstanden. Mochte es selbst als in hohem Grad unwahrscheinlich zu betrachten sein, daß Wilhelm sich je auf die Seite Heinrichs IV. schlagen würde, so mußte doch schon, um ihn in seiner bisherigen Stellung zu erhalten, die größte Schonung und Vorsicht ihm gegenüber für den Papst geboten erscheinen. Nur so erklärt sich auch das verhältnißmäßig späte Hervortreten mit den neuen Bestrebungen in Bezug auf dieses Reich; und wenn jetzt für den ersten Anlauf gerade die Bretagne gewählt ward, so war dabei wohl auch in hervorragendem Maße der Umstand bestimmend, daß dieses Land doch noch gewissermaßen außerhalb des engern Wirkungskreises des Königs Wilhelm stand. Die hier etwa unter der Hand gewonnene Position konnte dann allerdings auch für jenen der Ausgangspunkt eines um so erfolgreicheren Vorgehens werden.

Die Bretagne hatte sich der im Gang befindlichen Bewegung bisher zwar keineswegs entzogen, ihr aber doch ferner gestanden, als dies im Uebrigen mit Frankreich und England der Fall war. Sollte nun auch hier endlich etwas Durchgreifendes im Sinn derselben geschehen, so war offenbar das wirksamste Mittel die Anwendung ihrer Sätze auf das derzeitige Haupt der Provinzialkirche selbst. Dies scheint der ausschlaggebende Gesichtspunkt für das jetzt eingeleitete Verfahren gewesen zu sein. Und in der That, der Anfang war vielversprechend.

Juhell, Erzbischof von Dol, wie damals noch die Inhaber dieses Stuhls entgegen den Ansprüchen der Erzbischöfe von Tours auf die Metropolitangewalt über die bretonische Kirche sich nannten, war von dem päpstlichen Legaten Teuzo, der sich im J. 1076 dahin begeben, seines Amts entsetzt worden, auf Grund der Beschuldigungen, daß er seine Würde vom Grafen erkauft habe, verehelicht lebe und Güter seiner Kirche zur Ausstattung seiner Töchter verwendet habe. Zugleich hatte der Legat die Grafen der Bretagne nicht nur zu dem Versprechen bewogen, künftighin alle Simonie meiden zu wollen — (offenbar war dabei an die Ausübung des ihnen zunächst noch verbleibenden Patronatrechts für niedere Kirchen gedacht) —, sondern auch zur Aufgabe des Investiturrechts für die Bisthümer ihrer Landschaft. Das war nach dieser Seite hin überhaupt der erste praktische Erfolg zu Gunsten des im Jahre 1075 erlassenen Verbots gewesen. So mochten wohl von Haus aus die Idealisten drüben auf der päpstlichen Seite, die Eiferer, die mehr in überirdischen Regionen als in den Verhältnissen dieser schnöden Welt heimisch zu sein pflegten, sich überhaupt die ganze Procedur ausgemalt haben: der Papst verkündet den Glaubenssatz und entsendet mit dem Gebot seine Legaten, — demüthig beugen sich die Gewaltigen dieser Welt, und verzichten auf ein vermeintliches Recht, dessen Behauptung ihnen in Wahrheit doch nur den Weg zur Seligkeit verschließen würde.

Klerus und Laien der Kirche von Dol hatten nun dem Abgesetzten einen Nachfolger, Gilduin, erkoren und nach Rom zur Ordination gesandt. Indeß Gregor hat dieselbe, so schreibt er jetzt an jene und die übrigen Bischöfe der Bretagne zurück, verweigert, weil der Gewählte, obwohl im Uebrigen nicht untüchtig, des erforderlichen Alters ermangelte. Gewiß ein durch das kanonische Recht völlig legitimirtes Verfahren. Nur müßte der päpstliche Bericht an diesem Punkt abbrechen, um glaubhaft zu machen, daß wirklich jener Grund und nicht vielmehr der Mangel an der gehörigen päpstlichen Gesinnung oder Tüchtigkeit zur Durchführung der Absichten Gregors bei dem Gewählten der entscheidende dafür gewesen sei. Aber der Papst berichtet weiter, daß er „unter vielem Bitten des Nichtbestätigten und seiner Begleiter und mit ihrer Zustimmung" einen der letztern, den Abt Juo (anderwärts auch Evenus genannt) vom Kloster des h. Melanius zu Rennes, zum Erzbischof ersehen und geweiht habe. Ihn sendet er jetzt, um den Stuhl einzunehmen, der ihm „nicht sowohl durch menschlichen Rath, als durch göttliche Fügung zugewiesen ist."

Es bedarf keiner Ausführung dessen, wie sich dieses Verfahren zu einer in Wahrheit kanonischen Besetzung verhielt. Aber es lohnt wohl den Hinweis darauf, daß Gregor sich darüber durchaus nicht unklar gewesen ist. Oder was will es bedeuten, wenn er in dem Schreiben, welches er doch über die Sache, wahrscheinlich an ebendemselben Tage, an König Wilhelm zu erlassen für räthlich hielt, zwar sehr ausführlich die Schuld des Juhell darlegt und den König von jeder ferneren Unterstützung desselben abzustehen bittet, aber des weitern Gangs der Sache nur in folgenden Worten gedenkt: „Wir aber haben, da wir die Bedrängniß jener Kirche nicht länger ertragen konnten, nach Gottes Eingebung einen Mann von rechtschaffenem Lebenswandel und bewährter

Frömmigkeit, den Abt des h. Melanius, für dieselbe ordinirt und geweiht, welcher, während er aus andern Ursachen zu uns gekommen war, die hier darzulegen zu weit führen würde, unverhoffter Weise die Last des bischöflichen Amts zu übernehmen genöthigt ward."

Juhell wich allerdings vor der Hand nicht vom Platze, und wenn das ohne die Unterstützung eines beträchtlichen Bruchtheils seiner Diöcesanen nicht leicht möglich war, so fällt damit auf die soeben erwähnten Vorgänge nur noch ein interessantes, neues Licht. König Wilhelm verwendete sich sogar für ihn, und es darf in Anbetracht der Umstände allerdings nicht Wunder nehmen, daß der Papst in einem neuen Erlaß vom 21. März 1077 demselben unter starken Lobsprüchen auf seine Vortrefflichkeit versprach, eine nochmalige Untersuchung der ganzen Angelegenheit an Ort und Stelle vornehmen lassen zu wollen, an welcher freilich neben Hugo von Die gerade auch wieder der erwähnte Teuzo betheiligt sein sollte. Blieb ja doch so die Sache immer noch wie sie war, ohne daß der Papst geradezu sich selbst zu besavouiren nöthig hatte, und ließ die Möglichkeit einer endlichen Lösung in seinem Sinne durchaus offen. [17])

VII.

War der Papst durch den Gang der Ereignisse selbst verhindert worden, die beabsichtigte römische Synode um die Osterzeit des J. 1077 abzuhalten, so sollte das Versäumte im folgenden Jahr doppelt nachgeholt werden. Galt es doch ebensosehr die Ergebnisse einer im hohen Grad bedeutungsvollen Epoche zusammenzufassen, wie der ihm zu Gebot stehenden Mittel sich von Neuem zu versichern und damit für die künftige Hauptentscheidung immer haltbarere Unterlagen herzustellen. Freilich übereilter Weise auf eine Herbeiführung der Lösung zu drängen, lag auch nicht im Interesse des Papstthums, zumal da inzwischen schon wieder durch das Zusammentreffen verschiedener Umstände manche Gefahr für seine Bestrebungen sich aufgethürmt hatte. Und wenn zu den vorhandenen Forderungen allgemeinen Inhalts gewichtige neue aufgestellt werden sollten, so sollte gerade im Einzelverfahren, das nun einmal in der Meinung der großen Masse viel nachhaltigere Eindrücke hervorruft, Behutsamkeit und Milde sich geltend machen, wo sie nur irgend statthaft erschien.

Vom 27. Februar bis zum 3. März 1078 hat Gregor sein viertes allgemeines Concil um sich versammelt gehabt. Es war zahlreich besucht: an hundert Erzbischöfe und Bischöfe hatten sich eingefunden, dazu eine „unzählige“ Menge — wie diesmal und für die berühmte Fastensynode des J. 1080 die Formel des Registrum lautet — von Aebten, Klerikern verschiedner Grade und Laien. Festgestellt ward die Thatsache und der Modus eines in der Sache der beiden Könige demnächst zu fällenden Richterspruchs. Der Bann traf die hervorragendsten Häupter des Schisma, — gewiß eine wirksamere Maßregel, als es ein allgemeines Anathem nach dieser Seite hin hätte sein können. Aber dazu wurden die Gebote gegen alle beharrlichen und besonders während der zwei letzten Jahre rückfällig gewordenen Simonisten und Nicolaiten bei Strafe des Banns erneuert, auch jede von einem Excommunicirten empfangene Weihe für ungültig und verderbenbringend erklärt; und eine äußerliche Milderung bezüglich der Folgen der Berührung mit Excommunicirten mußte in der Praxis erst recht zu einer Verschärfung der Strafe für die letzteren werden. Von Neuem endlich ward auf dieser Synode ein Verbot der Laieninvestitur von weitestem Umfang ausgesprochen, zugleich mit einem ebenso umfassenden Verbot lehnmäßiger Vergabung von Kirchengütern und Zehnten an Laien.

Dies ist das, was wir der nur von dritter Seite stammenden Ueberlieferung über die beiden letzten Bestimmungen entnehmen zu dürfen glauben. Denn vom Papst sind dieselben, gleich dem Investiturverbot von 1075, nur innerhalb der Synode selbst verkündet, nicht anderweit veröffentlicht worden. Ja, wenn unser Gewährsmann, Berthold von Reichenau, sich nicht sonst in so hohem Grad unterrichtet über diese Synode zeigte, vielleicht könnte die Frage gestellt werden, ob er nicht, um den nöthigen kirchenrechtlichen Hintergrund für einen Vorgang zu gewinnen, den er mit der betreffenden Angabe in die engste Verbindung setzt, den in Eins zusammengefaßten Inhalt mehrerer Bestimmungen der nächsten Novembersynode irrthümlicher Weise auf diese zurückverlegt habe.

„Es wurde auch", heißt es, „das Anathem ausgesprochen gegen die Laien jeden Standes, oder auch Kleriker, überhaupt gegen alle Personen, welche wider die Vorschriften der h. Kanones Bisthümer, Abteien, Propsteien, Kirchen jeder Art, Zehnten oder irgendwelche kirchliche Gerechtsame einem Kleriker oder irgendwelcher Person auf Grund ihrer althergebrachten Anmaßung zu Lehn zu geben und so dasjenige, was ursprünglich Gott dem Herrn durch kanonische und rechtmäßige Uebertragung zum Eigenthum und Dienst gesetzmäßig geweiht worden ist, gleichwie ihr Eigen und Erbe mit ungeweihter Laienhand den Gott geweihten Dienern des Altars zur Verwaltung zu übergeben sich unterstünden."

Jedenfalls deutlich heben sich die beiden Bestandtheile von einander ab. Was Klerikern verboten ward, war: Zehnten oder irgendwelche kirchliche Gerechtsame Laien zu Lehn zu geben. Hatte Gregor vom Beginn seines Pontificats an, ganz in dem Sinne, in welchem einst auch Humbert gegen die in dieser Hinsicht obwaltenden, hinreichend bekannten Zustände eiferte, in zahlreichen Einzelfällen derartige Verhältnisse zu beschränken und völlig aufzuheben verfucht, fo fühlte er fich jetzt ftark genug, die Forderung in der Form eines allgemeingültigen Gefetzes hinzuftellen. Möglich fogar, daß fie diesmal, um vorerft das Princip ftreng zu wahren, ohne jedwede Befchränkung, wie fie die auf der Novemberfynode verkündete Formel wenigftens in einer Beziehung zuließ, ausge- fprochen ward.

Ein neuer Grund- und Eckftein für den Bau, der, wenn erft vollendet, den Namen der „befreiten" Kirche tragen follte. Wir fprechen nicht von den Zehnten, deren Refervirung für fpecifisch kirchliche Zwecke gleich fehr der Sache felbft wie den Anfchauungen der Zeit gemäß war. Aber ihre wichtigfte ftaatliche Verpflichtung, den Kriegsdienft, waren die Kirchen eben nur dadurch zu leiften im Stande, daß ihre Vorfteher Theile der Güter an weltliche Herren zu Lehn austhaten. Fiel dies weg, fo unterblieb auch die Leiftung. Und wer die Verpflichtung dazu in Abrede ftellte, erkannte überhaupt ein Recht des Staats am Kirchengut nicht an.[1]

Daß aber das Inveftiturverbot — in Betreff deffen be- merkenswerth ift, wie es nunmehr auf alle Kirchen gleichmäßig und ohne jede Hervorhebung einer beftimmten Gattung derfelben bezogen ift — nicht auch auf die Ertheilung der Inveftitur durch geiftliche Hand fich erftreckt habe, erhellt aus mehr als einem Umftande. Spricht fchon die Ueberlieferung anfangs auch von Klerikern, fo ift weiterhin doch nur noch von der Verleihung durch ungeweihte Laienhand die Rede. Daß Jenen die An- nahme der Inveftitur auch verboten worden ift, verfteht fich freilich von felbft. Die Inveftitur durch geiftliche Hand aber hat Gregor, wo fie beftand, nirgends angefochten, vielmehr follte fie in dem neuen Syftem der Befetzung der Kirchenämter, foweit er es noch feftftellte, für alle Fälle die Regel werden. Im einzelnen Fall fand eben dies fchon ftatt gelegentlich des Vorgangs, den Berthold, wie erwähnt, in engften Bezug zu feiner Meldung fetzt, indem er obendrein, wie um jeden Zweifel auch in der foeben

besprochenen Beziehung auszuschließen, dabei bemerkt, der Gegenkönig Rudolf habe so gehandelt in gewohntem Gehorsam und
in specieller Rücksicht auf die Bestimmung der letzten Synode, welche
bei Strafe des Banns untersagte, „daß ein Laie Kirchen oder
kirchliche Zehnten und Gerechtsame irgendeiner Person wie sein
Eigen zu übertragen oder gegen die Kanones sich selbst anzumaßen
wagen dürfe."

In Augsburg war im vorhergehenden Jahr von der päpst-
lich-rudolfischen Partei ein dortiger Domherr, Namens Wigold,
zum Nachfolger des verstorbenen Bischofs Embriko gewählt worden,
hatte jedoch dem vom König Heinrich ernannten und am 8. September (1077) eingesetzten Siegfried weichen müssen. Jetzt, am
Osterfest 1078, erhielt er zu Goslar durch den anwesenden päpstlichen Legaten, den Erzbischof Siegfried von Mainz und neun
andre Bischöfe Bestätigung und Weihe. Bischofstuhl, Ring und
Stab erhielt er während der letztern vom Erzbischof; erst nachdem
dies vollbracht, übertrug ihm König Rudolf seinerseits „Alles,
was hinsichtlich der Verwaltung des Guts der Kirche königlichen
Rechts gewesen sei."[2])

Mag die Meldung gerade in ihrem wichtigsten Theil recht
unklar und mißverständlich gehalten sein. Aber dafür ist der
Chronist sicherlich nicht verantwortlich zu machen, wenn der Vorgang in der Regel dahin erklärt worden ist, als sei hier einfach
der kanonischen Wahl und Weihe der Act der Investitur — vielleicht mit Vermeidung der früher üblichen Symbole von Ring
und Stab, doch im Uebrigen völlig nach Maßgabe des bisher
gültigen Rechts — zeitlich gefolgt. Derartiges hätte als Zeichen des
Gehorsams gegen das jüngst ergangene Verbot bezeichnet, ja sogar
hervorgehoben werden dürfen? Und was hatte der Bischof überhaupt noch zu empfangen? Durch Wahl und Weihe war nach
kirchlicher Anschauung das Amt und zugleich das davon untrenn-
bare Recht auf den Besitz des Kirchenguts ihm eigen geworden.

Was dann der König vollzogen hat, konnte nur eine ausdrückliche Verzichtleistung auf die Ausübung königlicher Hoheitsrechte betreffs der Güter der augsburger Kirche sein, ein Verzicht auf eventuelle Erzwingung der darauf haftenden Leistungen, eine Anerkennung dessen, daß hier nicht mehr das Reichsrecht, sondern das Kirchenrecht maßgebend sei.

Unter dem 19. März 1078 ist eine päpstliche Verordnung ergangen, deren Inhalt gleichfalls in nächster Beziehung zur Synode zu stehen scheint. Dort war die Sache ohne Zweifel zur Berichterstattung und Verhandlung gekommen. Der Erlaß enthält die vorläufige Anerkennung und Bestätigung des 1075 von Heinrich IV. erhobenen Bischofs von Speier, Rüdiger-Huozmann, der früher auf gegnerischer Seite gestanden und zeitweilig eine hervorragende Rolle gespielt hatte. Gewährt wird dieselbe bis auf den Zeitpunkt einer weitern Verantwortung des Bischofs und motivirt wird sie, wie in andern Fällen, durch den Hinweis auf seine Versicherung, daß er zur Zeit seiner Erhebung das Investiturverbot nicht gekannt habe. Und gewiß ist diese Angabe in Wahrheit begründet gewesen, wenigstens soweit es sich dabei um officielle Kenntniß handelte. Aber bemerkenswerth ist, daß Gregor in diesem Fall die Sache nicht so wendet, wie beispielsweise früher in dem des Bischofs Gerhard von Cambray, später in dem des Patriarchen Heinrich von Aquileja, als ob er zu seinem Entschluß durch die dem Investituract vorangegangene Thatsache oder auch nur Fiction einer kanonischen Wahl bewogen worden sei. Ging ja doch auch, soweit man sonst sieht, Rüdigers ganzer Anspruch auf seinen Bischofsitz einzig und allein auf den Empfang der königlichen Investitur zurück. Um so unerklärlicher müßte die päpstliche Verzeihung für die Uebertretung des Verbots, trotz seiner Nichtkenntniß, erscheinen, zumal da ja bei Andern Gregor schon vor der Aufstellung desselben die Niederlegung ihres auf gleiche Weise erlangten Amts ganz in der Ordnung gefunden hatte, um so auf-

fallender müßte es erscheinen, daß dem Beklagten nicht sowohl
das bischöfliche Amt überhaupt abgesprochen, als vielmehr nur
seine bisherige Ausübung der Amtspflichten als seine unrechtmäßige bezeichnet wird, um so auffallender endlich, wenn gerade
in diesem Zusammenhang der Papst das Investiturverbot nur als
das seinige hinstellt, während doch sonst dasselbe womöglich immer
aus den ältesten Zeiten des Christenthums hergeleitet wird und
auch die dem Bischof gleichzeitig in Erinnerung gebrachten Bestimmungen gegen die Simonie eine entsprechende Bezeichnung
finden: — wenn nicht eben der eine Erklärungsgrund angenommen
wird, daß der Papst doch von dem abzuweichen für angemessen
fand, was er sonst als unerläßliche Bedingung des Seelenheils
hinstellte, wo es galt, der Neigung eines bisherigen Gliebs der
königlichen Partei zum Anschluß an die päpstliche entgegenzukommen.
Rübiger soll auch sofort den Eifer des Renegaten für die neu
ergriffne Sache in energischer Beseitigung aller „Simonie" innerhalb
seines Wirkungskreises bewähren. Bald genug ist auch er
freilich wieder hinüber auf König Heinrichs Seite getreten.[3])

Auch in Bezug auf Frankreich treten die päpstlichen Bestrebungen mit immer erhöhter Schärfe hervor. Nicht zwar, daß alle
die Maßregeln, welche diese Thatsache bezeichnen, hier im Einzelnen zu verfolgen wären. Nur in Betreff des Manasses von Rheims
darf angedeutet werden, wie er, indem er auf seinem Recht als
Erzbischof gegenüber fremden Eingriffen in die Angelegenheiten
seiner Diöcese, auf seinem angeblichen Recht als Primas von
Frankreich gegenüber dem Walten päpstlicher Legaten daselbst besteht, einer Entscheidung förmlich entgegengetrieben wird, die ihn
entweder zur Demüthigung oder zum offnen Abfall bringen und
für den letztern Fall der Curie die Anwendung der wirksamsten
Angriffswaffen gestatten wird. Die Synode zu Autun, auf welcher
er trotz der ergangenen Vorladung nicht erschienen war, hatte ihn
excommunicirt, ohne auf seine Entschulbigungen und seine Appella-

tion an den Papst zu achten. Zweimal hat er über dieses Verfahren bei dem letztern Beschwerde geführt. In dem frühern
unter beiden Schreiben führt er auch an, wie gerade er ehemals
dem Bischof Gerhard von Cambray wegen Annahme der Investitur
von Heinrich IV. die Weihe verweigert, dieser aber sie dann für
Geld vom Bischof von Langres erhalten habe, dem Haupturheber
des gegen ihn selbst gefällten, ungerechten Urtheils. In dem
zweiten beschwert er sich zugleich darüber, daß zwei seiner Suffragane eigenmächtig einen dritten, der die Investitur von Laienhand erhalten, den Bischof von Amiens, geweiht haben. Wieder
einmal treten die alten, großen Gegensätze hervor. Der Erzbischof
erhebt Einspruch gegen das zuletzt genannte Verfahren zwar auch im
Hinblick auf das jüngst zu Autun veröffentlichte Investiturverbot,
hauptsächlich aber doch auf Grund seines Rechts als Metropolit. Der
Papst dagegen bringt in der Verfügung, welche dem Legaten Hugo
von Die die Untersuchung der Sache überweist, dieses Recht nur in
einem Auszug aus der Beschwerdeschrift des Manasses in Erwähnung
und legt das Hauptgewicht hinsichtlich der zu treffenden Entscheidung durchaus auf die Frage, ob der Bischof von Amiens das
Investiturverbot verletzt habe. Manasses beruft sich auf die Provinzialsynode, Gregor auf das allgemeine römische Concil. Allerdings bleibt auch so die bedingungslose Anerkennung des Investiturverbots seitens des Erzbischofs bestehen. Nur innerhalb des so
begrenzten Bereichs bewegte sich sein Widerstand, und da wäre wohl,
wie anderswo, die Frage am Platz gewesen, welchen Zweck doch
ein Widerstand gegen die römischen Bestrebungen haben sollte und
welches Recht der Existenz eine Partei beanspruchen durfte, wenn
ihre Führer selbst sich von vornherein zu derartigen Zugeständnissen
herbeiließen?

Freilich in diesem Fall konnte selbst dies Jenen nicht mehr
retten: der Inhaber des Stuhls, auf dem ein Hinkmar und
Gerbert gesessen, mußte fallen um jeden Preis.[4]

Für ein nicht näher bezeichnetes Bisthum in Aragonien, wo
die Verhältnisse ganz anders lagen, war noch kürzlich auf Bitten
des Königs, allerdings zugleich auf Empfehlung des Abts Hugo
von Clunp, ein übrigens unbekannter Abt vom Papst selbst „mit
Gottes Hülfe" zum Bischof geweiht worden.[5])
Aber in Bezug auf einen hervorragenden Metropolitensitz
des britisch-normännischen Reichs war dem König desselben eben
damals die Anordnung einer Maßregel zugegangen, welche, im
Gegensatz zu der bisher befolgten Politik der Mäßigung, nach
Maßgabe der entsprechend veränderten allgemeinen Lage gleichfalls
als erster Schritt zu einem schrofferen Vorgehen zu fassen sein dürfte.
Auch erachtete es der Papst für nöthig, sie durch den Hinweis
auf die Pflichten seines Amts und auf die überaus hohe Trefflichkeit des Königs noch besonders zu motiviren. Ein päpstlicher
Legat soll unter Zuziehung einer Provinzialsynode darüber entscheiden, ob der seit längerer Zeit körperlich geschwächte Erzbischof
Johann von Rouen noch länger im Amt zu verbleiben hat oder
nicht, und es soll diesem für den letztern Fall durch kanonische
Wahl ein Nachfolger bestellt werden. Längst anerkannt war zwar
das alleinige Recht des Papstes zur Absetzung von Bischöfen.
Aber auffallen muß doch, in welchem Umfang dasselbe hier in
Anspruch genommen wird. Nicht blos Vergehen, sondern auch
längere körperliche Untüchtigkeit sollen den kanonischen Grund
dazu abgeben können, und nicht blos auf dem Weg einer obschon
anscheinend freiwilligen, doch thatsächlich beeinflußten Abdankung,
worauf die Sache in andern Fällen gewöhnlich angelegt wurde,
soll der Platz von dem Betreffenden geräumt werden: auch durch
directen Befehl, auf Grund apostolischer Autorität soll man seiner
etwaigen Weigerung entgegentreten. Von einer Betheiligung des
Königs, dem doch die Verfügung zugesandt wird, an dem ganzen
Verfahren ist nirgends die Rede. Und machte er, für den Fall
einer Neuwahl, seinen Einfluß dennoch geltend, so war durch die

persönliche Theilnahme des Legaten doch auch dem Papst ein Antheil daran gesichert.[6])

Freilich war das auch, nach beiden Richtungen hin, immer noch die bei Weitem mildeste Form, unter der sonst zuerst die neuen Ansprüche Gregors hervorzutreten pflegten, und im Uebrigen sieht man seine Thätigkeit gegenüber dem König Wilhelm sich noch völlig in der alten Bahn wohlbedachter Zurückhaltung bewegen.

So namentlich in der Angelegenheit von Dol, die recht im Gegensatz zu dem einst so vielversprechenden Anfang jetzt ganz in dieser Weise behandelt wird. Sie soll, so verordnet der Papst unter dem 22. Mai 1078, auf einer demnächstigen französischen Synode unter Mitwirkung des Königs Wilhelm, sowie der Geistlichkeit und Laienschaft der Bretagne entschieden werden. Wie viel die Verwendung eines Wilhelm noch vermochte, bezeugt neben dieser Thatsache selbst — (um davon zu schweigen, daß die früher zur Bezeichnung der Vergehen des Juhell verwendeten Ausdrücke von theilweise selbst ziemlich schmutziger Art, wie sie dem Lexikon der mönchischen Eiferer entstammten, diesmal ganz wegfielen) — vor Allem die Art und Weise, wie jetzt die Sache bei den Legaten Hubert und Teuzo eingeführt wird. Findet doch sogar der Hauptbeschwerdegrund des einst für immer verdammten Juhell, dem unter hervorragender Betheiligung des Papstes selbst bereits ein Nachfolger gesetzt worden war, noch einmal Erwähnung, als sei er vielleicht gar unter Umständen einer erneuten Discussion fähig. Denn Jener berief sich vor Allem darauf, daß nach kanonischem Recht, so lange er lebe, der Stuhl keinen andern legitimen Inhaber haben könne, — eigenthümlich genug derselbe Punkt, den einst Gregor gegenüber dem Tedald von Mailand zu Gunsten des Atto so stark betont hatte.

Wie aber König Wilhelm sich in letzter Instanz zu den gregorianischen Bestrebungen verhielt, sollte allerdings auch noch in diesem Jahr deutlicher an den Tag treten. Gregor hatte vom

Beginn seines Pontificats an mit Lanfranc Verbindungen anzuknüpfen gesucht, welche die Absicht erkennen ließen, dem letztern
hinsichtlich der Durchführung gewisser Pläne innerhalb jenes Reichs
eine hervorragende Rolle zuzuweisen; und daß dabei auch die beabsichtigte Aenderung hinsichtlich der Besetzung der geistlichen
Aemter von vornherein in's Auge gefaßt gewesen ist, muß doch
als sehr wahrscheinlich betrachtet werden. Die päpstlichen Legaten
werden in ihrem Verkehr am Hof und mit den obersten kirchlichen
Gewalten des Reichs den Versuch nicht unterlassen haben, dem
Investiturverbot zunächst wenigstens in den Gemüthern Eingang
zu verschaffen, und wenn es eines ausdrücklichen Zeugnisses dafür
bedürfte, so hatten sie ja bei den Herren der Bretagne, wie erwähnt, mit Erfolg für diesen Zweck gewirkt. Möglicherweise war
auch an Lanfranc, wie an Hugo von Die für Frankreich und
Burgund und vielleicht an Siegfried von Mainz für Deutschland,
eine Aufforderung zur Veröffentlichung des Decrets für seinen
Wirkungskreis ergangen. Jedenfalls aber ist gewiß, daß in dieser
Richtung Nichts erreicht ward. Denn wenn der König auf einem
in diesem Jahr von Lanfranc abgehaltenen normännischen Pro-
vinzialconcil zu Lillebonne ebenso wie später in England selbst
die bischöfliche Gerichtsbarkeit, die auch in Bezug auf seine eignen
Zwecke ein wesentliches Moment der erstrebten, strengen Ordnung
in seinem Reich darstellte, regeln ließ und ihr ziemlich weite
Grenzen steckte, wenn er Bestimmungen über Cölibat, Zehnten
und andres Derartige im Sinn der neuen kirchlichen Bewegung
bestätigte, so wurde doch gerade jener andren, an Wichtigkeit alle
die letztgenannten weit überragenden Frage eine überaus dürftige
Behandlung zu Theil. Auf das gewöhnliche, niedere Patronatrecht
der Laien sehen wir sie herabgedrückt, und auch hier ward die
bestehende, altherkömmliche Weise nicht sowohl in irgendeinem
wesentlichen Punkt geändert, als in gesetzlicher Form geregelt.[7])

VIII.

Bereits inmitten des Monats November 1078 hielt Gregor wieder eine römische Synode ab. Ihre Acten im Registrum sind vom 19. d. M. batirt.

Alte kirchliche Satzung, die freilich von Anfang an überall weit mehr übertreten denn beobachtet worden war, verlangte ja eigentlich für jedes Jahr und jede Diöcese die zweimalige Abhaltung von Synoden. Der zweiten hatte seither unter Gregors VII. Pontificat wenigstens theoretisch die große Gerichtsversammlung, wenn man so sagen darf, entsprochen, welche er im November zu Rom abzuhalten pflegte. Der erste und letzte Tag dieses Monats, Allerheiligen- und St. Andreastag, sind die Termine, auf welche seit 1074 am allergewöhnlichsten behufs der endgültigen Entscheidung in wichtigeren Einzelangelegenheiten die Betheiligten nach Rom vorgeladen worden sind. In Bezug auf einen solchen Gerichtstag am 30. November 1074 hat der Papst auch nachträglich einmal den Ausdruck Synodus gebraucht.

Dabei sollte es diesmal allerdings nicht bleiben. Fragen von allgemeinster Bedeutung, wie sie bisher den Fastensynoden zugewiesen gewesen waren, sollten zur Behandlung kommen, und nur noch mehr kann die Wichtigkeit der jetzt gefaßten Beschlüsse ins Auge fallen, wenn der Papst selbst es in einem uns erhaltenen Einladungsschreiben als die Aufgabe der Versammlung bezeichnete, die seit längerer Zeit zwischen Papstthum und Königthum ausgebrochenen Differenzen einem gedeihlichen Ende entgegenzuführen.[1]

Es ist ja der immer neue Hinweis darauf nicht überflüssig, was ihm in Wahrheit Friede zwischen Kirche und Staat hieß. Und in der allgemeinen politischen Lage hatte sich jetzt eben das zu seinen Gunsten verändert, was noch jüngst mindestens in Bezug auf die am tiefsten einschneidenden Beschlüsse der letzten Synode vorsichtige Zurückhaltung empfohlen hatte.

„Diese Synode, obwohl sie abermals mit dem deutschen Thronstreit zu thun hatte, obwohl auch von ihr eine lange Reihe von Bannungen ausging, war doch recht eigentlich zur Herstellung der Kirche im Sinn Gregors bestimmt, — pro restauratione s. ecclesiae, wie es in den Acten heißt. Auf keiner hat Gregor eine längere Reihe von Kanones veröffentlicht, von denen sich die meisten auf Sicherung, Mehrung und Befreiung des Kirchen= eigenthums beziehen." [2])

Erneuert wurden die Bestimmungen gegen Simonie und Priesterehe, erneuert diejenigen gegen unrechtmäßige Erlangung kirchlicher Würden. Bischöfe, welche Pfründen oder Aemter irgend= welcher Art verkaufen oder sonst irgendwie unkanonisch besetzen oder die Priesterehe dulden, sollen suspendirt sein. Keine Er= hebung soll gültig sein, für welche Geld oder Bitte oder Dienst= leistung aufgewendet werden oder welche ohne Zustimmung von Klerus und Laienschaft der betreffenden Kirche, beziehentlich ohne Zustimmung des zuständigen Oberen vorgenommen worden ist. In Betreff der Investiturfrage, „der Ursache so vieler Verwirrungen in der Kirche", soll hinfort gelten: daß kein Kleriker die Investitur für ein Bisthum, eine Abtei oder Kirche von der Hand des Kaisers, eines Königs oder irgendwelches Laien, sei es Mann oder Weib [3]), empfangen dürfe, bei Strafe der Ungültigkeit derselben und der Excommunication für ihn selbst bis zur Ablegung gebührender Genugthuung.

Ferner soll jeder Laie Güter der Kirche, die er von einem König oder Fürsten, von Bischöfen, Aebten oder sonstigen geistlichen Würdenträgern, sei es wider ihren Willen, sei es mit gesetzwidriger Zustimmung derselben, zu Lehn empfangen hat, zurückerstatten bei Strafe des Banns; ebenso Zehnten, mag sie ihm übertragen haben, wer es auch immer sei. Den Bischöfen soll es zwar auch für die Zukunft nicht verwehrt sein, Kirchengut zu Lehn auszu= geben, doch nur mit Bewilligung des Papstes, falls sie von ihm geweiht sind, oder, wenn dies nicht der Fall ist, mit Zustimmung ihres Erzbischofs und seiner übrigen Suffragane, bei Strafe der Suspension und der Ungültigkeit des betreffenden Acts für jede Zuwiderhandlung.

Wenn das Verbot der Laieninvestitur hinsichtlich der Ziele, welche der Papst damit verband, noch einer Erläuterung bedarf, so geben sie die Bestimmungen, zu welchen dasselbe hier in den nächsten Bezug gesetzt ist. Nicht zwar, als ob es betreffs seiner Fassung selbst eine solche nöthig hätte. Höchstens könnte auffallen, daß jetzt blos den Klerikern, welche die Investitur empfangen, die Excommunication als Strafe ausdrücklich angedroht ist. Der- artige Verschiedenheiten beweisen nur immer von Neuem, daß Gregor seine Maßnahmen von vorgeblich principieller Bedeutung in Wahrheit durchaus je von der äußern Lage abhängig machte. Für das gegenwärtige Verfahren war offenbar der Wunsch maß- gebend, die augenblicklich eingenommene Stellung zu dem deutschen Thronstreit, die durch Beifügung einer Strafandrohung für zu- widerhandelnde Laien sofort wieder eine offen feindselige gegenüber Heinrich IV. hätte werden müssen, noch für die nächste Zukunft beizubehalten, ohne doch zugleich den dem letztern ergebenen Theil der Geistlichkeit außerhalb der Verfolgung zu stellen. Sobald später der Augenblick kam, wo diese Rücksicht nicht mehr obwaltete, in dem gleichzeitig mit dem zweiten Bannspruch erlassenen In- vestiturverbot von 1080, sollte auch diesem Mangel abgeholfen werden und die Sache nach beiden Richtungen hin ihren harmo- nischen Abschluß finden.

Und die Verordnungen in Betreff des Kirchenguts beweisen vor Allem, daß der Papst sich über das Wesen des Rechtsver- hältnisses, welches dem herkömmlichen Investiturverfahren zu Grunde lag, sowie über die rechtlichen Wirkungen seines Verbots nicht im Geringsten unklar war. Die Acten der Synode ver- rathen, daß ihr erster, negativer Theil, so allgemein er gefaßt

ist, in erster Linie die zur Zeit in Deutschland obwaltenden Verhältnisse im Auge hatte. Aber unzweifelhaft irrten die Bischöfe
der rudolfischen Partei ebensosehr, wenn sie glaubten, durch ihre
Klagen den Papst zu der Maßregel veranlaßt zu haben, wie
wenn sie dieselbe in der ihr zu Theil gewordenen Gestalt als auf
ihre speciellen Bedürfnisse zugeschnitten ansahen. Von frühster
Zeit schon hatte Gregor in diesem Sinn gewirkt, dann auf der
letzten Fastensynode das allgemeine Verbot aufgestellt, erst jüngst
wieder dem Bischof von Metz die lehnmäßige Vergabung von
Kirchengut absolut untersagt. Auch später ist er im Anschluß an
die besprochenen Kanones so verfahren. Gälte es den Eindruck
dessen zu verstärken, wie solidarisch gerade in Bezug auf den
weltlichen Besitz sich die gesammte Geistlichkeit in ihren Interessen
verbunden fühlte, selbst wenn die Einzelnen in Bezug auf den
laufenden Streit mit ihren Anschauungen noch so weit auseinander-
gingen, so verdiente unter den betreffenden Verordnungen Gregors
den stärksten Hinweis eine solche zu Gunsten der Güter der
bamberger Kirche, deren derzeitiger Bischof gerade an der Seite
des Königs Heinrich eine so hervorragende Stellung einnahm.[1])

War es vielleicht einen Augenblick lang Gregors Absicht
gewesen, jede lehnmäßige Vergabung von Kirchengut an Laien
aufzuheben, so ward diese jetzt modificirt. Auch hätte ein Beharren darauf nur unheilvoll für seine eigne Sache werden können.
Aber wofür früher die Genehmigung des Königs erforderlich
gewesen ist, das soll jetzt nur mit Zustimmung der geistlichen
Oberen vor sich gehen. Das Eigenthumsrecht der weltlichen
Herren am Kirchengut ist aufgehoben, ist an die Kirche übergegangen. Nur sie hat die darauf haftenden Leistungen zu fordern.

Und wer steht an der Spitze ihrer Hierarchie? wer ist der
Ausfluß jeder geistlichen Gewalt?

Noch ist freilich nicht unumwunden zum Ausdruck gebracht,
worauf Alles dies in letzter Instanz hinausführen mußte. Aber

wenn in Bezug auf die Personenfrage auch jetzt noch einmal — zum letzten Mal — dem kanonischen Wahlverfahren ohne besondern Vorbehalt für den päpstlichen Einfluß eine Huldigung dargebracht wird, so wird in Bezug auf das viel wichtigere, obwohl damals im Streit viel weniger betonte Verfügungsrecht über die Güter diese Zurückhaltung nicht mehr beobachtet. Die Thatsachen haben es so mit sich gebracht, daß diese Verordnungen Gregors seine letzten in dieser Materie geblieben sind. Es kann nicht zweifelhaft sein, daß bei entsprechendem Fortgang der Dinge das Obereigen-thumsrecht des Papstes am Kirchengut auch auf dem Weg der Gesetzgebung zum vollen Ausdruck gebracht worden sein würde.

Was die rein praktische Frage der Wahrung des päpstlichen Einflusses für jeden einzelnen Fall anlangt, so war freilich auch schon durch den letzten Theil der Verordnung in seiner gegen-wärtigen Gestalt ausreichend für das römische Interesse gesorgt. Seit langer Zeit schon hatten die Päpste das Recht der Weihe für jedes kirchliche Amt, sobald es ihnen oder dem zu Weihenden beliebte, mit Erfolg in Anspruch genommen. Gregor hat dasselbe im weitesten Umfang geübt, gleichwie er auch sonst weitgehende Rechte in Bezug auf die von ihm selbst Geweihten beanspruchte. Es gab keinerlei principiellen Einwand dagegen, wenn er etwa schließlich mindestens jede höhere Weihe an sich ziehen wollte. Wo aber selbst aus diesem Verhältniß kein päpstliches Einspruchsrecht gegen die Vergabung von Kirchengut im einzelnen Fall sich ab-leiten ließ, da war durch die anderweitige Bestimmung, welche die Zustimmung des Metropoliten und der übrigen Suffragane fordert, hinreichend dafür gesorgt, daß das Beneficium nur in zuverlässige Hände kam.[6])

Die Richtigkeit der gezogenen Schlußfolgerungen wird durch weitere Maßregeln eben jener Zeit über jeden Zweifel erhoben. Nicht so sehr zwar durch die große Urkunde vom 30. November 1078, welche dem Bischof Lanbulf von Pisa die gegenwärtigen

unb zukünftigen Besitzungen seiner Kirche bestätigt sowie ihm unb
seinen Nachfolgern bie Legation für Corsica verleiht, vorausgesetzt
baß biese, wie Lanbulf, bie Würbe „in kanonischer Weise, b. h.
burch Zustimmung bes Papstes unb Wahl von Seiten bes Klerus
unb ber Gemeinbe" erlangt haben werben. Von biesem Punkt
ist es wenigstens nicht mehr weit bis zu einem päpstlichen Vor-
schlagsrecht, unb vielleicht ist es auch nicht ganz ohne Bebeutung,
wenn — was bamals freilich in allen Verhältnissen häufig so
geschah — bie nachgesuchte Bestätigung ber Güter seiner Kirche mit
Nachbruck zu einer Bestätigung ber Kirche selbst, b.' h. seines Amts,
für Lanbulf gewenbet erscheint.⁶)

Aber von ber höchsten Bebeutung ist, was auf bieser Synobe
in Betreff bes Patriarchen Heinrich von Aquileja eingeleitet warb
unb auf ber nächsten Fastensynobe in einer benkwürbigen Urkunbe
seinen Abschluß finben sollte.

IX.

Diese Versammlung, bie sechste ihrer Art, ist in ber Woche
vom 11. bis zum 17. Februar 1079 abgehalten worben. Sie
war ungewöhnlich stark besucht. Von neuen, allgemeinen Bestimmungen brachte sie für bie hier behanbelte Frage Nichts. Ein
Blick auf bie Lage ber Dinge macht es auch leicht verstänblich,
wie bem Papst gerabe in bieser Beziehung noch einmal eine
bilatorische Behanblung räthlich erscheinen mußte, währenb boch sonst
schon bie Vorboten bes nahenben Umschwungs in seiner Stellung
sich bemerklich machten. Aber anscheinenb sinb wenigstens bie
einschlägigen Bestimmungen ber letzten Synobe ausbrücklich erneuert worben. Im Anschluß an eine unter benselben erließ auch
Gregor für Italien unb Deutschlanb ein Manifest, welches bie

Getreuen des h. Petrus zu erneutem Widerstand gegen ihre in Unkeuschheit lebenden Priester aufrufen sollte.[1]

Um so ungetheilter wendet sich das Interesse dem Eid des Patriarchen Heinrich von Aquileja zu.

Wir wissen, daß er seine Erhebung einzig und allein dem Empfang der Investitur von Seiten Heinrichs IV., so recht im Gegensatz zu einem in Form einer vorausgegangenen kanonischen Wahl dem König gemachten Vorschlag, verdankte. Höchstens hatte er noch nachträglich die Zustimmung der kanonischen Wähler eingeholt. Seitdem hatte er jedoch den Entschluß kundgegeben, mit dem Papst seinen Frieden zu machen. Jetzt war er, nach den einleitenden Verhandlungen der letzten Novembersynode, persönlich in Rom erschienen, hatte bewiesen, wie uns von dritter Hand gemeldet wird, daß er kanonisch gewählt sei, hatte sich hinsichtlich der Zuwiderhandlung gegen das Investiturverbot durch eidliche Versicherung der Nichtkenntniß desselben zur Zeit seiner Erhebung gerechtfertigt, und empfing nunmehr unter Ablegung eines Treueids vom Papst unter den Zeichen von Ring und Stab seine Würde „in kanonischer Weise" zurück.

Das ist zunächst dieselbe Geltendmachung eines päpstlichen Devolutionsrechts in Betreff der Besetzung der geistlichen Würden, die Gregor vom Beginn seines Pontificats an geübt, aber unter Umständen auch nicht einmal durch die Fiction eines stattgefundenen kanonischen Wahlverfahrens zu maskiren für gut befunden hatte. An Stelle der unrechtmäßigen Erhebung tritt die directe Einsetzung durch den Papst. Aber was wird dem nunmehr legitimen Inhaber des Patriarchats Aquileja übertragen? Etwa nur seine geistlichen Befugnisse? Was sollte also überhaupt die nach Gregors Forderung überall durchzuführende Investitur mit Ring und Stab von geistlicher Hand bedeuten?

Die Antwort giebt die Eidesformel, eins der werthvollsten Documente des gregorianischen Registrum. Das ist kein kirchlicher

Obedienzeib ber herkömmlichen Art, es ist ein Lehnseib im vollsten Sinn bes Worts, nach Form unb Verpflichtungen, wie ihn jeber Vasall bem Herrn unb Obereigenthümer seines Guts schwört. Unb wenn früher, als Wibert von Ravenna bem Papst Alexanber II. einen weit minber inhaltsschweren leistete, biese Thatsache im höchsten Grab auffällig sein mußte, aber in bem Anspruch Roms auf bie Herrschaft über Ravenna boch noch eine Erklärung fanb, so besaß ber Papst in Bezug auf Aquileja ober auch nur einen Theil seines Sprengels notorisch keinerlei Hoheitsrecht. Jebes geistliche Amt als solches unterlag also für ihn bieser Betrachtung unb Verpflichtung.

Der „Erzbischof" — benn so wirb er in bezeichnenber Weise genannt²) — wirb bem h. Petrus unb bem Papst Gregor unb seinen Nachfolgern, sofern sie burch ben bessern Theil ber Carbinäle gewählt sinb, treu unb gehorsam sein, wirb weber an Rath noch an That theilnehmen, woburch sie Leben ober Glieber ober ihre päpstliche Würbe ober ihre Freiheit verlieren könnten. Er wirb auf ihre Vorlabung persönlich ober burch Gesanbte zur Synobe erscheinen unb ben kanonischen Gehorsam leisten, wirb ihnen bas Papstthum unb bie Regalien bes h. Petrus behaupten unb ver= theibigen helfen, wirb kein ihm anvertrautes Geheimniß zu ihrem Schaben kunbthun, wirb päpstliche Legaten ehrenvoll aufnehmen unb unterhalten, wirb mit ben vom Papst mit Namen Excom= municirten wissentlich keine Gemeinschaft halten, wirb auf Ver= langen ber römischen Kirche bewaffneten Zuzug stellen.

Wenn irgenb eine bieser Verpflichtungen, soweit sie nicht speciell auf ben kanonischen Gehorsam gegen bas Oberhaupt ber Kirche sich beziehen, noch einen Zweifel barüber obwalten ließe, wie ber Papst bas Verhältniß auffaßte, so würbe ihn bie an letzter Stelle genannte beseitigen. Derartiges hat nur berjenige zu forbern, ber von seinem Eigen seinem nunmehrigen Mann zu Lehn giebt. Unb bie Sache steht nicht vereinzelt. Auch von bem

Bischof Heinrich von Trient hatte Gregor im J. 1076 die Stellung von Kriegsmannschaft „zum Dienst des h. Petrus" verlangt. Das also bedeutet die Investitur mit Ring und Stab durch geistliche Hand. Sie ertheilt die Würde und zugleich das Recht auf das Gut. Die darauf haftenden Verpflichtungen sind in dem vollen Umfang, in welchem sie bisher der weltliche Herr forderte, an die Kirche, d. h. an den Papst zu leisten. Und dieses Verfahren ist, einschließlich der päpstlichen Ernennung, ein „kanonisches."

Wohl wäre es ein ungeheuerlicher Gedanke gewesen, jene immensen Massen von Kirchengut nach der durch das Verbot der Laieninvestitur erfolgten Loslösung aus den Staatsverbänden je zur Verfügung der einzelnen Inhaber zu stellen und so gewissermaßen frei für sich in der Luft schweben zu lassen, — ein schwärmerischer, wie er etwa nur den mönchischen Eiferern wohl angestanden hätte, sie nunmehr ganz dem Dienst Gottes und der Pflege der Armen geweiht wissen zu wollen. Gregor VII. hatte andre Ansichten in Bezug auf Machtmittel, ihren Erwerb und Gebrauch; und bei der Verfolgung seiner Zwecke brauchte er hier allerdings nur an den Zug der Zeit und der Entwicklung, welche die Kirche in Hinsicht ihrer Verfassung nun einmal genommen, anzuknüpfen. Ueberhaupt hinderte den Papst bald Nichts mehr, seine Absichten wenigstens für den einzelnen Fall offner als je, außer etwa noch im unmittelbaren Machtbereich des Königs Heinrich, zu entfalten.

So scharf die Kirche nach den Anschauungen der beiden strengern reformatorischen Parteien jede Betheiligung von Laien an der Ordnung oder Verwaltung kirchlicher Angelegenheiten zurückwies, so nahm sie doch das Recht zur Berufung des weltlichen Arms behufs der Beseitigung äußerer Hindernisse, welche sich ihren Zwecken entgegenstellten, auch in ihren extremsten Richtungen jederzeit in Anspruch. Eben dies auch nur, und nicht mehr, thut Gregor, wenn er um diese Zeit dem Gegenkönig Rudolf aufträgt,

diejenigen, welche bisher die Wiederbesetzung des verwaisten Erzbisthums Magdeburg verhindert haben, zu bekämpfen und für die
Einsetzung eines dieser Kirche würdigen Oberhaupts „mit unsrem
Willen und apostolischen Segen und unter gemeinsamer Wahl
aller guten Kleriker und Laien", oder, wie es in dem andern,
wohl etwas jüngern Schreiben heißt, „unter gemeinsamer Bei-
stimmung und Wahl aller gottesfürchtigen Erzbischöfe und Bischöfe,
sowie nicht minder des Klerus und der Laienschaft jener Kirche"
Sorge zu tragen. Es bedürfte, um unsre Deutung zu rechtfertigen,
nicht des starken Hinweises auf das Investiturverbot, welcher der
ersten Aufforderung beigefügt ist, indem aus der Vernachlässigung
der Vorschriften der h. Väter bei der Einsetzung der Bischöfe das
gegenwärtige Blutvergießen hergeleitet wird und noch viel schwerere
Irrungen vorausgesagt werden. Auch hatte sich ja Rudolf dem
Papst bei seiner Wahl ausdrücklich im gegentheiligen Sinn verpflichtet, und es wird jetzt von ihm als König nichts Andres
verlangt, als von jedem Anhänger seiner Partei überhaupt, an
welche sich die päpstlichen Schreiben zugleich wenden. Hier soll
also eine ganz rein kanonische Wahl stattfinden? Allerdings, —
wenn anders eine kanonische Wahl darin besteht, daß der Papst unter
dringender Empfehlung drei Candidaten benennt, deren Jedem er
im Voraus seine Bestätigung zu ertheilen verspricht. Die offen
gelassene Möglichkeit der Wahl eines Andern, falls keiner von
jenen drei Männern von ihnen für würdig befunden werde, ist
offenbar nur eine Scheinconcession an das Bewußtsein der Beauftragten von den Erfordernissen einer wirklich kanonischen
Wahl und wird durch die immerhin noch vorbehaltene Bestätigung
des Erkornen sowie durch die scharfe Drohung der Excommunication
für jeden, der etwa in ungesetzlicher Weise erhoben werde, vollends
illusorisch.[9])

Der Tendenz nach nahe verwandt ist die Aufforderung, welche
unter dem 1. März 1079 an die kanonischen Wähler des Erz-

bisthums Arles ergeht: der bedauerlichen, langen Verwaisung ihrer Kirche dadurch ein Ende zu machen, daß sie entweder unter der Leitung des Bischofs Suidger von Gap als päpstlichen Legaten „Gottes Vorschrift gemäß" einen solchen Mann zu ihrem Hirten wählen, den Hugo von Die ihm, dem Papst, zur Bestätigung empfehlen könne, oder wenn, wie er glaube, in ihrer Mitte kein Würdiger zu finden sei, in die Hände des Legaten das Versprechen ablegen, denjenigen an- und aufnehmen zu wollen, den der Papst kraft Petri Gewalt zu ihrem Erzbischof weihen werde. Die vom Papst selbst ausgesprochene Voraussetzung hebt jeden Einspruch gegen die Annahme auf, daß es die zweite dieser Eventualitäten ist, die er wünscht.[4])

Und auch nur für oberflächliche Betrachtung möchte sich davon Abweichendes ergeben wollen aus der Urkunde, durch welche Gregor unter dem 19. April 1079 dem Erzbischof Gebuin von Lyon und seinen rechtmäßigen Nachfolgern den Primat für die Erzbiöcesen Lyon, Rouen, Tours und Sens verleiht, beziehentlich — doch gehört die Entscheidung dieser Streitfrage nicht hierher — erneuert. Als rechtmäßige Nachfolger Gebuins erklärt er diejenigen betrachten zu wollen, die ohne Kauf, sei dieser durch eigne oder fremde Hand vollzogen, ohne Dienstleistung, ohne Bitten, seien es eigne oder diejenigen Untergebner, ohne ferner die Würde von Seiten der weltlichen Gewalt verliehen oder bestätigt zu erhalten, auf den Stuhl von Lyon werden erhoben werden. Für rechtmäßig sollen die gelten, welche auf Grund reiner und lauterer Wahl dem Gebuin nachfolgen und ebenso durch die Thür zu ihrer Heerde eintreten werden, wie es dem Papst von dem gegenwärtigen Inhaber der Würde bekannt ist.

Es ist Gregors des Großen Terminologie und Begründung, die hier der Papst verwandt hat, soweit der Begriff Simonie in Betracht kommt. Aber er hat nicht unterlassen, sie dem neuen Stand der Dinge und Bestrebungen gemäß durch die ausdrückliche

Ausschließung auch jedes weltlichen Herrenrechts zu ergänzen. Auch hier soll die Würde mit dem ihr zustehenden Gut künftig nur durch geistliche Hand verliehen werden. Denn ist jede Form einer Uebertragung von Laienhand unzulässig, so wird das Anrecht auf die Führung von Amt und Besitzrecht am Gut eben nur durch die Weihe als den legitimen Abschluß des vorangegangenen Er- hebungsverfahrens und durch den dabei erfolgten Empfang von Ring und Stab aus der Hand des Weihenden erworben.

Aber ist nicht auch in diesem Fall wenigstens der „lautern kanonischen Wahl" vom Papst eine so hervorragende Stelle an- gewiesen, daß man doch immer von Neuem Bedenken tragen möchte, ihm in dieser Hinsicht Bestrebungen ganz andrer Art unterzulegen?

Freilich würden wir rein an sich dem Umstand kaum eine höhere Bedeutung beilegen, daß im Wortlaut der Urkunde gerade des sonst überall so geflissentlich hervorgehobenen Hauptmerkmals einer „kanonischen" Wahl, der Betheiligung von Klerus und Laienschaft der Diöcese, keinerlei Erwähnung geschieht. Indeß das geschah allerdings mit sehr gutem Grund; und anderweitige Nachrichten geben überhaupt der Sache erst die rechte Beleuchtung.

Gebuin's Vorgänger Humbert war von der Synode zu Autun, d. h. durch Hugo von Die, am fünften Tag ihrer Ver- handlungen abgesetzt worden; unmittelbar darauf hatte dieselbe den Gebuin erwählt und dieser bereits zwei Tage später, am 17. September 1077, die Weihe erhalten. Nach Allem, was irgend für die Sache in Betracht kommt, kann gar nicht bezweifelt werden, daß beide Handlungen entweder auf ausdrücklichen Befehl Gregors oder mindestens auf seine den Vorschlägen des Legaten im Voraus ertheilte Zustimmung hin vorgenommen worden sind. Und daß dann eine solche Wahl sachlich einer Ernennung durch den päpstlichen Legaten gleichkam, steht nicht minder fest, als daß dieselbe durch eine etwa nachträglich eingeholte Zustimmung der kanonischen Wähler in keinem Fall noch zu einer wirklich kanonischen umgestempelt werden konnte; gleichwie auch erhellt, daß die Grenzen des von der Kirche den versammelten Bischöfen einer Provinz allerdings zugestandenen Einflusses auf die Wahl ihres künftigen Metropoliten keineswegs innegehalten worden waren.[5])

An Hugo von Die ergeht auch der Befehl, den Frotger, der sich durch königliche Inveſtitur das Bisthum Chalon (f. Saone) hatte übertragen laſſen, abzuſetzen und im Fall des Widerſtands zu excommuniciren. Auf allen Synoden, welche er abhält, ſoll der Legat das Inveſtiturverbot von Neuem einſchärfen, Zuwiderhandelnde ohne Ausnahme bannen. Bei Erwähnung des Verbots wird hier ausdrücklich auf den Ausſpruch der römiſchen Synode Bezug genommen, und augenſcheinlich iſt es die Faſſung vom November 1078, welche der Papſt dabei im Auge hat.[6])

Und in der That, wohl mag derſelbe in allen ſolchen Dingen möglichſt zuverſichtlich auftreten. Iſt er ja doch ſeines nahen Siegs auf Grund der bisher eingenommenen Stellung ſo ſicher, daß er ebenſo jede Vermittlung mit dem König zurückweiſt, als er andrerſeits den Klagen der Rebellen über ſein Verfahren, das in all ſeiner wohlberechneten Feinheit zu faſſen ihr Verſtändniß nicht ausreichte, nur die unwandelbare Beharrlichkeit deſſelben und höchſtens unter ſolchen Umſtänden gegenſtandsloſe Aufforderungen zur Ausdauer im Kampf entgegenſetzt, — daß er ſelbſt gegenüber einem Hugo von Cluny, gemäß der Stellung, welche dieſer zwiſchen ihm und dem König und zu ihrem Streit einnahm, keinerlei Rückſichten mehr anwenden zu müſſen glaubt. Und doch, wie lange war es her, daß man wohl hatte fragen können, wer mehr vermöge, ein Abt von Cluny oder ein Papſt? Feſt und ſiegesgewiß ſteht Gregor da, ſo ſchwer ihn auch wohl zeitweilig das Gefühl der Vereinſamung auf ſeinem vorgeſchobenen Standpunkt, zu dem nur Wenige ihm folgen können und mögen, bedrückt.[7])

Wenn er nun im Lauf des Herbstes 1079 seinen Legaten in Deutschland, den Bischöfen Ulrich von Pabua und Petrus (igneus) von Albano, verbot, gleichwie in Betreff der Streitsache der beiden Könige, so auch hinsichtlich der designirten Erzbischöfe und Bischöfe für Trier, Köln und Augsburg und überhaupt aller derer, welche die Investitur von Laienhand empfangen, eine Entscheidung auszusprechen, so mag auch diese Maßregel immerhin noch einer letzten Hoffnung entsprungen gewesen sein, den Streit mit den Mitteln der Politik, natürlich nicht ohne die Anerkennung seiner eignen wesentlichsten Forderungen von Seiten der versöhnten Parteien, schlichten zu können. Aber in keinem Fall beweist sie, „wie wenig er damals die Investitursache weiterzutreiben gedachte": für sich selbst wollte er, wie es auch durch seine eignen Worte hindurchklingt, bis zu dem für die nächste Zeit in Aussicht genommenen, großen Richterspruch über die Gesammtverhältnisse des römischen Reichs die Entscheidung aufbewahrt wissen.

Die bezeichneten Bischöfe waren natürlich diejenigen der Partei des Königs Heinrich, hatten von diesem die Investitur erlangt. Es kann nicht für ganz bedeutungslos gehalten werden, daß auch der Papst das landläufige Schlagwort Simonie in seine Verfügung nicht einfließen läßt. Der Wahl des Eigilbert von Trier giebt ein allseitig anerkannter Ehrenmann das Zeugniß, daß sie, vor Erlangung der Investitur und ohne jede Betheiligung des Königs vorgenommen, sonst in allen Stücken selbst den strengsten kanonischen Anforderungen entsprochen habe. Dennoch erlangte derselbe nie die päpstliche Anerkennung. Und was Gregor seinen Legaten verbot, war nicht, zum Nachtheil der Betreffenden einzuschreiten. Jene hatten das Gegentheil gethan: sie hatten, entsprechend der zweideutigen Rolle, welche sie theils aus listiger Berechnung, theils aus Beschränktheit spielten und in welcher sie die Sache Heinrichs ihrem Auftrag zuwider nachgerade entschieden begünstigten,

Bischöfe seiner Partei geradezu bestätigt. Das ist es, was zu unterlassen ihnen jetzt der Papst befiehlt, und unter dieser Beleuchtung ist der Maßregel gewiß die erwähnte Deutung nicht zu geben.[8])

Gregor fühlte sich in der Lage, jetzt auch in Bezug auf das britische Reich aus der bisherigen Zurückhaltung noch mehr herauszutreten. Zwar ist hier nicht der Ort, zu verfolgen, wie dies zuerst gegenüber Lanfranc, dann auch gegenüber dem König selbst in schroffer Wendung zum Ausdruck kam. Wenn er es nun im Lauf des Sommers 1079 zu all seinen frühern Erfahrungen mit diesen Männern hinzu noch erleben mußte, daß Wilhelm auf die Anforderung, den althergebrachten Peterspfennig zu senden und dem h. Petrus den Lehnseid zu leisten, ihm wenigstens in der letztern Beziehung die vielgenannte Abfertigung zu Theil werden ließ, daß dazu auch Lanfrancs Antwort im kühlsten, allgemein ablehnenden Ton gehalten war, wenn er die gleichgültige, nur von ihren eignen Interessen bedingte Stellung beider Männer zu seinem Kampf mit Heinrich IV. unverhohlen von ihnen dargelegt sehen mußte, so möchte die daraufhin unter dem 23. September 1079 erlassene Verfügung mit einem Theil ihrer Anordnungen allerdings ein Zurückweichen nach dem frühern Standpunkt hin bezeichnen. So, wenn Gregor gewisse Drohungen des Legaten Teuzo gegen Wilhelm desavouirt und den Legaten Hubert beauftragt, den König nochmals in gütlicher Weise um die Erfüllung seiner Forderungen anzugehen. Aber die veränderte Richtung bezeichnet doch noch hinreichend der gleichzeitige Befehl an den letztern, schleunigst zurückzukehren, da ihm, dem Papst, an dem bloßen Geld ohne die „Ehre" Nichts gelegen sein könne, bezeugen die bittern Klagen über den König, der Schlimmeres, als selbst die Heiden, gegen den h. Stuhl begehe, bezeugt die Drohung mit dem Zorn des h. Petrus, wenn derselbe in dieser Weise zu handeln fortfahre, bezeugt auch der Befehl zur Absetzung des Erzbischofs

Wilhelm von Rouen, falls dieser wirklich der Sohn eines Priesters sei. Und die Berufung der englischen und normännischen Bischöfe in der Zahl von mindestens zwei aus jeder Erzbiöcese zur nächsten römischen Synode zeigt, auf welchem Weg zunächst Gregor den Angriff zu eröffnen entschlossen war.

Das Verfahren in Betreff des Erzbischofs von Rouen mußte um so auffälliger sein, als doch seinerzeit, wie oben erwähnt, eigens ein Legat zur Ordnung der dortigen Verhältnisse, namentlich zur Beschlußfassung über die Nothwendigkeit einer Neubesetzung des erzbischöflichen Stuhls und zum Vollzug derselben abgesandt worden war. Dieser hatte also den frühern Erzbischof Johann auf Grund seiner körperlichen Schwäche beseitigt und dann der Erhebung des Nachfolgers beigestimmt, für welche allerdings unzweifelhaft der Wille des Königs in erster Linie maßgebend gewesen ist. Sicher konnte der kanonische Mangel, der jetzt vom Papst dem Erzbischof vorgeworfen wird, schon damals nicht unbekannt sein. Andrerseits wissen wir nicht, mit welchem Grad von Bereitwilligkeit oder ob vielleicht nur durch die Umstände gezwungen der Legat damals seine Zustimmung ertheilt hatte. Jedenfalls geschieht seiner jetzt keine Erwähnung, und das neue Verfahren ist damit nur um so entschiedner gegen den König, seine Partei und seine Tendenzen allein gerichtet. Eben dadurch gewinnt dasselbe nur noch an Wichtigkeit und charakteristischer Bedeutung. Und trefflich gewählt, das muß man gestehen, waren Zielpunkt und Mittel für diesen Angriff.*)

X.

Am 7. März 1080, bem letzten Tag der nächsten römischen Fastensynode, sprach Gregor zum zweiten Male Bann und Entsetzung über den König Heinrich aus.

Der Investiturfrage wird auch jetzt, wie erwähnt, in dem Urtheilsspruch nicht einmal andeutungsweise gedacht: der Ungehorsam gegen die Gebote der Kirche im Allgemeinen, der da gleichkommt dem Götzendienst, hat dem Verdammten dies Loos bereitet.

Aber wer möchte den innern Zusammenhang verkennen zwischen dieser Entscheidung, die zuerst wieder nach allen Seiten hin volle Klarheit in Gregors Stellung brachte, und den folgenden, auf jene Frage bezüglichen Bestimmungen? Denn es kann nicht bedeutungslos sein, wenn in dem Augenblick, wo jede Nothwendigkeit einer Rücksichtnahme wegfiel, nicht nur die bisherigen Bestrebungen und Verordnungen in der Frage über die Erhebung zu geistlichen Aemtern und das oberste Recht am Kirchengut nach ihrem negativen Theil zu allseitig abschließenden Gesetzesformeln zusammengefaßt wurden, sondern auch der positive Theil derselben, wie er bisher nur in der Behandlung von Einzelfällen hervorgetreten war, in der gleichen Form und mit dem gleichen Anspruch zum ersten Mal zum Ausdruck gebracht ward. Eine neue Ordnung der Dinge soll beginnen, wie sie seit Jahren mit umsichtiger Betriebsamkeit vorbereitet worden ist. Betrachtete Gregor die Verbindung zwischen dem deutschen Königthum und dem römischen Kaiserthum als gelöst? sollte das letztere überhaupt zu Gunsten der einen, obersten Gewalt auf Erden, des Papstthums, erloschen sein? Die bestimmte Antwort darauf bleibt uns versagt. Aber wenn vielleicht einmal die Noth des Streits es so mit sich bringen konnte, daß die jetzt vom Papst unzweideutig ins Auge gefaßte Trennung von Deutschland und Italien sich nicht aufrechterhalten ließe, gleichwie ja auch die in den nächstvorangegangenen Jahren beabsichtigte Zerschlagung des deutschen Reichs eben jetzt wieder aufgegeben erscheint, — wenn es selbst einmal räthlich erscheinen sollte dem neuen König von Papstes Gnaden den Namen eines Kaisers zuzugestehen: wissen sollte er sofort, und damit auch jeder niedere Gewalthaber, welche Stellung ihm als Vertreter des staat-

lichen Rechts gegenüber der Kirche gebühre. Die Frage sollte für
die neue Ordnung der Dinge auch nicht einmal der Discussion
mehr fähig, ihre weitere Behandlung unter allen Umständen von
vornherein der kirchlichen Jurisdiction vorbehalten sein.

„In Gemäßheit der Vorschriften der h. Väter", so lauteten
die drei einschlagenden Kanones, „entscheiden und bestätigen wir
in Betreff der Besetzung der kirchlichen Aemter — wie wir bereits
auf frühern Concilien, die wir nach Gottes Barmherzigkeit ab-
hielten, beschlossen haben — so auch jetzt kraft apostolischer Autorität: daß, wenn Jemand in Zukunft ein Bisthum oder eine
Abtei von der Hand eines Laien empfängt, er in keiner Weise
für einen Bischof oder Abt geachtet, noch auch ihm als einem
solchen Gehör geschenkt werde. Dazu entziehen wir ihm die Gnade
des h. Petrus und den Zutritt zur Kirche so lange, als er nicht
in sich geht und den Platz räumt, welchen er aus verbrecherischem
Ehrgeiz ebenso als aus Ungehorsam, der gleich ist dem Götzendienst,
eingenommen hat. Gleiches bestimmen wir auch in Betreff der
niedern geistlichen Würden.

Ferner: So ein Kaiser, König, Herzog, Markgraf oder
Graf oder überhaupt irgendwelche weltliche Person oder Gewalt sich anmaßt, die Investitur von Bisthümern oder sonstigen
kirchlichen Würden zu ertheilen, so möge sie wissen, daß sie
demselben Richterspruch verfallen ist. Dazu auch, so sie nicht
Buße thut und der Kirche die ihr gebührende Freiheit anheim-
giebt, möge sie die rächende Wirkung der göttlichen Strafe in
diesem gegenwärtigen Leben sowohl am eignen Leib als auch sonst
an all dem Ihrigen erfahren, damit bei der Ankunft des Herrn
der Geist genese . . Ferner:

Ueber die Wahl der Bischöfe:

So oft nach dem Ableben des Hirten einer Kirche ihm ein
Nachfolger kanonisch zu bestellen ist, soll unter der Leitung des
Bischofs, der vom apostolischen Stuhl oder vom Metropoliten zum

Verweser des Bisthums bestimmt worden ist, der Klerus und die Laienschaft unter Hintansetzung jeder weltlichen Rücksicht, jedweder Furcht oder Gunst, mit der Einwilligung des apostolischen Stuhls oder des Metropoliten sich einen Hirten nach Gottes Vorschrift wählen. Sollten sie jedoch sündiger Weise anders zu verfahren wagen, so soll das Ergebniß der fehlerhaften Wahl durchaus un= gültig und das Wahlrecht ihnen für weiterhin entzogen sein, da= für aber in seinem vollen Umfang dem Ermessen des apostolischen Stuhls oder des Metropoliten anheimfallen. Denn wenn der= jenige, dem das Recht der Consecration zusteht, durch ungesetzliche Ausübung nach dem Zeugniß des h. Leo desselben verlustig geht, so wird in Gemäßheit dessen auch der, welcher eine ungesetzliche Wahl vollzogen hat, des Wahlrechts verlustig."[1]

Es bedarf keiner neuen Auseinandersetzung darüber, was mit denbeiden ersten Bestimmungen verboten sein sollte. Nur auf ihre allumfassende Allgemeinheit sei nochmals hingewiesen, zugleich auch als auf ein letztes Zeugniß dafür, daß alle etwa früher vom Papst zugelassenen Beschränkungen, sei es in Betreff der niedern Kirchen, sei es in Betreff der Strafen für die an einem Investitur= verfahren betheiligten Geistlichen oder Laien, nur von der Rücksicht auf die jeweiligen Zeitumstände dictirt gewesen waren.

Aber auch die dritte liegt dem Verständniß offen da. Sie giebt, nachdem die Rechtsbeständigkeit des bisherigen Verfahrens in allen Theilen, mit all den daran geknüpften, berechtigten und mißverständlichen Folgerungen absolut negirt worden ist, die posi= tive Grundlage, auf welcher das neue Gebäude nach Gregors Plan errichtet werden soll. Verboten ist jeder Einfluß der Staats= gewalt als solcher auf die Besetzung geistlicher Aemter, aufgehoben jedes Patronatrecht, aufgehoben jedes weltliche Herrenrecht am Kirchengut. Amt und Gut sollen nur noch von geistlicher Hand ertheilt werden können; und wenn der Papst der oberste Ausfluß aller geistlichen Gewalt ist, so wird es nicht ausbleiben können,

daß sie in seinem Namen und unter seiner Autorität ertheilt
werden, daß ihm zu dem bisherigen, geistlichen Oberaufsichtsrecht
auch das oberste weltliche Herrenrecht zufällt. War bisher schon
hier und da je nach den Umständen Derartiges zur Geltung gebracht worden, so verleiht die neue Bestimmung dem Papst für
jeden einzelnen Fall obendrein das formelle Recht eines unmittelbaren, maßgebenden Einflusses auf die Besetzung der bischöflichen
Kirchen und einer directen Vergabung ihres Guts. Will er davon
Gebrauch machen, so steht ihm keinerlei Beschränkung mehr entgegen, die wenigstens einen principiellen Werth hätte.

Darum also, möchte man da freilich fragen, seit nunmehr
reichlich drei Jahrzehnten jener immer erneute Ruf nach Wiederherstellung einer „kanonischen" Besetzung der Kirchen, in den
Niemand eifriger eingestimmt hatte als Hildebrand-Gregor mit
seinen Gesinnungsgenossen? Darum jene mit der Gewißheit von
Propheten verkündeten Hoffnungen, daß mit der Befreiung der
Kirche von der Knechtschaft der weltlichen Herren der Zeitpunkt
dazu gekommen sein werde, auch in dieser Beziehung die ideale
Herrlichkeit der ältesten christlichen Kirche zurückzuführen? Darum
die Gemüther erregt und verwirrt, darum all das Elend heraufbeschworen, all das Blut vergossen, um schließlich keine kanonische
Wahl ins Leben zu rufen, sondern dem Papst die freie Verfügung
über die gesammten obern Kirchenämter zuzuweisen und ihn zum
Herrn einer Masse von weltlichen Gütern zu machen, der wohl
schon keine andre in der Christenheit an Ausdehnung gleichkam
und für deren weiteres Wachsthum nach den obwaltenden Verhältnissen kein Ende abzusehen war?

Für diese Gestaltung der Dinge galt Nichts von dem, was
sonst so eifrig und überzeugend geprediget worden war über die
Unvereinbarkeit zwischen den Interessen der fremden Herren und
dem Bedürfniß der Diöcesen, über die unmittelbare Einwirkung
des h. Geistes, die in der lautern Wahl durch Klerus und Laien-

schaft unzweifelhaft zur Geltung komme? Für sie existirte keine
von den unabweisbaren Gefahren weltlicher Herrschaft für das
Seelenheil?

Oder hatten zwar die mönchischen Eiferer die Sache mit der
kanonischen Wahl ehrlich gemeint, die Vertreter des papalistischen
Systems aber darin von vornherein nur ein geeignetes Schlagwort zur Verhüllung ihrer weitergehenden Absichten erblickt?

Zwar ist auch in dem neuen Verfahren noch der „Wahl
durch Klerus und Laienschaft" der erledigten Kirche, gleichwie
unter Umständen der Mitwirkung des Metropoliten, eine Stelle
eingeräumt. Aber daß dies nur scheinbare, jedes reellen Werths
baare Zugeständnisse an die Macht der altgeheiligten Tradition
und die durch sie nun einmal bestimmte öffentliche Meinung sind,
steht bennoch völlig außer Frage.

Die Bestätigung der Erzbischöfe hatten die Päpste, ohne ursprünglich einen Rechtstitel dafür aufweisen zu können, mit Hülfe
einer weitreichenden Verkettung der Umstände schon seit längerer
Zeit thatsächlich an sich gebracht. Auch principiell bestritten ward
ihnen die angemaßte Befugniß wohl nicht mehr, mochten sie selbst
noch mitunter aus verschiedenartigen Rücksichten die offne Anwendung des behaupteten Rechts vermeiden oder mochte da, wo
der alte landeskirchliche Geist noch nicht ganz verschwunden war,
in alter Uebung überhaupt nach einer päpstlichen Bestätigung oder
Nichtbestätigung nicht eben viel gefragt werden. Die jüngste
reformatorische Bewegung, und zwar besonders wirksam im Sinn
der mönchischen Eiferer gefaßt, hatte das Ergebniß jener Entwickelung nur befestigen können, und der sonstige Zug der Zeit
hinsichtlich der Anschauungen über das Ideal jeder Ordnung auf
Erden brachte noch ein neues Moment der Verstärkung hinzu.
Strenge Zucht und Gliederung soll in der Kirche herrschen. Ein
oberstes, sichtbares Haupt derselben ist da. Gehört nun die Bestätigung und Weihe der Bischöfe vor ihre nächsten Oberen, die

Metropoliten, und giebt ihrer Erhebung den legalen Abschluß, so kommt in Betreff der Metropoliten ebendasselbe dem Papst zu. Humbert hatte das bereits als völlig feststehende Thatsache in sein System aufgenommen ²): auch hier gab er die Richtung an, in welcher Gregor VII. einst speciell weiterstreben sollte. Hatte der letztere dann zunächst das überkommene Recht zur Verleihung des Palliums für die einzelnen Fälle der Erhebung von Erzbischöfen im hergebrachten Sinn benutzt, weiterhin namentlich durch seine Legaten sich einen hervorragenden Einfluß darauf schon bei der Wahl zu wahren gesucht, so soll die gegenwärtige Bestimmung dafür in Zukunft eine gesetzliche Unterlage geben. Für jedes erledigte Erzbisthum hat nach ihrer Anleitung nunmehr der Papst den Verweser und Leiter der Neuwahl zu ernennen; dies hatte wohl die betreffende Anordnung in erster Linie im Auge.

In die allgemeine Anschauungsweise der Zeit umgesetzt, hieß das: wie die Bischöfe die Mannen ihres Metropoliten sind, so diese die Mannen des Papstes. Gregor hatte bereits in dem Fall mit dem Patriarchen von Aquileja in deutlich ausgeführter Weise an den Tag gelegt, daß er für eine derartige Auffassung der Dinge ein empfängliches Verständniß besitze.

Lag ferner schon in diesem Theil des Verfahrens eine starke Bürgschaft dafür, daß die unter der speciellen Obhut des Papstes erhobenen Erzbischöfe nur solche Männer zu ihren Suffraganen würden erheben lassen, deren Gesinnung auch Jenem verläßlich erschiene, so konnte doch eine so scharf centralisirte Gewalt, wie das römische Papstthum nach gregorianischer Idee, sich kaum damit genügen lassen: ein unmittelbares Eingreifen auch in die Erhebung der Bischöfe sich gesetzlich vorzubehalten mußte geboten erscheinen. Auch dies ist durch die besprochene Bestimmung, und zwar ohne alle Beschränkung, geschehen, — ein neues Zeichen dafür, wie wenig doch das Wesen der Hierarchie nach der vom römischen Papstthum ihr gegebenen Bedeutung gerade in dem instanzmäßigen, stufenweisen Gang der Geschäfte und Urtheile liegt, der wohl dem ferner Stehenden auf den ersten Anblick hin als ihr wesentlichstes Merkmal erscheint. Und in der That läßt das unvergleichlich Imposante in der Erscheinungsform des riesenhaften, nach außen streng symmetrisch georbneten Baus zunächst kaum eine andre Vorstellung neben sich aufkommen. Aber damit konnte das römische Papstthum, wie es im Lauf der Zeiten geworden war, schlechterbings nicht bestehen: dazu forderte es — und mußte es fordern, wenn es nicht sich selbst aufgeben wollte — die Möglichkeit des jederzeitigen Eingreifens von oberster Stelle aus an jedem beliebigen Punkt der Stufenleiter. Mit gleichem Gewicht steht neben dem Gesetz der zuständigen Obern das Recht der Devolution.

Das letztere wird in dem Kanon in allgemeingültiger Form festgestellt. Sollte es im Hinblick auf die anerkannte Vielbeutigkeit der Anforderungen an eine streng kanonische Wahl unklar sein, daß an der Hand dieser Bestimmung der Papst, wie er für jedes erlebigte Bisthum an Stelle des Metropoliten seinerseits einen Verweser ernennen durfte, so auch für jedes die directe Ernennung des neuen Bischofs an sich ziehen konnte?

Es wird nicht bezweifelt werden können, daß bei entsprechendem Fortgang der Dinge dieses praktisch bereits erreichte päpstliche Ernennungsrecht für die erlebigten Bischofstühle mitsammt den entsprechenden Folgerungen in Bezug auf die damit verbundenen Güter und Hoheitsrechte auch in Gesetzesform noch von Gregor würde festgestellt worden sein.

Thatsächlich kam derselbe allerdings nicht mehr dazu. Wie der jetzt wieder ausgebrochene, offne Kampf mit seinen Belangen alle Aufmerksamkeit und Kraft in Anspruch nahm, wie jedes mehr theoretische Interesse vor dem unmittelbaren Bedürfniß des Angriffs und der Abwehr zurücktreten mußte, kommt vor Allem in den Acten der allgemeinen Kirchenversammlungen, die Gregor noch hielt, daburch zum Ausbruck, daß sie keinen Fortschritt der kirchlichen Gesetzgebung in jener Richtung gebracht haben. So mag auch hier schon vorausgreifend ihrer gedacht werden. Bereits unmittelbar stand Heinrichs IV. Erscheinen in Italien bevor, als die Fastensynode des J. 1081 tagte. Diejenige des nächstfolgenden Jahrs hatte wegen der Kriegsereignisse verschoben werden müssen, aber auch als sie am 4. Mai 1082 nachgeholt ward, war Rom noch von den Gegnern unmittelbar bedroht. Die von ihr getroffene Entscheidung in der anscheinend einzigen Frage, welche ihr zur Behandlung vorgelegt worden ist, würde sonst nicht hier zu erwähnen sein. Es war die Frage, ob Kirchengüter ver- pfändet werden dürften, um die Mittel zum Kampf gegen Wibert zu gewinnen. Aber wenn dabei selbst unter solcher Bedrängniß insgemein erklärt ward, daß Kirchengut eigentlich nur behufs der Ernährung der Armen, zu Cultuszwecken oder zum Loskauf von Gefangenen belastet werden dürfe, so mag auch dies in Betracht gezogen werden zur Beurtheilung der Frage, was in Betreff der Leistungen vom Kirchengut an den Staat hätte geschehen müssen nach Aufhebung jeder staatlichen Befugniß zur Erzwingung der- selben. In noch weit gefährdeterer Lage hielt Gregor die römische Synode vom 18. bis 20. November 1083 ab, seine letzte in der Verbannung zu Salerno im J. 1084.⁵) Er verließ den Kreis der Lebenden, ehe noch die Wendung der Dinge eingetreten war, welche die Wiederaufnahme einer positiven Thätigkeit auf dem Felde der Gesetzgebung ermöglicht hätte. Ausdrückliche Neubestätigung werden ja wohl auch auf den letztgenannten Versammlungen jedes- mal die Kanones seiner frühern Synoden gefunden haben.

XI.

Die einzelnen Verfügungen Gregors von der Synode des J. 1080 an, soweit sie in den Kreis dieser Untersuchung fallen, bewegen sich zunächst durchaus in der durch die Beschlüsse dieser Versammlung bezeichneten Richtung weiter: sie streben über das soeben Festgestellte hinaus und bereiten auf eine nächsthöhere Stufe vor. Nicht bloß lückenhafter Ueberlieferung oder dem Mangel an Anlässen dürfte ihre verhältnißmäßig geringe Zahl zuzuschreiben sein. Auch hierin erkennt man die Wirkung der veränderten politischen Stellung des Papstes.

Keine derselben, soweit sie der nächsten Zeit nach jener Synode entstammen, bezieht sich auf einen Fall, der dem Machtbereich des römisch-deutschen Reichs zugehörte. Höchstens daß es wegen der nahen Verwandschaft des Gegenstands gestattet sein möchte, auf die Urkunde hinzuweisen, welche Gregor unter dem 8. Mai 1080 dem Abt Wilhelm von Hirschau in Bezug auf das diesem gleich-falls unterstellte, exemte Kloster St. Salvatoris in Schaffhausen ertheilte. Hier wird jedes weltliche Herrenrecht, wie es doch für diesen Fall fundationsgemäß den Grafen von Nellenburg zustand und obendrein durch Alexander II. feierlich bestätigt war, aus-drücklich als ein Hinderniß der klösterlichen Freiheit (monastica libertas) für aufgehoben erklärt. Nur im Dienst des Klosters, vom Abt nach völlig freiem Ermessen zur Ausübung der Voigtei berufen, wird überhaupt eine Laiengewalt noch in Frage dabei kommen können.[1])

Immer ernster wird der Ton gegen den König Wilhelm von England, ja sogar bis auf einzelne Aeußerlichkeiten wird man dabei an das früher gegen Heinrich IV. eingeschlagene Verfahren erinnert. Noch bewegt sich das nächste Schreiben an ihn, vom 24. April 1080, äußerlich in der Form vertraulichster Ermahnung und verbindet den Hinweis auf die langjährige Zuneigung Gregors zum König sowie auf die demselben einst gewährte, kräftigste Unterstützung mit der Meldung, daß der Verwendung Wilhelms für den suspendirten Bischof von Le Mans Gehör geschenkt worden sei. Aber eben jener Hinweis bildet auch den Aus-

gangspunkt für die weitere Darlegung, daß der Papst von
Wilhelm nur um so Größeres hoffen zu dürfen glaube und,
da er denn die Kirche von dem Augenblick an, wo sie seiner
Leitung anvertraut worden sei, in schwerster Bedrängniß gefunden
habe, im Kampf gegen ihre Bedränger die aufrichtige Mitwirkung
desselben verlangen müsse. Vor Allem soll Wilhelm, wie er für
die übrigen Fürsten ein Vorbild der Trefflichkeit ist, so auch im
schuldigen Gehorsam gegen die Kirche ihnen mit seinem Beispiel
vorangehen. Schon ertönt auch hier aus Gregors Munde der
Spruch: „Verflucht sei, wer sein Schwert zurückhält vom Blute";
und wenn in dem Wortlaut des officiellen Schriftstücks der Hinweis auf jene Hauptfrage noch ebenso vorsichtig gehalten und
hinter religiöse Phrasen versteckt ist, wie der andre auf die wichtigste der speciellen Fragen, diejenige über die Besetzung der geistlichen Würden, an dem es dabei bezeichnender Weise auch nicht fehlt,
so wird Beides desto deutlicher in den mündlichen Aufträgen ausgeführt gewesen sein, welche Gregor den Ueberbringern des
Schreibens, Gesandten des Königs, an ihren Herrn ertheilte.
Blieb diesem noch ein Zweifel über seine Pflicht, so mochte diesen
vollends das Schreiben heben, in welchem der Papst nur zwei
Wochen später die obige Ausführung noch einmal in ganz unzweideutiger Weise gab. Hier war es, daß er jenes berühmte
Gleichniß von Sonne und Mond hinsichtlich des Verhältnisses
zwischen geistlicher und weltlicher Macht gebrauchte.*)
Und wo, wie gegenüber dem König von Castilien und Leon,
nicht die gleichen Gründe vorlagen, die noch zu einer gewissen
Schonung wenigstens in der äußern Form mahnten, da wird auch
der unverhülltste Ausdruck für das gewählt, was diesem droht,
wenn er im Ungehorsam gegen die römische Kirche beharrt, er,
der doch früher durch seinen Gehorsam sich die Anwartschaft auf
den Namen eines christlichen Königs, ja überhaupt eines Königs
erworben hatte. Ihm droht die Excommunication und der Auf-

ruf an seine Unterthanen zur Erhebung gegen ihn, ja im äußersten
Fall wird es der Papst selbst nicht scheuen, persönlich wider ihn
in seinem Reich zu erscheinen. Es entspricht nur dem Charakter
dieser neuen Wendung der Dinge, wenn Gregor zugleich verordnet,
daß dort keine Ordination mehr ohne Zustimmung seines Legaten
gültig sein solle.[3])

Nur einen Tag bevor diese Erlasse ausgefertigt wurden, am
26. Juni 1080, war in Brixen der längst gebannte und seines
Amts entsetzte Wibert von Ravenna zum Gegenpapst erwählt
worden. Um ihm auch die Grundlage seiner Stellung in wirk-
samerer Weise streitig zu machen, ordnete Gregor unter dem
15. October d. J. eine unter der Leitung seiner Legaten vorzu-
nehmende Neuwahl für Ravenna an. Mußte nun an sich wohl
jede derartige Gegenwahl, auch wo nicht so besondre Umstände
wie hier obwalteten, factisch einer Ernennung durch den Papst
oder seine Legaten gleichkommen, so zeigt der Erlaß, mit welchem
Gregor unter dem 11. December d. J. den Getreuen des h. Petrus
im Sprengel von Ravenna die Aufnahme und Unterstützung des
jüngst erhobenen Gegenerzbischofs Richard befahl, daß auch er die
Sache durchaus so ansah und daß eine Ernennung im vollen
Sinne des Worts von seiner Seite stattgefunden hatte. Ein
Widerspruch gegen seine Berechtigung hierzu würde selbstverständlich ebenso unzulässig sein, als irgendwelcher Zweifel an dem
Recht des h. Petrus, wenn er einst jener Kirche den h. Apollinaris
als ersten Bischof sandte. Und überhaupt verdankt diese Alles,
was sie ist und besitzt, der Gnade des h. Petrus.[4])

Wieder möchte hier vielleicht auf die besondern Rechte der
römischen Kirche über Ravenna verwiesen werden sollen. Aber
über Narbonne besaß sie keine solchen, und doch verfuhr um ebendieselbe Zeit der Papst in Bezug auf den dortigen erzbischöflichen
Stuhl, mit dessen bisherigem Inhaber auch die Gemeinde seit
längerer Zeit dem Bann verfallen war, genau ebenso. Denn er

hatte ben Gegenerzbischof Dalmatius, welchen er unter dem 23. December 1080 ber Gemeinbe von Narbonne zur Aufnahme, ben Grafen von St. Gilles zur Unterstützung überweist, ernannt unb geweiht. Um so eigenthümlicher freilich babei Behauptungen, wie baß biefer Bischof kanonisch, in gefetzmäßiger Weife, nach Gottes Vorschrift beftellt fei, baß er burch bie Thür, welche ist Chriftus, zu feiner Herbe eintrete.[5])

Das find eben bereits Anwenbungen bes jüngft festgeftellten Devolutionsrechts.

In Bezug auf ben Stuhl von Rheims, für welchen nur wenige Tage nach ber letztgenannten Verfügung eine Gegenwahl angeorbnet warb, in gleich prononcirter Weife vorzugehen, empfahl sich wohl aus mehr als einem Grunb nicht. Aber sachlich mußte bie von ben gehorsamen Suffraganen bes Erzbisthums unter ber Leitung bes Legaten Hugo von Die vorzunehmenbe Wahl ganz auf baffelbe hinauskommen. Eigentlich felbftverftänblich ist babei bas ausbrückliche Verbot irgenbwelcher Einmischung in biefe Angelegenheit, welches an ben König Philipp von Frankreich ergeht. Nur foweit erftreckt sich beffen Befugniß, als es gilt, etwaige Hinberniffe von britter Seite gegen bas kanonische Zuftanbekommen ber Wahl zu befeitigen unb ben Neuerhobenen zu schützen, wozu übrigens baneben auch ber getreue Graf Evulus von Roucy aufgeforbert wirb. Das bebeutet es auch unb nicht mehr, wenn wenige Monate später ber Graf Bertram von ber Provence in bem Lehnseib, welchen er bem h. Petrus leiftete, schwor, eine Gottes Vorschrift angemeffene Befetzung ber Kirchen in feinem Lanb unterftützen zu wollen, währenb er boch zugleich, wie erwähnt, fie bem Papst Gregor unb feinen Nachfolgern übertrug.[6])

Inbeß bereits hatte sich bie Lage auf bem Hauptschauplatz bes Kampfs ganz wesentlich zu Ungunften bes Papftes veränbert. Zumal feit bem Tob bes Gegenkönigs Rubolf war in feinen Angelegenheiten ein erheblicher Rückgang eingetreten, unb noch

Schlimmeres stand in nächster Aussicht. Wohl ist ja bekannt genug, wie Gregor gegenüber dem rechtmäßigen Träger der deutschen Krone auch unter diesen Umständen seine Forderungen in allen wesentlichen Punkten aufrechterhielt, ja sogar in der schroffsten Weise hervorkehrte. Um so bezeichnender ist es, wenn von ebenderselben Zeit an in den analogen Beziehungen zu den übrigen Staaten sich ein durchgängiges Nachlassen bemerklich macht. Derartiges mußte auch schon die Aufmerksamkeit der Zeit= genossen erregen, und es gehört unter diesen Gesichtspunkt, wenn sich etwa der Papst von einem solchen mußte vorwerfen lassen: Daß seine Handlungsweise in der Investiturfrage von Haß gegen den König Heinrich, nicht von religiösem Eifer dictirt sei, erkenne man unter Andrem leicht daraus, daß gegen Bischöfe andrer Reiche milder verfahren werde. Mochte dabei immerhin der Ver= theidiger Heinrichs darin irren, daß er persönlichen Haß als Motiv für das bezeichnete, wofür in Wahrheit die damalige Welt= stellung des deutschen Königthums maßgebend war.[7])

Die Wendung könnte kaum besser deutlich werden, als durch die Betrachtung eines Erlasses an den jüngst so schwer bedrohten König Alfons VI. von Castilien, welcher dem J. 1081 angehört. Wohl hatte dieser eine versöhnliche Stimmung gezeigt und den h. Petrus reich beschenkt; aber daß er in irgendeinem wesentlichen Punkt die frühern Forderungen Gregors erfüllt habe, muß in hohem Grade zweifelhaft bleiben. Zwar darf das Schreiben hier nur in Bezug auf eine Angelegenheit Besprechung finden, und diese hat davon auszugehen, daß Gregor dem für das bemnächst zu erobernde Toledo bereits im Voraus erwählten Erzbischof allerdings die Bestätigung versagt und eine Neuwahl anordnet. Doch wird die Verweigerung auch nur durch den Mangel der nöthigen Bildung bei dem Erwählten motivirt; und sollte in dem Wortlaut des Schreibens sogar die päpstliche Erlaubniß zu einer gewissen Mitwirkung des Königs an der vorzunehmenden Neuwahl

gefunden werden, so stände einer solchen Annahme in weit geringerem Maße Etwas entgegen, als in irgendwelcher von jenen
früher erwähnten Verfügungen, die sonst so gern in dieser Richtung
ausgelegt wurden. In Wirklichkeit freilich könnte es sich auch
so nur um einen rein formellen Antheil des Königs an der
Erhebung handeln. Denn auch hier treten, was den wesentlichen
Theil der Sache anlangt, die sonstigen Bestrebungen Gregors hinsichtlich der Besetzung der Bischofstühle deutlich genug hervor.
Nicht blos darin, daß in erster Linie doch auch sein Legat an der
Neuwahl mitzuwirken haben wird. Vielmehr erhellt obendrein
aus seinen Worten, daß er bereits eine ganz bestimmte Person
für diesen Stuhl ausersehen hatte, von der wir freilich nicht mehr
sagen können, als daß es ein Nichtcastilier von niedriger Herkunft
war. Wiederum ließ sich auch das — und damit kehren wir
zum Ausgangspunkt unsrer Betrachtung zurück — nicht leicht
behutsamer und feiner zum Ausdruck bringen, als es in dem
bezeichneten Schreiben geschehen ist.[8]

Einen ganz verwandten Charakter zeigt, was jetzt in Bezug
auf den Erzbischof Wilhelm von Rouen verordnet wird. Derselbe
Mann, gegen welchen zwei Jahre früher Maßregeln eingeleitet
wurden, die sich in ihren letzten Bezügen ohne Mühe als gegen
den König Wilhelm selbst gerichtet erkennen ließen, wird jetzt anerkannt. Doch hatte sich Nichts in dem geändert, was ihm damals zum Vorwurf gemacht worden war. Der Umstand, daß er
bisher weder in Rom noch vor den päpstlichen Legaten sich gestellt
hat, wird in mildester Weise gerügt; nur durch die Hervorhebung
der Verpflichtung jedes Erzbischofs, innerhalb dreier Monate nach
seiner Weihe das Pallium persönlich in Rom in Empfang zu
nehmen, und durch das Verbot der Ertheilung von Weihen
bis zur Erfüllung dieser Verbindlichkeit wird versucht, einen
gewissen Druck auf ihn auszuüben. Die ganze Handlungsweise
des Königs selbst aber wird jetzt wieder in einer Weise beurtheilt,

bie an längst vergangene Zeiten erinnert. Verfährt er auch nicht
in allen Stücken nach dem Wunsch des Papstes — wobei ohne
Zweifel in erster Linie an seine Stellung zu der Frage über die
Besetzung der geistlichen Aemter zu denken ist —, so verdient er
doch alles Lob als Wehrer der Simonie, als Vertheidiger des
Cölibats, als Mehrer des Kirchenguts, und ganz besonders darob,
daß er nicht mit den Bösen sich wider den apostolischen Stuhl
verbunden hat. Im Hinblick darauf wird er, so macht Gregor
seinem feurigen Legaten Hugo von Die zur Pflicht, milder zu behandeln, werden Vergehen seiner Unterthanen und derer, die er
liebt, unter Umständen zu ertragen sein.⁹)

Kaum minder sticht das Verhalten, welches der Papst jetzt
in der längere Zeit hindurch mit außerordentlicher Lebhaftigkeit
ventilirten Angelegenheit der Neubesetzung von Terouenne in
Bezug auf den König Philipp von Frankreich beobachtet, von dem
ab, was bisher in dieser Richtung wahrzunehmen gewesen war.
Dort war nach dem Tod des Bischofs Drogo (1078) der bisherige Archibiaconus Hubert „in simonistischer Weise", ohne Zweifel
durch Erlangung der königlichen Investitur, Bischof geworden.
Allerdings war er zu der Zeit, wo dies geschah, obendrein schon
durch Hugo von Die der Ketzerei überführt gewesen, und zwar
anscheinend keiner geringeren, als der Opposition gegen die Cölibat-
gesetze. Und er wurde zur Entsagung gezwungen. Aber der
König erhob im J. 1082 auf dieselbe Weise einen neuen Bischof,
Lambert, der auch auf seinen Befehl, trotz des Widerspruchs einer
römisch-päpstlichen Partei in der Diöcese, durch den Grafen Robert
von Flandern mit Gewalt eingeführt ward. Freilich ward nun
auch gegen diesen als einen „Simonisten" mit vielem Kraftauf-
wand eingeschritten, — ein Verfahren, auf dessen einzelne Wendungen übrigens hier einzugehen ebensowenig möglich ist, als andrerseits mehr denn vorübergehend darauf hingewiesen zu werden
braucht, wie der Papst die Entscheidung über eine zwiespältige

Gegenwahl sofort an seinen Legaten Hugo verweist. Aber wenn dabei schon die gegen den Grafen geübte Langmuth auffällt, — dem allerdings auch wiederholt ans Herz gelegt wird, daß Lehns= treue keineswegs zur Befolgung königlicher Befehle verpflichte, falls diese den religiösen Pflichten zuwiderlaufen, — so muß es geradezu staunenerregend genannt werden, wie sorgfältig eine Hereinziehung des Königs in die Sache vermieden wird. Leider fehlen uns die nöthigen Anhaltspunkte, um beurtheilen zu können, inwieweit Gregor zu der Behauptung berechtigt war, daß der dem Eindringling Lambert schließlich gegenübergestellte Gerhard kanonisch erwählt sei und nach der durch Christi Ausspruch bezeichneten Weise zu seiner Herde eintrete. [10])

Um so weniger ist an ein Zurückgehen von den bisher auf= gestellten Forderungen in Bezug auf das deutsche Reich zu denken. Zwar um die Geistlichen unter den Mitgliedern der Gegenpartei zu gewinnen — so verfügt Gregor im J. 1081 an seine Legaten in Deutschland — soll die Strenge der Kanones gemildert werden dürfen. Aber es wird durchaus nicht etwa genügen, wenn der neuzuwählende Gegenkönig — denn eine Aussöhnung mit Heinrich ist nun einmal zur Unmöglichkeit geworden — dem Papst gegen= über nur in diejenige Stellung eintreten wird, welche einst Rudolf eingenommen hat. Und in der That hatte ja der letztere, insofern er doch theils eine gewisse Selbständigkeit des Handelns sich zu wahren gesucht hatte, theils auch durch die Rücksicht auf seine Parteigänger gebunden gewesen war, zeitweilig Gregors starke Unzufriedenheit erregt und demselben damit den Vorwand zur Ergreifung höchst zweideutiger Maßregeln gegen seine Partei ge= geben.

Bekanntlich faßt ein förmlicher Lehnseid, dessen Formular der Papst seinen Legaten giebt, die Bürgschaften zusammen, welche das neue Staatsoberhaupt dafür geben soll, daß es der Kirche so gehorsam sein werde, „wie es einem christlichen König ziemt," und wie es Rudolf wenigstens habe hoffen lassen. Unter seinen Verpflichtungen sollte auch die folgende sein: „Ueber die Ordination der Kirchen und über die Länder oder die Schatzung, welche die Kaiser Constantin oder Karl dem h. Petrus gegeben haben, und über alle Kirchen oder Güter, die dem apostolischen Stuhl von irgendwelchen Männern oder Frauen jemals dargebracht oder geschenkt worden sind und sich in meiner Gewalt befinden oder befunden haben, werde ich mit dem Papst ein derartiges Abkommen treffen, daß ich nicht in die Gefahr der Begehung eines Kirchenraubes oder des Verderbens meiner Seele gerathe."

Zwar ist gerade in Bezug hierauf viel betont worden, wie Gregor seinen Legaten die Vollmacht zu einer eventuellen Milderung der Eidesformel ertheilt und überhaupt der geforderten Einigung über die kirchlich=politischen Fragen anscheinend durchaus die Natur eines gütlichen Abkommens beilegt. Indeß selbst wenn nicht un= mittelbar neben jener Vollmacht auch die andre zu einer even= tuellen Verschärfung der Bedingungen stände, selbst wenn nicht der Befehl, die Neuwahl trotz aller daraus zu erwartenden Unzuträg= lichkeiten lieber noch zu verschieben als einen „Unwürdigen" auf den Thron gelangen zu lassen, eher alles Andre als die Geneigtheit zu einer Aufgabe des bisherigen Standpunkts beim Papst erkennen ließe: was konnte es bedeuten, falls die Legaten es räthlich fanden, den Neugewählten nur das ausdrückliche Gelöbniß der Mannentreue und des für einen Christen sich geziemenden Gehorsams, wie es ihnen als das Minimum der Forderung bezeichnet wird, ablegen zu lassen? Die vom Papst erlassenen Kirchengesetze blieben doch in Kraft, und der neue König war auch mit dieser Formel zu nichts Geringerem verpflichtet, als wenn er noch besondre Bestimmungen in der einen oder andern Fassung beschwor. Ließen andrerseits die Umstände eine Verschärfung der Formel zu, so kann es kaum zweifelhaft sein, daß dieselbe in der Fassung der oben ausgehobenen Partie eintreten sollte. Auch das Wie ist nicht

unklar. Die Objecte jener Verpflichtungen zeigen, soweit die Verschiedenheit der Verhältnisse das ermöglicht, eine so durchgängige Analogie mit den Eiden derer, welche am unbestrittensten von Allen als Lehnsmannen der Päpste galten, der unteritalienischen Normannenfürsten, daß zuversichtlich die Vermuthung ausgesprochen werden darf, die verschärfte Formel würde den neuen König, wie zur Vertheidigung der Regalien des h. Petrus, zur Tributzahlung u. s. w., so auch dazu verpflichtet haben, „alle Kirchen mit ihren Besitzungen, soweit sie unter seiner Herrschaft stünden, in die Gewalt des Papstes überlassen zu wollen."[11])

Auch so fuhr Gregor fort, im Machtbereich dieses seines künftigen Vasallen zu verfügen wie bisher. Kurz genug ist das Schreiben vom 24. October 1081 gehalten, mit welchem er dem getreuen Legaten Hugo von Die zugleich reichlichen Lohn für seine unendlich wichtigen Dienste und ausreichendere Mittel für die fernere Wirksamkeit anwies. Wozu bedurfte es auch hier des frommen Wortschwalls, der wohl sonst der Oeffentlichkeit gegenüber geboten erscheinen mochte?

Der Erzbischof Gebuin von Lyon war kürzlich gestorben. „Mit aller Kraft," schreibt nun der Papst, „sollst du dich bemühen, daß auf den wichtigen Stuhl zu Lyon baldmöglichst ein Erzbischof erhoben werde, der in Wahrheit ein Streiter Christi und ein Verfechter der Gerechtigkeit ist und für diese nicht allein Mühen zu ertragen, sondern selbst den Tod zu leiden begehrt. Kann nun ein solcher nicht alsbald gefunden werden, so befehlen wir dir kraft apostolischer Gewalt, daß du auf Bitten deiner Brüder" — (der Suffragane von Lyon) — „und gewählt von den Söhnen jener Kirche, des himmlischen Beistands unzweifelhaft gewiß, die Leitung der genannten heiligen Kirche von Lyon ergreifest, in Nachahmung unsres Herrn und Vaters, des h. Apostels Petrus, der von dem niedern Sitz zu Antiochia auf den römischen erhoben ward."

Das ist, zieht man noch den geringen Rest von Phrase ab, der auf Rechnung des päpstlichen Kanzleistils zu setzen ist, wieder in allen wesentlichen Punkten eine päpstliche Ernennung. Was ändert es daran, wenn auf diese Anregung hin Klerus und Laienschaft von Lyon, bei denen anfangs ganz andre Absichten sich kundgegeben hätten, schließlich doch die Formalität einer Wahl zu Gunsten des Hugo vollzogen?[12]

Zwei Schreiben endlich, welche vermuthlich im Lauf des J. 1082 ergangen sind, verlangen hier noch eine Erwähnung. Das eine von ihnen meldet dem Grafen Roger von Sicilien zunächst, daß der Papst die von ihm erbetene Consecration des Bischofs von Mileto (in Calabrien), da dieselbe angeblich dem Bischof von Reggio zustehe, verweigern müsse und erst nach erfolgtem Schiedsspruch einer näher bezeichneten Specialcommission Jenen entweder nach Reggio verweisen oder selbst weihen werde. Die Sache birgt weder Schwierigkeit noch Widerspruch in sich: der Erwählte war dem Papst genehm, — da ließ sich wohl in reinen Formfragen, wenn ihnen sonst vielleicht auf der andern Seite einiges Gewicht beigelegt ward, leicht gewissenhaft sein. Weit wichtiger ist die hinzugefügte Bemerkung: er, der Papst, wolle zwar aus Rücksicht gegen den Grafen den erwählten Bischof von Traina (auf Sicilien) weihen, obwohl derselbe ohne Mitwirkung eines Legaten und ohne seine eigne Zustimmung erhoben worden sei, jedenfalls aber dürfe das letztere in Zukunft nicht wieder vorkommen. Hier ist, gleichwie kurz zuvor in Bezug auf Castilien, als Regel für alle Fälle aufgestellt, was der Kanon über die Wahl der Bischöfe vom J. 1080 wenigstens der Möglichkeit nach für jeden einzelnen zuließ. Aus dem zweiten Schreiben ist nur zu ersehen, daß Gregor über die Wahl und Person des erwählten Bischofs für Corsica, der in Rom um Ertheilung der Weihe nachgesucht hatte, von seinem Legaten, dem Cardinal Hermann, Bericht verlangt. Ohne Zweifel hatte der letztere die Wahl geleitet, und auch dieser Fall belegt

nur von Neuem das Vorhandensein einer Tendenz zur Uebertragung jeder höhern Weihe auf den Papst und zur Bestimmung
jeder sogenannten Wahl durch ihn oder seine Bevollmächtigten,
auch er rechtfertigt es, wenn die im Wortlaut des Kanons von
1080 enthaltene Wahrung des Rechts der Metropoliten von vornherein als eine nur scheinbare bezeichnet ward.[13])

Hiermit ist das Material für die dieser Untersuchung zu
Grunde liegende Frage, soweit es aus den Verfügungen Gregors
selbst zu entnehmen ist, erschöpft. Auch sonst ist über seine Thätigkeit in dieser Richtung in den letzten Kampfesjahren Nichts erhalten, was irgend ein neues Moment zur Sache beibrächte, und
nur wie zum Abschluß bringt er in dem von der Synode zu
Salerno aus erlassenen Manifest noch einmal mit aller Energie
sein Bewußtsein von der hervorragenden Bedeutung zum Ausdruck,
welche die Frage über die Besetzung der Kirchenämter innerhalb
seines ganzen Lebens und Strebens für die kraft göttlicher Mission
ihm übertragene Herstellung einer wahrhaft freien Kirche besessen
habe.[14])

Schluß.

„Was verstand Gregor unter Freiheit der Kirche? Aufrichtig
Nichts als eine lautere Wahl der Bischöfe und Aebte .. Dabei
begehrte er Nichts für sich. Selbst als er die Laieninvestitur
ganz verbot, war es nicht etwa sein Wunsch, daß künftig der
Papst über Bisthümer und Abteien verfügen sollte .. Und ebensowenig hegte er die Absicht, die Regalien, Einkünfte und Waffengewalt der Bisthümer und Klöster den Königen zu entreißen und
der Kirche dienstbar zu machen." So schrieb noch vor zwanzig
Jahren der Mann, welcher zuerst mit fester Hand das Gewebe
von Lug und Trug zerriß, das Jahrhunderte lang selbst ehrlich
Forschenden das wahre Bild des genialen, aber unglücklichen

Heinrich IV. verhüllt hatte.¹) War es die Besorgniß vor der
Beschuldigung der Einseitigkeit, die ihn trieb, dem furchtbarsten
Gegner des Kaisers nach Möglichkeit die lautersten Beweggründe
für sein Handeln unterzulegen und, fast möchte man sagen, so recht
geflissentlich der Handhaben dazu sich zu bedienen, welche dessen
eigne Worte in reicher Auswahl zu bieten schienen? Oder
hatte selbst er noch wenigstens in dieser Beziehung sich nicht dem
Bann jener romantischen Auffassung zu entringen vermocht, aus
welcher heraus allerdings vier Jahrzehnte zuvor der erste, sachgemäße Anlauf zur Gewinnung eines richtigen Verständnisses für
die Bedeutung Gregors VII. genommen worden war, — derselben,
die er sonst in ihrer trügerischen Beleuchtung der Dinge so herz-
haft bekämpfte? Und Beifall hätte er damit wohl, wider den
eignen Willen, reichlichen Beifall sich bei denen verdienen können,
in deren Interesse es lag oder liegt, der Welt die Bestrebungen
eines Gregor VII. im vortheilhaftesten Licht darzustellen, deswegen,
weil sie verwandte Ziele mit den gleichen Mitteln verfolgen. Aber
wie hätte es auch gerade in andern Kreisen des tiefsten Eindrucks
verfehlen können, wenn sogar der Apologet Heinrichs IV. — denn
so faßte ihn nun doch einmal alsbald die Welt auf — einem
Gregor VII. so uneigennützige Bestrebungen zuschrieb?

Wohl sollten sich die Zeiten ändern. Erneute Prüfung der
Sache gab immer neues Licht. Bald konnte, ohne eine
Widerlegung fürchten zu müssen, der Beweis dafür an's Licht
treten, daß das, was oben mit H. Floto's Worten wiedergegeben
ward, doch in dem einen wesentlichen Punkt durchaus nicht
festzuhalten sei. Und wenn von uns noch vor nunmehr sieben
Jahren nicht ohne eine gewisse Schüchternheit der Versuch gemacht
ward, aus Gregors Verfügungen darzulegen, daß in allen Stücken
das gerade Gegentheil zu behaupten sei: haben für seine Wiederholung nicht eigentlich erst die Ereignisse der Zwischenzeit in
weitern Kreisen die rechte Grundlage des Verständnisses geschaffen?

Freilich, fast hätten wir der Millionen vergessen, die zu Gunsten des einen Unfehlbaren sich jeder andern Auffassung der Kirchengeschichte begeben haben, als sie in dessen eignem Geist sich wiederspiegelt.

Die Frage darf nicht wieder darauf hin gestellt werden — es hieße einen überwundnen Standpunkt von Neuem einnehmen, — ob Gregor VII. der abgefeimte Bösewicht, der persönlich Ehrgeizige war oder nicht, als welchen es wohl früher einmal zeitgemäß erscheinen mochte ihn zu beleuchten. Wir schließen uns denen an, welche die Frage in dieser Form entschieden verneinen. Oder wer möchte Pius IX. in eine von beiden Kategorien werfen? Aber überhaupt ist an dieser Stelle nur von den Ergebnissen einer engbegrenzten Untersuchung zu sprechen.

Gregor VII. hat, indem er gleichzeitig jede Erhebung zu einer niedern geistlichen Würde unter Ausschließung jedes weltlichen Einflusses in die Hand der betreffenden geistlichen Obern zu bringen suchte, unstreitig darnach gestrebt, diejenige zu allen höhern geistlichen Würden unter den unmittelbaren, maßgebenden Einfluß des Papstthums zu bringen, vielleicht sogar darnach, das für eine Eventualität bereits von ihm gesetzlich festgestellte, directe Ernennungsrecht des Papstes für alle Fälle zur Regel zu machen. Und was sollte dann der Papst nach seinem Ermessen vergeben?

Gregor hat, als er darauf ausging das thatsächliche Besetzungsrecht der weltlichen Herren zu vernichten, nicht den einzig ehrlichen Weg gewählt, der dazu führen konnte, wenn es sich eben nur um jenes Recht handelte. Er hat nicht befohlen, den weltlichen Gewalten das Gut und die Hoheitsrechte zurückzuerstatten, auf welchen der Antheil derselben an der Erhebung der Geistlichen beruhte. Vielmehr sollte das Gut in untrennbarer Verbindung mit der Würde bleiben und mit ihr übernommen werden, im

Namen und unter dem Gesetz der Kirche, unter der obersten Autorität des Papstes.

So scharf Gregor die Staaten seiner Zeit angriff, so wenig bekämpfte er das System, in dessen Rahmen eben damals auch die letzten unter ihnen, soweit ihre Stellung ihnen eine höhere Bedeutung für die allgemeine Weiterentwicklung der Dinge verlieh, sich endgültig einfügten. Wie hätte er es auch thun dürfen, als der berufene oberste Vertreter der kirchlichen Hierarchie in einer Ausbildung, welche gerade jenem System ihre wichtigsten Grundbegriffe entlehnte? Um so weniger sollte wegfallen, was die Inhaber des Kirchenguts denen zu leisten_verpflichtet gewesen waren, die bisher sündiger Weise als Herren des letztern sich geberdet hatten. Ebendasselbe sollte in ebenderselben Form dem neuen, legitimen Oberherrn geleistet werden.

Welche Aussicht öffnet sich dem erstaunten Blick, folgen wir dem Papst auf die Höhe seines Standpunkts!

Zwei Ordnungen sind es, die künftig auf Erden bestehen sollen, nach engverwandten Grundsätzen gegliedert, unter der einheitlichen Leitung und dem gemeinsamen Oberherrenrecht des Papstes: hier in feudaler Gestaltung die weltlichen Reiche, dort in hierarchischer die Gesammtheit der Kirchen mit ihrem Gut und allen üblichen Hoheitsrechten. Ihre Richtschnur des Papstes, „nein, vielmehr des h. Geistes, Gottes Wort". Hier die Fürsten der Kirche, erhoben durch den Papst, in dessen Namen sie wieder deren untere Diener bestimmen, nach dessen Ermessen sie von ihrem Gut so viel an getreue Laien zu Lehn ausgeben, als es zur Leistung der von ihrem Oberherrn etwa zu fordernden Mannenpflicht bedarf. Drüben die Fürsten dieser Welt als Mannen der römischen Kirche, durch die Berufung des Papstes zu ihrer Würde erhoben. Wohl sollen auch sie unter Umständen — denn ohne jeden Berührungspunkt zwischen beiden Ordnungen soll es allerdings nicht abgehen — ihre Thätigkeit kirchlichen Angelegenheiten

zuzuwenden haben: wenn es gilt, auf Anrufung des Papstes widerspenstige Geistliche zum Gehorsam zu bringen. Wiederum, wozu wird der Papst des bewaffneten Aufgebots aus seinem geist= lichen Reich bedürfen? Wie es weiter dem Papstthum nach gregorianischem System nicht genügen konnte, etwa nur die Metro= politankirchen in eine directe Abhängigkeit von sich zu bringen, so werden auch hier nicht blos die Könige, sondern auch Ausgewählte unter ihren Mannen in directe Lehnsverbindung zum päpstlichen Stuhl gestellt. Und hatten einst unter der Herrschaft des alten Systems die Könige dem weltlichen Herrenthum mit seiner Tendenz zur Erblichkeit ein Gegengewicht in der Ausstattung der Kirchen mit Machtmitteln zu schaffen gesucht, so bildet dazu das Gegenstück in dem neuen System Gregors die Absicht, die Erblichkeit des Königthums zu beseitigen.*)

In der That, war Solches hergestellt, dann konnte wohl die „Freiheit der Kirche" nach dem ihr gebührenden Maß für erreicht gelten.

Freilich starb Gregor noch mitten im Kampf darum, nicht ohne oft genug je nach den Schwankungen desselben mit dem vollen Ausdruck der Consequenzen zurückgehalten zu haben, deren Grund= lagen er doch dabei unerschütterlich behauptete.

Sie hat auch die Kirche beibehalten und weitergebildet, die ihn zu ihren Heiligen zählt, mochten andre Zeiten andre Einzel= fragen in den Vordergrund der Behandlung drängen und in Be= treff der hier behandelten neue Anschauungen und Bestimmungen Platz greifen, oft genug von zufälligen, äußern Verhältnissen be= dingt. Und giebt es einen sicherern Beleg, als die Betrachtung der spätern Geschichte der letztern dafür, daß es nur in den Zeit= verhältnissen begründete Erscheinungsform war, nicht zum Wesen der Sache gehörte, wenn in dem Kampf zwischen geistlicher und weltlicher Gewalt in der zweiten Hälfte des elften Jahrhunderts die sogenannte Investiturfrage eine so hervorragende Stellung einnahm?

Verwandte Gesichtspunkte haben gerade wieder in der neuesten Phase des großen Kampfs zwischen geistlicher und staatlicher Gewalt durch die Verhältnisse selbst eine bedeutsame Stelle angewiesen bekommen. Wenigstens ist durch die Vertreter des modernen Staats von Anfang an tapfrer den Versuchen widerstanden worden, die Frage in ähnlicher Weise zu verschieben, wie es im elften Jahrhundert von den Päpstlichen nicht ohne erheblichen Vortheil für ihre Sache geschah.

Wird auch sonst den Anfängen die Ausdauer und der Erfolg entsprechen?

Anmerkungen.

Allgemeines über die Quellen der Untersuchung an dieser Stelle vorauszuschicken, liegt keine Veranlassung vor. Auch in Bezug auf ihre hauptsächlichste Grundlage, das Registrum Gregorii papae VII., darf hier nur mit gebührendem Dank ein= für allemal auf die abschließenden Untersuchungen W. von Giesebrecht's (bei Jaffé, regesta pontificum Romanorum, Berlin 1851, p. 402 ff. und De Gregorii VII. registro emendando, Braunschweig 1858) und des unvergeßlichen Ph. Jaffé (in der Einleitung zu seiner Ausgabe des Registrum, Bibliotheca rerum Germanicarum, tom. II: Monumenta Gregoriana, Berlin 1865) verwiesen werden. — Es sei hinzugefügt, daß der Codex Udalrici gleichfalls stets nach Jaffé's Ausgabe (im 5. Bande derselben Sammlung, Berlin 1869) citirt ist, und alle Verweisungen auf den 3. Band von Giesebrecht's Geschichte der deutschen Kaiserzeit sich auf dessen 3. Auflage (Braunschweig 1869) beziehen.

Einleitung. — [1] S. 3. — reg. IV, 11: per ostium quippe ingreditur, id est per Christum, qui secundum sacros canones episcopus constituitur. Der Kanon De electione pontificum von der Fastensynode des J. 1080, reg. VII, 14a, p. 400.

[2] S. 4. — vergl. Jaffé in der Einleitung zur Ausgabe des Reg., S. 5 f.

[3] S. 5. — Auch Gregor selbst sagt reg. II, 43: quia nemo repente fit summus et alta aedificia paulatim aedificantur. — Uebrigens spreche ich nicht von jener Litteratur, die Giesebrecht (G. d. d. K. 3, 578 nach Ursprung und Tendenz so treffend kennzeichnet und die natürlich — eben ihrer Tendenz gemäß — in Gregor von frühester Jugend an sei es den Heiligen, sei es den abgefeimten Bösewicht darstellt, jedenfalls aber nothwendiger Weise ihm von Anfang an einen fertigen Plan in der einen oder andern Richtung unterlegen muß. Ich kenne sie in leidlich weitem Umfang, und für die Geschichte des vorigen Jahrhunderts, dem sie in der Hauptsache angehört, kann man gewiß recht Vieles aus ihr lernen. Aber ein Eingehen auf sie wird jetzt Niemand mehr verlangen. Es ist dieselbe, auf die S. 2—3 in Betreff des Begriffs „Investiturstreit" Bezug genommen ward. Ihren Vorläufer, auch in der mangelhaften Kenntniß der Thatsachen, möchte ich den Romuald mit seiner Herleitung des Streits zwischen Gregor VII. und Heinrich IV. (M. G. SS. XIX. p. 408) nennen. — Auch ein Eingehen auf die wirklich tüchtigen unter den Arbeiten, deren Erscheinen vor demjenigen von J. Voigt's „Hildebrand

als Papst Gregor VII. und fein Zeitalter", Halle 1815 (2. Aufl. 1846),
und G. A. H. Stenzel's unsterblicher „Geschichte Deutschlands unter den
fränkischen Kaisern", 2 Bde., Leipzig 1827/28, liegt, wie z. B. diejenigen von
Mascov und Dithmar, dürfte mir erlassen bleiben. Sind sie ja doch veraltet,
bez. durch die seitdem erfolgte, nicht unerhebliche Vermehrung des Quellen-
materials unvollständig geworden. — Eigenthümlich ist jedoch immerhin, wie
auch der unstreitig bedeutendste moderne Apologet Gregors, Gfrörer (Papst
Gregor VII. u. sein Zeitalter, 2, 431) eine wesentliche Aufgabe einer Geschichte des Pontificats Gregors VII. darin sieht darzulegen, „wie er, in dem
Maße, als es die Umstände nöthig machten oder erlaubten, die spitzen Kanten
herauskehrte." Doch möchten wir die sonstigen Ausführungen Gfrörer's in
dem bezeichneten Abschnitt, so interessant sie sind, keineswegs auch nur zu einem
mäßigen Theil adoptiren. — Endlich sei hier ein- für allemal jede Berücksichtigung von Villemain's Histoire de Grégoire VII., 2 Bde., Paris 1873,
deprecirt. Vortrefflich, wie zu erwarten, in der Form, steht das Buch doch hinsichtlich seines Inhalts auf einem so völlig überholten Standpunkte, daß
ich kaum fürchten muß, von Kennern Einspruch zu erfahren.

4) S. 6. — Nicht genug betont werden kann auch hier der außerordent-
liche Werth der zuerst von Jaffé (zu Bonizo, monum. Gregor. p. 632, Anm. 6)
gegebenen Aufschlüsse über die Zeitgrenzen (1013—1024), innerhalb deren
Gregors VII. Geburtsjahr zu suchen ist. Es ist dadurch auch in anderer Beziehung mit einer Menge von Streitfragen endgültig aufgeräumt. — Ueber
die Stellung Gregors zu den Ideen s. Zeit s. die schöne Ausführung bei Giesebrecht, G. d. d. K. 3, 406 f.

5) S. 9. — Als wirklich ausreichender Beleg für das System Gregors
könnte eigentlich nur die Gesammtheit seiner Erlasse angezogen werden. Doch soll
wenigstens für einige Hauptpunkte die specielle Anführung von Zeugnissen nicht
unterbleiben. — In allen wesentlichen Theilen sind die Ansprüche des Papstes
bekanntlich entwickelt in dem (oft fälschlich, wie wenn ihm die Bezeichnung
allein zukäme, speciell so benannten) Dictatus papae (reg. II, 55 a) und
in dem großen Manifest vom 15. März 1081, dem Brief an B. Hermann
von Metz (reg. VIII, 21). Ueber den erstern, in welchem übrigens bezeichnender Weise eine verhältnißmäßig große Anzahl von Sätzen sich mit den Bisthümern beschäftigt, scheint mir, was Zweck und Zeit der Abfassung betrifft,
völlig abschließend zu sein, was bei Giesebrecht, G. d. d. K. 3, 270 (vergl.
desselben „Gesetzgebung d. röm. Kirche zur Zeit Gregors VII.", im Münchner
hist. Jahrbuch für 1866, S. 148 f.) zu finden ist. Eine am letztgenannten
Ort geäußerte Vermuthung über die Abfassungszeit hat G. selbst mit Recht
wieder fallen lassen. Im Uebrigen dürfte die Wichtigkeit des Dict. p. bei
Weitem nicht so pathetisch hervorzuheben sein, als dies sonst gewöhnlich geschah;
sie ist nicht größer oder geringer als die jedes andern von Gregor ausgefertigten
Schriftstücks mit nur irgendwie allgemeinen Beziehungen. Fehlte er, so ent-
behrten wir im Bilde Gregors zwar eines interessanten, aber keines wesentlichen
Zugs. — Was für die Theorie jene beiden Schriftstücke, das bedeuten für das

praktische Gebiet, wenn man so sagen darf, vor Allem die beiden Bannformeln gegen Heinrich IV. (reg. III, 10a. VII, 14a). — Die folgenden Einzelaus= führungen aus dem übrigen Bestand der gregorianischen Erlasse mögen besonders auch darthun, daß die grundlegenden Ideen des Systems sich darin von An= fang an deutlich ausgesprochen finden. Vollständigkeit wird dabei begreiflicher= weise nicht beabsichtigt. — Die göttliche Stiftung der römischen Kirche und der Primat Petri werden mit dem gewöhnlichen und noch heute gebräuchlichen Apparat von Schriftstellen begründet (Ev. Matth. 16, 18 f. Joh. 21, 15 ff. u. a. m., z. B. reg. I, 15: Omnipotens Dens, qui b. Petro oves suas specialiter commisit et totius ecclesiae regimen dedit ic., und anderwärts häufig). Um so weniger Anlaß, hier darauf einzugehen. — Ueber das all= mälige Verschwinden des andern Apostelfürsten Paulus und was weiter damit zusammenhängt finden sich interessante Zusammenstellungen bei J. F. v. Schulte, die Stellung der Concilien, Päpste und Bischöfe ic. (Prag 1871), S. 114 ff. — Anführungen können vermieden werden in Betreff einiger Punkte, für die jeder Blick in das Regestrum Beispiele liefert: die Bezeichnung der römischen Kirche als mater, bez. magistra universalis und die Beweisführung dafür — (höchstens mag als Uebergang zu Weiterem erwähnt sein reg. IV, 28 in.: non ignorare credimus prudentiam vestram, quia sancta et apost. sedes princeps et universalis mater sit omnium ecclesiarum et gentium ic.), — die Identificirung des Papstthums mit der römischen Kirche, diejenige des päpstlichen Worts mit dem des h. Petrus, ja Gottes, des h. Geistes. Die stolzeste, sagen wir besser vermessenste Form der letzteren ist diejenige mit immo, also z. B. nostrum immo Dei verbum, nostrum immo S. Spiritus iudicium. Solchen Ansprüchen gegenüber würde es zu wenig sein, wenn man nur sagen wollte, Gregor habe „auf Erden" keinen höhern Richter anerkannt. — Unfehl= barkeit der röm. Kirche (Luc. 22, 32), in Verbindung damit persönliche Heilig= keit des Papstes, f. (neben II, 55a) reg. I, 12. III, 18. VIII, 1 p. 425. Mit dem ersteren Anspruch steht freilich die Umstoßung früherer päpstlicher Entscheidungen in dem gleichen Widerspruch, wie mit dem letzteren die reg. VII, 15 gestellte Bedingung, daß, um die verlangte Anerkennung zu erhalten, von den Betheiligten eine Urkunde beigebracht werden müsse „videlicet eorum ponti= ficum, quorum ordinatio et vita digna et legalis fuerit." Für den erst= genannten Fall vergl. z. B. reg. VII, 24. VIII, 42 die Cassirung von Ent= scheidungen Alexanders II., mit zum Theil recht compromittirenden Aeußerungen über diesen, aber auch VIII, 54 den Hinweis auf die Möglichkeit, daß ihm, Gregor selbst, Etwas „subreptum" sei (vergl. auch IV, 17. VIII, 56). Ein Auskunftsmittel für widerspruchsvolle Lagen dieser Art f. reg. VIII, 11: neque enim ad excusationem iuvat, quod quidam religiosi viri hoc, quod simpliciter populus querit (es handelt sich um die Zurückweisung des ver= langten Gebrauchs der Landessprache beim Gottesdienst in Böhmen), patienter tulerunt seu incorrectum dimiserunt, cum primitiva ecclesia multa dissi= mulaverit, quae a s. patribus postmodum firmata christianitate et reli= gione crescente subtili examinatione correcta sunt; ein andres VI, 2, p.

324: quod possunt quaedam in privilegiis pro re pro persona pro tempore pro loco concedi, quae iterum pro eisdem, si necessitas vel utilitas maior exegerit, licenter valent commutari. Privilegia siquidem non debent s. patrum auctoritatem infringere, sed utilitati ecclesiae prospicere. — Pflicht des Papstes, das Gesetz zu verkünden, bez. um des eignen Seelenheils willen einzuschreiten, und zwar ohne jede Rücksicht auf die Person — (oft motivirt durch Jes. 58, 1: „Clama, ne cesses" ꝛc., wie I, 15. 22. 76. VII, 23, p. 415 m. ep. coll. 46, p. 573, oder 1. Cor. 9, 16, wie I, 53 ꝛc.; hierher gehört auch die Verwendung des bekannten „Maledictus homo, qui prohibet gladium suum a sanguine" (Jerem. 48, 10), vergl. reg. I, 9. 15. II, 5. 66, III, 4. 8. IV, 1. 2. VII, 23. cp. coll. 1, und es bedarf in mehreren unter diesen Fällen für den Unbefangenen in der That aller Anstrengung, um die gewöhnlich beigefügte, Gregor dem Großen entlehnte Erklärung „id est verbum praedicationis a carnalium increpatione" (vergl. Jaffé's Note zu I, 15) wenigstens blos geradezu läppisch zu finden) —: reg. I, 9 extr. 15 (scire vos volo .., quod et multi vestrum sciunt, quia in eo loco positi sumus, ut velimus nolimus omnibus gentibus, maxime christianis, veritatem et iustitiam annunciare compellamur). 17 extr. 29 in. 35 in. 38. 39 (unde mihi sollicite vigilandum atque pensandum etc). 53 in. 70 (quibus omnibus obviare etc.) 75 extr. 82 in. II, 1 in. 12 (nam si principibus et divitibus terrae vestrae regnare pro libidine et iustitiam Dei conculcare taciti consentire vellemus, profecto amicitias munera subiectiones laudem et magnificas ab eis honorificentias habere possemus. Quod quia loco in quo sumus et officio quod tenemus minime congruit etc). 13 extr. 39 in. 42. 49, p. 164. 51 in. (nos equidem iam nunc non solummodo regum et principum, sed omnium christianorum tanto propensior sollicitudo coartat, quanto ex universali regimine, quod nobis commissum est, omnium ad nos causa vicinius et magis proprie spectat etc.). 66, p. 186 (nos enim de taciturnitate nostra damnari metuimus, si conservis nostris . . Domini pecuniam distribuere pigritamur). 67 med. 72 in. III, 4, p. 208. IV. 1, p. 240 (testis enim nobis est Deus: quia nulla nos commoda secularis respectus contra pravos principes et impios sacerdotes impellit, sed consideratio nostri officii et potestas, qua cotidie angustamur, apostolicae sedis. Melius est enim nobis, debitam mortem carnis per tyrannos, si oportuerit, subire, quam nostro silentio timore vel commodo christianae legis destructioni consentire). 3, p. 245 (sed quia nos contra eum — scil. Heinricum IV. — non movit Deo teste secularis superbia nec vana mundi cupiditas, sed s. sedis et universalis matris ecclesiae sollicitudo et disciplina etc). IV, 28 (in besonders deutlicher, längerer Ausführung, wie z. B. auch VII,25 med. VIII, 57 in.). VI, 7 in. 21 (quoniam pernitiosius fere nichil est, quam contra mala urgentia nulla ratione consurgere et suae saluti in supremo discrimine aut nescire aut nolle consulere).VII,23, p.415 m. VIII, 13 med. 25, p. 471. 29 in. 57 in. (mit besonders starker Hervorhebung der allge-

meinen Gewalt des röm. Stuhls gegenüber allen landeskirchlich=autonomist=
ischen Anschauungen). Ep. coll. 1 m. (nos etenim, si divinae vindictae
indicium effugere volumus, contra multos insurgere et eos in animam
nostram provocare compellimur). 9 in. 14, p. 536 (intelligentos, Deum
omnipotentem tanto districtius de manu nostra animam illius — scil.
Heinrici IV. — requisiturum, quanto nobis ad increpandum illum prae
cunctis libertas data esset et auctoritas). — Widerstand ist Götzendienst
(vergl. 1. Reg. 15, 23 und die ep. coll. 9 extr. benutzte Ausführung Gregors
des Großen): reg. II, 45. 66. 75. IV, 1, p. 240. 2, p. 244. 11. 23, p.
277 (quia scelus idolatriae incurrit, qui ap. sedi oboedire contemnit).
24, p. 278 extr. VI, 10. 11. VII, 16. 24. VIII, 15. 43. 57, p. 515.
ep. coll. 9. 28. — Für die S. 7 beispielsweise angeführte praktische Be=
gründung des Anspruchs auf das Schiedsrichteramt in weltlichen Dingen vergl.
reg. IV, 23. — Die Reiche und Fürsten dieser Welt sind dem apostol. Stuhl
unterthan (hier natürlich abgesehen von all den andern, bekannten Ansprüchen
des Papstes auf die Lehnshoheit über bestimmte einzelne Länder): reg I, 63
(.. b. Petrus, quem dominus Jesus Christus rex gloriae principem
super regna mundi constituit ..). III, 10 in der Anrede: .. Heinrico regi
salutem et apost. benedictionem, si tamen apost. sedi, ut christianum
decet regem, oboedierit). IV, 2, p. 242 (Einspruch gegen die Behauptung,
daß das „Pasce oves meas" sich nicht auf die Könige beziehe. Quodsi s.
sedes apostolica divinitus sibi collata principali potestate spiritualia
decernens diiudicat, cur non et secularia? Die Könige, welche den eignen
Gewinn der Ehre Gottes vorziehen, sind membra antichristi etc.). 3, p. 246
(längere Ausführung, worin auch u. a.: non ultra putet — scil. Heinricus
IV. — s. ecclesiam sibi subiectam ut ancillam, sed praelatam ut domi-
nam etc.). 23 extr. (.. et quod b. Gregorius .. decrevit, reges a sua
dignitate cadere, si temerario ausu praesumerent contra apost. sedis
iussa venire). 24 extr. (dasselbe, u. dazu: Si enim coelestia et spiritualia
sedes b. Petri solvit et iudicat, quanto magis terrena et secularia).
VI, 29 (sicut .. cognovimus, .. excellentia tua — König Ladislaus I.
von Ungarn — ad serviendum b. Petro, quemadmodum religiosa potestas debet, et ad oboediendum nobis, ut liberalem filium decet,
toto affectu et cordis intentione parata est). VII, 6 (omnipotenti
Deo laudes et gratias agimus, qui gloriam vestram — den König
Alfons VI. von Castilien — .. b. Petro apostolorum principi fide ac
devotione coniunxit, cui omnes principatus et potestates orbis terrarum subiciens ius ligandi atque solvendi in coelo et in terra con-
tradidit). 25 (nach dem bekannten Vergleich von Kirche und Staat mit Sonne
und Mond: Qua tamen maioritatis et minoritatis distantia religio sic
se movet christiana, ut cura et dispensatione apostolica dignitas
post Deum gubernetur regia). VIII, 3 in. (dici non potest, .. quantum nos .. nobis cognita praeclara tua obedientia laetificaverat.
Tu enim — K. Alfons VI. v. Castilien — coram Deo semper in vis-

coribus nostris eras, . . . to vero christianum regem et ideo vero regem nos habere in parte domini Jesu contra membra diaboli gaudebamus etc.). 20 (. . in hoc enim te — R. Philipp I. von Frankreich — tuae salutis amicum sollicitumque esse demonstras, si apost. benevolentiam, sicut christianum docet regem, assequi et obtinere desideras; dann allerdings mit einer speciellen Wendung auf den Gehorsam in kirchlichen Dingen). — Gehorsam gegen die geistlichen Oberen ist unter allen Umständen Pflicht: reg. I, 22, p. 38 f. VIII, 45, p. 497 m. 60 extr. (womit zugleich — in der That ein eigenthümliches Zusammentreffen der Umstände, so recht geeignet, noch einmal Gregors Verhältniß zur Pataria zu beleuchten — das Register in der uns vorliegenden Gestalt abschließt). — Recht des Papstes zur Aufhebung aller Pflichten gegen Obrigkeiten, so geistliche wie weltliche, die ihm nicht gehorchen (obwohl es dafür neben den Bannformeln gegen Heinrich IV. der Belege kaum bedürfte): ep. coll. 9, p. 531 (non enim cuilibet personae etc.). 40. 41 (noverit ergo prudentia tua etc). — Ueber den Ursprung der weltlichen Gewalt vgl. zu den bekannten und viel citirten Ausführungen in VIII, 21 auch IV, 2, p. 243 m. Hier wird auch im Anschluß an den h. Ambrosius, wie VIII, 60 extr., der Vergleich von Kirche und Staat mit Gold und Blei, VII, 25 mit Sonne und Mond gezogen. Daher kann das, was am letztern Ort und anderwärts daneben noch ausgeführt wird, auch nicht mehr heißen als: Gott habe die weltliche Gewalt nicht sowohl eingesetzt als zugelassen. Freilich ist es gerade eine der gewöhnlichsten Wendungen, womit sonst die Verpflichtung des Gehorsams gegen die Kirche für die Könige motivirt wird, w. z. B. VII, 23, p. 416: . . sic et tu, quem ex servo peccati misero et pauperculo . . potentissimum regem Deus gratis fecit etc. — Wie macht ein Fürst den rechten Gebrauch von den ihm zu Gebote stehenden Mitteln? reg. I, 37 (an Adelasia von Turin): ad hoc enim tibi a Domino et honoris dignitas et potentiae amplitudo concessa est, ut in suo suorumque servitio expendatur, et tu, eis carnalia tua libenter impertiens, de spiritualibus eorum participium merearis. — Zu Gunsten eines Menschen darf nie Gottes Gesetz hintangesetzt werden: reg. II, 49 extr. IV, 1, p. 238 f. (oboedire magis oportet Deo quam hominibus). 2, p. 241 m. 243. VII, 25, p. 419. ep. coll. 41. — Verderbniß der Welt, Bedrängniß der Kirche, teuflische Angriffe auf dieselbe: reg. I, 9 in. 42. 70 med. 76 extr. II, 1. 9 med. 40 in. 45 in. 49, p. 164. III, 10, p. 220. VI, 15. 17, p. 351 (wo zu beachten das „haec ideo dicimus, quia, quod vix aliquis princeps bonus invenitur, dolemus", und das bald darauf folgende „principes autem Deum timentes et amantes vix in toto occidente aliqui inveniuntur"). ep. coll. 23 in. 46. Unter dieser Kategorie nimmt auch das Schreiben (bei Mansi, ss. concil. coll. ampl., XIX, p. 611, vergl. Jaffé, reg. pont. Rom. 3137) einen beachtenswerthen Platz ein, welches früher Gregor VI. zugeschrieben ward, während jetzt E. Steindorff, Jahrbb. d. deutschen Reichs unter Heinrich III., Leipzig 1874, I, 492 ff. mit glänzender Beweis-

führung daſſelbe unſerm Gregor VII. zugewieſen hat. — Wunſch des Papſtes nach Frieden mit Allen (Röm. 12, 18), beſonders aber nach Eintracht zwiſchen sacerdotium und imperium (regnum): reg. I, 10 extr. 18. 19. vgl. 85. III, 7 in. VIII, 51, p. 503. — Für Gregors Anſprüche im Allgemeinen würde auch, wenn anders es ächt iſt, das Schreiben bei J. Usserius, vet. epist. Hibern. syll., No. 29, auf welches W. Wattenbach, Deutſchlands Geſchichtsquellen xc. (3. Aufl.) Bd. 2, S. 159 aufmerkſam macht, beſonders hervorzuheben ſein.

***

Erſter Abſchnitt. -— [1]) S. 12. — Das iſt der Begriff der canon= iſchen Wahl nicht nur bis zum Ausbruch des Streits, mit deſſen Beginn wir uns beſchäftigen, geweſen, ſondern auch während deſſelben und über denſelben hinaus geblieben, und wenn die Vertreter einer gewiſſen Richtung, wie vor Allem Gregor VII., für ſich ſelbſt in Wahrheit etwas Andres darunter ver= ſtanden, ſo ſollte doch auch in ihrem Munde die Welt ihn als in jener Be= deutung gefaßt betrachten. — Die Hauptmerkmale ſind und bleiben die, welche eben in der unzweideutigſten Form das bekannte „Nulla ratio sinit, ut inter episcopos habeantur, qui nec a clericis sunt electi nec a ple- bibus expetiti nec a provincialibus episcopis cum metropolitani iu- dicio consecrati" Leo's des Großen (Jaffé, r. p. R. 320) ausſpricht, das auch in alle bedeutenderen Kanonenſammlungen (Burchard, Anſelm, Deusdedit, Jvo, den ſogen. Polycarpus) bis auf das Decr. Gratiani (p. I, dist. 62, c. 1) übergegangen iſt, auch von Gregor VII. ſelbſt ep. coll. 40 citirt wird. — Erſt ſpäteren Zeiten ſollte es vorbehalten bleiben, auch unumwunden zu erklären, was ich hier nach einer Anzeige der 1. Aufl. dieſer Schrift von Dr. Föſſer in Vering's Archiv für kathol. Kirchenrecht, Bd. 23 (N. F. Bd. 17, 1870), S. 176 ff. anführe: „Es ſei durchaus irrig, von einer traditionell feſtſtehenden Bedeutung des Ausdrucks zu ſprechen und auf Grund deſſen einen auffallenden Gegenſatz im Verhalten Gregors VII. dazu conſtatiren zu wollen. Die Diſciplin der kath. Kirche, wozu die Beſetzung geiſtlicher Würden gehöre, ſei eben nicht traditionell feſtſtehend, ſondern ändre ſich mit den ver= änderten Verhältniſſen und Bedürfniſſen. Das Wort „kanoniſch" aber bedeute nichts Andres, als was den canones, d. i. den kirchlichen Geſetzen, entſpreche. Nun ſei das Organ, durch welches die Kirche ihre Kanones für die geſammte Chriſtenheit feſtſtelle, außer dem ökumeniſchen Concil" —— (man merkt, die Ausführung iſt noch vor dem 18. Juli 1870 niedergeſchrieben) — „gerade der Papſt. Hätten alſo die Päpſte früher auf die Beſetzung der Bisthümer gar keinen factiſchen Einfluß gehabt" — (man überſehe nicht das Sophisma, das hier beginnt: indem Hr. F. den Begriff des factiſchen Einfluſſes ein= ſchmuggelt, will er natürlich das Recht dazu dem Papſtthum vom erſten An= fang an gewahrt haben) — „und erſt Gregor VII. einen ſolchen ſtatuirt, ſo wäre doch das erneuerte Verfahren um nichts weniger im ſtrengſten Sinne „kanoniſch" geweſen." Steht die Sache wirklich ſo, dann bleibt freilich „Un= berufenen" Nichts übrig, als das sacrificium intellectus zu vollziehen und auf jedes vermeintliche Anrecht zur Theilnahme an der Geschichtschreibung der kathol. Kirche zu verzichten.

²) S. 13. — Für diese Stelle und einige folgende sei jetzt der Verweis auf S. Sugenheim, Staatsleben des Klerus im Mittelalter, Bd. 1 (Berlin 1839), S. 86 ff. 95 f., mit dem ich dabei schon früher mehrfach zusammengetroffen bin, ohne das Buch zu kennen, nicht unterlassen.

³) S. 15. — Aus J. Ficker, über das Eigenthum des Reichs am Reichskirchengute (Sitzungsber. d. Wiener Akad., phil.-hist. Cl., Bd. 72, Jahrg. 1872), S. 55. — Ueber die Stellung der Bisthümer im Reich vgl. Giesebrecht, G. d. d. K. 3, S. 7 ff. — Gregor VII. über Heinrich's IV. specielle Verpflichtung zur Aufgabe des Investiturrechts reg. III, 10, p. 220 f.: Huius autem decreti . . . veritatem . . et lucem non solum a te vel ab his, qui in regno tuo sunt, sed ab omnibus terrarum principibus et populis . . devote suscipiendam et observandam adiudicavimus, quamquam hoc multum desideremus et te permaxime deceret, ut, sicut caeteris gloria honore virtuteque potentior, ita esses et in Christi devotione sublimior.

⁴) S. 16. — J. Ficker, über das Eigenthum des Reichs am Reichskirchengute (Sitzungsber. d. Wiener Akademie, philos.-hist. Classe, Bd. 72, Jahrg. 1872, S. 55—146. 381—450).

⁵) S. 19. — Wenn ich früher noch die Aechtheit der Privilegien Leo's VIII. und Clemens' II. festhalten zu sollen glaubte, so war das unzulässig. Sie stehen auf ganz derselben Stufe mit demjenigen Hadrian's I. (vom J. 774). vgl. R. Baxmann, d. Politik d. Päpste von Gregor I. bis auf Gregor VII. (Elberfeld 1868. 69) 1, 278. 2, 117 f. Giesebrecht, G. d. d K. 1 (4. Aufl., 1874), 834. 2 (4. Aufl., 1875), 419. 658. Steindorff, Jahrb. d. d. Reichs unter Heinrich III., Bd. 1, 471 f. — Aber unbestrittenermaßen wird der bestehende Zustand, auch in allgemeinerer Beziehung, anerkannt durch Johann X. (a. 921; Jaffé, reg. p. Rom. 2731), Agapet II. (a. 955; Jaffé 2820). Aus der Zeit nach dem Beginn der Reformperiode ließen sich in demselben Sinn vielleicht auch noch anführen Erlasse von Clemens II. (a. 1047; J. 3149) und Victor II. (a. 1056; J. 3299).

⁶) S. 19. — Für die Beurtheilung des genannten Vertrags ist jetzt namentlich auch auf die angeführte Untersuchung J. Ficker's zu verweisen. Welche Ströme Bluts hatten fließen müssen, bis wenigstens ein verständiger, dem Wohl der Kirche aufrichtig ergebener Mann sich so weit von dem der ganzen Zeit eigenen, bei den Gegnern wie bei den Verfechtern des Rechts der Laieninvestitur gleich tief eingewurzelten Vorurtheil zu befreien, um den für unsre Erkenntniß so nahe liegenden Schluß zu ziehen. Im Uebrigen steht ja fest, daß auch so noch der Kaiser ein sehr bedeutendes Zugeständniß gemacht haben würde, indem er nur den direct vom Reich stammenden Theil des Kirchenguts zurückgenommen hätte. — Mit dem Grundgedanken des Vertrags treffen allerdings die kirchlichen Schriftsteller zuweilen wenigstens in einem Hauptpunkt zusammen,

in der Herleitung der Simonie, worunter sie natürlich auch die bloße Einmisch=
ung von Laien in die Besetzung kirchlicher Aemter verstehen, von dem weltlichen
Besitz der Kirche; indeß selbstverständlich hüten sie sich wohl, die Consequenz zu
ziehen. Vgl. z. B. Deusdedit, contra invasores et simoniacos etc., l. I,
c. 1 u. bes. 2, bei Mai, nova patrum bibliotheca, t. VII, ps. 3, p. 78.
Daß auch ein Ausspruch Gregors VII. — übrigens der einzige in dieser
Richtung — wie reg. VII, 11: „denique non tantum saecularibus oneri
videtur inopia, quantum spirituales viros gravant divitiae, simul etiam
diffusa potestas," als ein Anklang daran gefaßt werden dürfte, möchte nicht
einmal zuzugeben sein. Zu viele gegentheilige, und diese als wirklich inte=
grirende Theile des ganzen Systems, stehen ihm gegenüber. Obendrein soll
mit dem Ausspruch speciell für diesen Fall nur die um so größere Verantwort=
lichkeit der Adressaten für das Seelenheil so vieler Menschen in das rechte
Licht gestellt werden. Zu solchem Zweck verlohnte sich schon die Benützung
von Gedanken, die ganz andern Zeiten und Männern angehörten und sonst
vielmehr von den Kaiserlichen angeführt wurden, wie z. B. Petrus Crassus
(bei Sudendorf, Registrum I, 14, p. 29): Jude b. Gregorius (I.) ait ita:
Qui ergo officium praedicationis suscipit, dignum non est, ut onus
saecularium negotiorum portet, ne, dum hoc eius colla deprimit, ad
praedicandi coelestia non assurgat.

[7]) S. 21. — Bei den außerordentlich vielen Beziehungen, welche zwischen
der Thätigkeit Gregors I. und VII. obwalten, und im Hinblick darauf, in
welchem Umfang die Deductionen des ersteren von dem letztern und seiner Partei
benutzt worden sind, mag es gestattet sein, noch besonders auf die Bestrebungen
Gregors I. hinzuweisen, worüber bes. vgl. die Nachweise bei Barmann, die
Politik d. röm. Päpste ꝛc. 1, 84. 104. Obschon ja, wenn die Reformer des
11. Jahrhunderts sich daran hätten erinnern wollen, daß die Lateransynode
v. J. 595 bei allen sonstigen Verboten es dennoch freistellte, nach Empfang
des Palliums ꝛc. einem Kleriker der römischen Kirche „freiwillig" Geschenke zu
machen, auch Gregor d. Gr. vor ihren Augen keine Gnade hätte finden dürfen.
— Daß vor Constantin d. G. u. Silvester I. kein rechter Boden für das Ge=
deihen der Simonie vorhanden war, ist ganz richtig ausgeführt bei Wido
(Cod. Udalr. 190), p. 330 f., und zwar fällt das nicht ohne Weiteres mit
der oben erwähnten Ausführung des Deusdedit zusammen. Wido meint die
eigentliche Simonie, Deusdedit unter demselben Namen vielmehr den staat=
lichen Einfluß auf die Besetzung der Kirchenämter.

[8]) S. 21. — Es bedarf, um keines dieser Urtheile zu hart zu finden,
wohl nur des Hinweises darauf, daß die Partei der Eiferer — gleichwie sie
je nach Bedarf Fälle von wirklicher Simonie übersah oder leicht verzeihlich fand,
dagegen solche, in denen ohne alle Simonie bei der Erhebung eine Einmischung
der weltlichen Gewalt stattgefunden hatte, als unsühnbar bezeichnete — so
auch ohne Bedenken mit allem Aufwand von biblischer und patristischer Gelehr=
samkeit bewies, daß die Ehe eines Priesters noch weit verwerflicher sei, als ein
Concubinat desselben. Vgl. z. B. Petr. Damiani, opusc. V., nahe dem An=

13 *

fang. — Wie weit man im Lauf der Zeit mit dem Begriff Simonie kam, wenn man ihn in der bezeichneten Richtung weiter verfolgte, zeige von un= zähligen Stellen etwa die folgende aus Bruno, de bello Saxon. (M. G. SS. V) c. 91, wo er die Wahl des Gegenkönigs Rudolf erzählt: At cum sin-guli deberent eum regem laudare, quidam voluerunt aliquas condi-tiones interponere, ut hac lege eum super se levarent regem, qua-tinus sibi de suis iniuriis specialiter promitteret iustificationem . . Quod intelligens apostolici legatus fieri prohibuit . . . Ait etiam, si eo modo, quo coeptum fuerat, promissionibus singillatim promissis eligeretur, ipsa electio non sincera, sed haeresis simoniacae veneno polluta videretur etc.

⁹) S. 23. — vergl. Stenzel, Gesch. d. fränk. Reichs ꝛc. 1, 108 f.

¹⁰) S. 27. — Nicolaiten, vergl. Apocal. 2, 6. 15. Uebrigens f. die Nachweise z. B. in Herzogs Encyclopädie f. protest. Theol. Wie die von uns behandelte Zeit selbst den Namen sich zurechtlegte, zeigt u. A. in aller Kürze Petr. Dam opusc. XVII (de coelibatu sacerd.), c. 3: Nicolaus quippe unus ex his, quos Petrus apostolus diacones consecraverat, dogma-tizabat, clericos cuiuslibet ordinis nuptialibus foederandos esse con-iugiis.

¹¹) S. 29. — Wohin in Wahrheit die auf S. 28 o. angedeutete Auf= fassung des Verhältnisses zwischen Kirche und Staat führen mußte (für welche hier nur als auf classische Stellen vor zahlreichen andern auf Petr. Dam. ep. VII, 3 u. opusc. IV (discept. synod.) zu Ende verwiesen sei), zeigt Jider a. a. O., S. 431 f. Beruhten die Leistungen der Kirche an den Staat nur auf dem guten Willen der ersteren, so ist, was Gregor VII. betrifft, schon oben S. 190 angeführt, was derselbe über „Privilegien" dachte. — Eine recht treffende Charakteristik des Arialb bei A. Krüger, die Pataria in Mailand, Abth. 2 (Breslau, Programm, 1874), S. 12.

¹²) S. 29. — Für diesen Gesichtspunkt hier auch einige Stellen aus den Erlassen Gregors, wie ep. coll. 2 extr.: Vos igitur omnip. Deum exorate, ut ipse vires et facultates nobis tribuat, quatenus suscepti regiminis importabile pondus possimus tolerare et s. ecclesiam in statum antiquae religionis reducere. reg. II, 42, Einladung zur Fasten= synode 1075, deren Aufgabe sein wird zu berathen: quatenus . . impii a suis conatibus arceantur et christiana religio in ea, qua primum fundata est, libertate et pace roboretur, u. dgl. m., wie sich hier auch an die so häufig vorkommende Versicherung erinnern läßt, daß es nichts Neues sei, was er verlange (z. B. reg. II, 50. 66. 67. 68. III, 10, p. 220 — in Bezug auf das Investiturverbot von 1075 — IV, 6. V, 5. ep. coll. 9), wobei aber nicht minder stark der römischen Kirche immer das Recht der Neuerung gewahrt wird (z. B. reg. II, 45. 67: novit enim fraternitas tua, quia praecepta haec non de nostro sensu exculpimus, sed anti-quorum patrum sanctiones . . in medium propalamus . .; quamquam huic s. Rom. ecclesiae semper licuit semperque licebit, contra no-

viter increscentes excessus nova quoquo decreta atque remedia pro-
curare, quae, rationis et auctoritatis edita iudicio, nulli hominum sit
fas ut irrita refutare. 68. VI, 2 über die Abänderlichkeit von Privilegien.
ep. coll. 50).

Zweiter Abschnitt. — ¹) S. 31.

— Bekanntlich ist der Antheil
Hildebrands an den Ereignissen der frühern Jahre, namentlich bis 1059, ein
viel umstrittener Punkt, einer von denen, in Bezug auf welche noch gern Jeder
das Privileg beansprucht, abgesehen etwa von dem ganz unumstößlich Ueberliefer=
ten, sich denken zu dürfen, was er will. Freilich ist es für Viele eben einfach
unmöglich, sich den Unterschied klar zu machen zwischen der Stellung eines ein=
flußreichen Mannes und derjenigen eines Manns von maßgebendem Einfluß,
welches letztere Hildebrand seit 1059 ebenso entschieden gewesen ist, als er bis
dahin, soweit er sich in Rom befand, das erstere war. Man kann selbst in
dieser Hinsicht gewisse Zeitströmungen unterscheiden. War es ehemals fast
durchgängig üblich, seinen Einfluß in jenen frühern Jahren zu überschätzen, so
machte sich dann die Tendenz, ihn zu unterschätzen, bemerklich. So stellt z. B.
am stärksten Schirmer, de Hildebrando subdiacono eccl. Rom. (Berlin
1860), S. 30 f., jede Betheiligung desselben nicht nur an der Erhebung,
sondern auch an der Wirksamkeit Gregors VI. in Abrede, — mit entschieden
unzureichenden Gründen. Und wenn er, gleich Andern, selbst den Handel
Gregors VI. um die päpstliche Würde bestreiten will, so ist dabei blos ver=
gessen, daß sogar die eifrigst päpstlich Gesinnten jener Zeit selbst denselben nicht
ableugneten. Im Uebrigen schwieg man so viel wie möglich über ihn, wie
überhaupt über den dadurch nicht makellosen Papst, aber man erkannte ihn
an; Hildebrand nannte sich den siebenten Gregor. Gregors VI. Absetzung
(nicht Abdankung) dürfte doch wohl durch Jaffé's (bibl. rer. Germ. II, 594
ff., in der Einleitung zu Bonizo) und Steindorff's (Jahrb. d. d. R. unter
Heinr. III., Bd. 1, 454 ff.) Auseinandersetzungen für bewiesen gelten. Oder
sollten gegen die schon an sich entscheidende Stelle bei Petr. Dam. opusc. XIX,
11 immer wieder andre, wie die vielbenutzte im 3. Dialog des Desiderius, in
denen eben der Sachverhalt bereits auf Grund der spätern, fälschenden Ten=
denz verdreht ist, ins Feld geführt werden dürfen? wobei die Frage, ob Bonizo
wirklich der lügenhafteste aller Historiker ist oder nicht — die freilich am besten
so im Allgemeinen nicht gestellt und behandelt würde —, völlig aus dem Spiel
bleiben mag. Was Floto (K. Heinr. IV. u. seine Zeit, Bd. 1, 173) und
Schirmer (a. a. O.) dagegen vorgebracht haben, daß Hildebrand 1049 mit
Leo IX. nach Rom zurückgekehrt sei, bedarf doch der Widerlegung kaum mehr,
ebenso wie die Einwände, welche in Rücksicht auf die mit Unrecht vorausgesetzte
große Jugendlichkeit Hildebrands gegen jedweden Einfluß desselben unter
Leo IX. erhoben worden sind. Ein bemerkenswerthes Zeugniß dagegen legt
ja schon auch seine eigne Aeußerung reg. I, 79 ab — (vgl. Jaffé, reg. p. R.
3161, in Bezug worauf damit natürlich auch aller Zweifel wegfällt) —, wo=
gegen die früher so viel benutzte Stelle aus dem 3. Dialog des Desiderius

(Gregorii itaque pontificis, qui ab eo educatus atque ordinatus etc.)
bedeutend weniger zu betonen wäre. Auch Giesebrecht (3, 17), der im Uebrigen
diesem Theil aus dem Leben Gregors unter Allen die vorzüglichste Darstellung
giebt, betont jene vielleicht noch etwas zu stark. Wiederum freilich ist es durchaus begreiflich, wenn später eifrige Gregorianer den frühern Einfluß ihres
Helden in der Regel bei Weitem übertrieben, wie Bonizo p. 637 (b. Jaffé,
bibl. rer. Germ. II.) u. a. m. — Schließlich dürfen hier vielleicht noch die
übrigen Stellen aus Gregors Erlassen zusammengestellt werden, in welchen auf
seine frühern Verhältnisse und seine Wirksamkeit vor seiner Thronbesteigung
ausdrücklich Bezug genommen ist. Es geschieht ganz allgemein reg. IV, 27
(sed et antea pluribus annis). VIII, 31 (ex longo tempore), beide Male
in Bezug auf sein Verhältniß zu Venedig; in etwas beschränkterer Weise reg.
II, 39 (ab ineunte aetate) gleichfalls in Bezug auf Venedig, und ep. coll.
2 (olim) in Betreff des Klosters Vallombrosa; — ferner mit ausdrücklicher
Bezugnahme auf die Zeit Alexanders II. reg. II, 75 (gegenüber König Sueu
von Dänemark), wonach ohne Zweifel auch II, 51: cum adhuc in ordine
diaconatus eramus, und die ganz allgemein gehaltene Aeußerung reg. VII,
21 zu bestimmen ist. Ganz dasselbe gilt auch für die Beziehungen auf sein
früheres Verhältniß zu Heinrich IV. (reg. IV, 1. ep. coll. 14), obgleich in
beiden Schreiben der diaconatus, nicht archidiaconatus, genannt wird. In
ebendieselbe Kategorie sind unzweifelhaft auch die Aeußerungen in reg. I, 3.
6. 13. 52. II, 29 (vergl. die dazu gehörigen Briefe Siegfrieds von Main;
im Cod. Udalr.). 77 zu verweisen, während die Beziehungen zu K. Wilhelm
von England durchgängig überhaupt als längere betont werden, vgl. reg. VIII.
60 (ex longo tempore — inter aliquos praedecessores meos). VII, 1
(pristina amicitia). 23 (hier allerdings auch mit ganz besondrem und aus-
drücklichem Hinweis auf die Eroberung Englands durch Wilhelm).

³) S. 33. — Die bezeichnendste unter den darauf bezüglichen Stellen
ist unstreitig die folgende aus Desid. Casin. dial. III. (Acta SS. ord. S. Be-
ned., VIII, 2, p. 453. vergl. Watterich, vitae pontif. Rom. I, p. 95):
Huic successit Leo, .. vir per omnia apostolicus .. omnique ecclesiastica doctrina apprime eruditus, ac qui, quemadmodum scriptum est, coepit
invocare nomen Domini etc. Die Sache ist um so bezeichnender, als
einerseits natürlich ohne die vorhergegangene Epoche Clemens' II., um den
Ausdruck so zu gebrauchen, diejenige Leo's IX. gar nicht möglich gewesen wäre,
andrerseits bekanntlich, was noch mehr sagen will, Leo IX. doch eigentlich
Nichts hat wirklich durchsetzen können, was wesentlich über die Bestimmungen
Clemens' II. hinausgegangen wäre. Das Gegenstück dazu giebt die von Jaffé
(reg. pont. Rom., praefatio p. 7) nachgewiesene Thatsache, daß die durch
Clemens II. wiederaufgenommene Datirung päpstlicher Urkunden nach Regier-
ungsjahren der Kaiser — die damals allerdings schon seit Heinrichs II. Tod,
aus andern Gründen, in Abgang gerathen gewesen war — von Leo IX. an
für alle Zeiten aufgegeben worden ist. Und wenn man in jener Zeit selbst
noch Clemens II. und Damasus II. nicht verwarf, so sollte eine andre kommen,

welche in regelrechter Fortbildung der oben bezeichneten Anschauung auch sie, oder vielleicht besser gesagt sie gerade erst recht zu den„invasores ecclesiae" rechnete, wie z. B. (nach Gilbert) Martin von Troppau **M. G. SS. XXII,** p. 433.

³) S. 34. — Bedeutung der römischen Synoden: Giesebrecht, Gesch. d. r. K., in den ersten Abschnitten, bes. S. 103 f. 122 f. G. d. d. K. 3, S. 236. 405.

⁴) S. 35. — Nach E. Friedberg, d. Grenzen zwischen Staat und Kirche ꝛc. Bd. 1 (Tübingen 1872), S. 4 f. — Für das Gesammtbild der Bestrebungen Leo's IX. sind vor Allem zu beachten die Acten der Synode von Rheims, v. J. 1049, bei **Mansi,** s. concil. nova et ampl. coll. etc., **XIX,** 727 ff.

⁵) S. 35. — Die Kardinäle Friedrich, der Bruder des Herzogs Gottfried von Lothringen und nachmalige Papst Stephan X., sein Landsmann Humbert, Hugo Candidus (Blancus), der aber auch noch auf der gegnerischen Seite wiederholt eine hervorragende Rolle spielen sollte, Stephan, Hildebrand u. A. Einen wichtigen Hinweis auf ihre Stellung gegenüber einem großen Theil der specifisch römischen Geistlichkeit alten Schlags sowie des römischen Adels giebt Giesebrecht, Gesch. d. r. K., S. 105.

⁶) S. 37. — Humberti card. adversus simoniacos libri III, bei Martene-Durand, thes. nov. anecd., t. V, col. 633—844. u. Migne, patrologiae cursus compl., t. 143, col. 1006—1212. Die Abfassungs= zeit, 1058, noch während Stephan's X. Pontificat, geht aus den Angaben der Schrift selbst mit völliger Sicherheit hervor. — Ihre eminente Wichtigkeit zuerst wieder betont zu haben, ist W. v. Giesebrecht's hohes Verdienst. — Ueber Humbert's neue Stellung s. dess. Gesch. d. d. K. 3, 20.

⁷) S. 38. — Von Gregor d. Gr. stammt die Unterscheidung eines dreifachen munus: a manu, ab obsequio, a lingua. vgl. S. Gregorii p. 1. opp. omn., ed. J. B. Galliciolli, hom. I, 4,4 (tom. V, p. 156); an einem andern Orte, moral. IX, 53 (t. I, p. 319) eines munus ex manu, a corde, ab ore; vergl. eiusd. reg. V, 57 (t. VII, p. 345. Jaffé, reg. p. Rom. 1008). Dieselbe nahm Petrus Damiani von Neuem auf (opusc. XXII, c. 1. epist. II, 1) und verdammte im Anschluß daran ebenso die Vergebung geist= licher Würden durch Laien, wie das Streben nach Erlangung solcher auf diesem Wege. Wir werden sie später auch von Gregor VII. in einer wichtigen Urkunde (reg. VI, 34), obwohl hier ohne ausdrückliche Berufung auf seinen großen Vorgänger, verwendet finden.

⁸) S. 40. — z. B. Petr. Dam. ep. I, 13 (quodsi bona ecclesiae sine ecclesia suscepisti, schismaticus es atque sacrilegus, qui bona ecclesiae ab ecclesia dividis etc.). V, 13 (hier waren es Kapellane des Herzogs Gott= fried, welche jene Meinung verfochten; vielleicht entsprach sie auch der Ansicht des letztern selbst, wenigstens würde sie ihm sehr wohl anstehen).

⁹) S. 41. — Bekanntlich ist diese Behauptung durchaus falsch, und

wer möchte hier Humbert, der die dortigen Verhältnisse besonders gut kennen konnte, von der Schuld bewußter Fälschung freisprechen? Aber es fehlte dort allerdings das Investiturrecht, mit seinen rechtlichen Grundlagen ebensowohl, wie seinen Consequenzen. Da ließ sich wohl eher der Ausspruch wagen. Um so bezeichnender ist das dafür, daß in der That die Angriffe gegen das Investiturrecht sich zum weitaus geringsten Theil gegen den Einfluß der weltlichen Herren auf die Bestimmung der Personen für die geistlichen Würden selbst richteten.

[10]) S. 42. — Ev. Joh. 10, 1 ff., die allezeit angewendete, freilich je nach dem Standpunkt der Parteien im verschiedensten Sinn ausgelegte Hauptstelle des neuen Testaments für die Frage über den Eintritt in's geistliche Amt.

[11]) S. 42. — Einige von den dabei maßgebenden Gesichtspunkten entwickelt passend G. Cassander (pseudonym), das Zeitalter Hildebrand's für und gegen ihn, Darmstadt 1842, S. 112 ff., obgleich seine Auseinandersetzung sofort mit einer thatsächlich unrichtigen Angabe beginnt. Minder gut ist die Darstellung der Sache bei Helfenstein, Gregors VII. Bestrebungen nach den Streitschriften seiner Zeit, Frankf. a. M. 1856, S. 35 ff.

[12]) S. 44. — Giesebrecht, G. d. d. K. 3, 41. — Die Acten der Synode bei Mansi XIX, 897 f.; vgl. bes. 915. Bezeichnend ist, wie im Anschluß daran sofort auch auf Provinzialsynoden Bestimmungen verkündet werden, deren Zweck die Befreiung des Kirchenguts aus Laienhand ist. Vgl. die Acten der Synode von (Vienne und) Tours v. J. 1060, ebendas. p. 925 f.

[13]) S. 45. 46 — Röm. Synode b. J. 1063. Mansi XIX, 1023 f. Cod. Udalr. 24. — Bestätigung des durch König Wilhelm vorbehältlich päpstlicher Zustimmung erhobenen Erzbischofs von Rouen, Jaffé, r. p. R. 3431. Bestätigung der üblichen Herrenrechte im weitesten Sinn über das Kloster St. Salvatoris in Schaffhausen für die Grafen von Nellenburg reg. (Greg. VII.) VII, 24. Für die Angelegenheit des neubegründeten Bisthums Gurt, worauf auch besonders Bazmann a. a. O. 2, 311 aufmerksam macht, s. Jaffé, r. p. R. 3450 (Vita Gebehardi etc., M. G. SS. XI, 37 f.); die königliche Bestätigung dazu bei Stumpf, Reichskanzler, Nr. 2755 (vgl. die gefälschte Urkunde ebendas. 2753). — Die hervorragende Wichtigkeit der mailänder Sache für den ganzen Gang der Ereignisse hat gegenüber früheren, zum Theil sehr unklaren Theorien über diesen Punkt zuerst W. v. Giesebrecht recht erkannt und gewürdigt. Hauptquelle für die hier in Betracht kommenden Ereignisse in Mailand ist vorerst Arnulf, zu Ende des 3. und zu Anfang des 4. Buchs, demnächst Landulf, von der Mitte des 3. Buchs an (Beide M. G. SS. VIII) und Bonizo a. a. O. p. 653 ff. (Gegen die übliche Anschauung, welche den spätern Papst Alexander II. geradezu zum geistigen Vater der Pataria macht, wird jetzt mit beachtenswerthen Gründen von H. Pläch, die Pataria in Mailand, Sondershausen 1872, S. 19 f. Einspruch erhoben.

[14]) S. 49. — Ueber den Charakter und die Stellung dieser „Räthe des Königs" haben, gegenüber althergebrachten, irrigen Anschauungen, Floto a. a. O. I, 346 ff. und Giesebrecht, Gesch. d. d. K. 3, 164. 1109. das

Richtige festgestellt. Die Frage wegen der Personen der Gebannten dürfte
allerdings nie völlig ins Reine gebracht werden können, mit Ausnahme dessen,
daß ohne allen Zweifel Eberhard von Nellenburg (der Vater) und Ulrich von
Godesheim dazu gehört haben und kein Bischof unter ihnen gewesen ist. Röhrig,
de saecularibus consiliariis Heinr. IV., p. 1, Halle 1866, hat für diesen
Theil der Frage nichts Erhebliches beigebracht. — Bemerkenswerth ist übrigens,
wie auch schon während des Schisma zwischen Alexander und Cadalus sich
Petrus Damiani (ep. VII, 3) gegen einige „Räthe des Königs" erhoben hatte.
[15]) S. 51. — Zur Charakteristik seiner Stellung s. Ranke, Kritik frän=
kisch-deutscher Reichsannalisten, Abh. d. berliner Akad. 1854, S. 443.
[16]) S. 51. 52. — Ueber den Eid Wibert's vgl. Giesebrecht, G. d. d.
K. 3, 188. 1112, der auch S. 1242 aus Deusdedit, coll. can. IV, 162
(p. 503 der inzwischen erschienenen Ausgabe von P. Martinucci, Venedig
1869) die Urkunde mittheilt. Vgl. auch reg. I. 10: qui apostolorum principi fidelitatem iureiurando ipse promisit, u. VIII. 12, p. 442: quippe
qui periurium de inoboedientia et infidelitate committere non ti-
muit. — Es sei gestattet, hier gelegentlich darauf hinzuweisen, wie dem Erz=
bisthum Ravenna gegenüber in Gregors Erlassen auch äußerlich der Primat
des Petrus möglichst oft hervorgehoben wird. In geradezu auffälliger Weise
geschieht das reg. VI, 10.

Dritter Abschnitt. — [1]) S. 52—55. — reg. I, 9. 11. 12. 15.
20. 24—28. 29 a. Wie Gregor innerhalb der politischen Lage Stellung
nahm, erhellt, soweit das Material erhalten ist, aus reg. I, 1*. 2. 4. 9. ep.
coll. 1, sofern es sich um ihm sympathische Elemente handelt. Charakteristisch
ist im Beginn des letztgenannten Schreibens die unverkennbare Hindeutung auf
einen fertigen, allgemeinen Actionsplan; die specielle Entwicklung der Absichten
des Papstes war leider dem Ueberbringer des Schreibens zu mündlicher Dar=
legung übertragen. An gegnerische Elemente sind gerichtet reg. I, 3 (vgl. als
Gegenstück I, 10; und wie wenig der Papst dem Wibert traute, beweisen die
ausdrücklichen Erinnerungen an den jüngst geleisteten Treueid). 12. 13. —
Simonie, ohne weitere Bezeichnung, ist das Vergehen Gottfrieds wenigstens für
weitere, zum Theil noch halb gegnerische Kreise, während wieder in den un=
schätzbaren, vertraulichen Schreiben an Herlembald (I, 25. 26) die wahre
Sachlage natürlich als vollkommen begriffen vorausgesetzt wird und darum
jeder Discussion entrückt ist. Deutlich in doppeltem Sinn verwendet ist der
Begriff Simonie reg. I, 27, wo der Bischof von Acqui zum Einschreiten einer=
seits gegen das Wirken des Symo magus in Mailand, dann aber gegen die
ipsa simoniaca heresis in seinem eignen Sprengel — (nur in letzterer Be=
ziehung der B. v. Pavia reg. I, 28) — aufgefordert wird.
[2]) S. 55—58. — S. den Anfang der Vita Anselmi, M. G. SS. XX,
p. 693 (über welche, sowie über ihr Verhältniß zu der erweiterten Vita auf
Giesebrecht, G. d. d. K. 3, 1059 zu verweisen ist), sowie c. 2 - 4 der er=
weiterten (ibid. t. XII). vergl. Hug. Flav., ib. t. VIII, p. 411 f. (Greg.

VII.) reg. I, 11. 21. — Hinsichtlich des erwähnten Verfahrens gegenüber Altmann v. Passau s. Vita Altmanni (M. G. SS. XII, p. 233) c. 4. Verwandte Fälle aus derselben Zeit z. B. reg. I, 77. 80. 83. Was Hugo Flav. p. 453 über Hermann von Metz in derselben Beziehung berichtet, wird sich bei der Anwesenheit desselben in Rom gelegentlich der Fastensynode d. J. 1075 zugetragen haben. Stimmen der Gegner darüber: Sigeb. Gembl. ep. adv. laic. in presb. coniug. cal., bei Martene-Durand, thes. nov. anecd. I, p. 237; [Wenrich] ep. Thood. Vird., ebendas. p. 227.

³) S. 59. — reg. I, 35. 36, beide vom 4. Dec. 1073. Zur Charakteristik der Verhältnisse in Frankreich vgl. Giesebrecht, G. d. d. K. 3, 260.

⁴) S. 59. 60. — Der Eid des Landulf v. Benevent reg. I, 18 a; wozu vgl. das Schema des Eids für die procuratores patrimonii b. Petri apost. bei Deusdedit, coll. can. III, 155. Die Thatsache ist zuerst von Giesebrecht (G. d. d. K. 3, 50. 1119) ans Licht gezogen worden, auf dessen Ausführungen auch sonst hier hinsichtlich der Normannen Unteritaliens verwiesen werden muß (s. bes. S. 37 f. 49 f. 71. 245 f. 472 f. 508 f.). Der Eid des Robert Guiscard v. J. 1059 bei Deusd. III, 156. 157; die Wiederholung vom 29. Juni 1080 reg. VIII, 1a—1 c (Deusd. III, 158); der des Richard von Capua an Alexander II. vom 2. Oct. 1061 bei Deusd. III, 159, wo auch im Auszug angefügt der des Jordan von Capua vom 10. Juni 1079 — (sollte jedoch dieser nicht vielleicht auch im Juni 1080 geleistet worden sein?) —; derjenige desselben Richard an Gregor VII. vom 14. Sept. 1073 reg. I, 21a. — Der Eid des Bertram v. d. Provence vom 25. Aug. 1081 reg. VIII, 35. vergl. Deusd. IV, 162, wonach die Lücken u. Umstellungen des Jaffé'schen Textes leicht zu füllen und berichtigen sind. — Die angefochtene Meinung vertritt Hefele, Conciliengesch. 4, S. 768.

⁵) S. 61. — reg. I, 7. v. 30. April 1073. Jaffé, reg. p. R. 3577.

⁶) S. 61. — reg. I, 22. 23. v. 15. Sept. 1073. Aus dem letztern seien noch besonders die bezeichnenden Worte hervorgehoben: Quid enim aliud est, sacerdotem ad imperium mundanae potestatis legem Dei infringere, nisi fidem eius negare? — Die beigefügte Aufforderung zur Erwerbung der Märtyrerkrone erinnert freilich fast an die Worte des verständigen Jvo von Chartres (ep. ad. Hug. Lugd., bei Goldast, apol. pro Henr. IV. etc. p. 183; auch bei Floß, Leonis p. VIII. privil. de investit. etc., Freiburg i. B. 1858, S. 167 f.): Quia facilius est vobis comminante arcu de longinquo pugnare, nobis autem nimis periculosum adversantem gladio de praesenti ferire. Schon anders gehalten ist die sinnverwandte Ausführung reg. II, 5.

Vierter Abschnitt. — ¹) S. 61—65. — Die Vorladungen an den Patriarchen von Aquileja u. seine Suffragane, sowie an die Bischöfe u. Aebte der mailänder Erzdiöcese s. reg. I, 42. 43 (v. 24. u. 25. Jan. 1074); in der erstern das Programm der Synode. Wie hier die Abhaltung jährlicher, „allgemeiner" Concilien, so wird das Recht u. die Gewohnheit der römischen

Kirche, Legaten auszusenden, auf die ältesten Zeiten des Christenthums zurück-
geführt ep. coll. 21. — Von dem Wesen und den Gesetzen des Lehnsstaats
nimmt auch sonst Gregor wiederholt das Material zu Vergleichungen her,
namentlich, wo es gilt, die Verpflichtung einzuschärfen, daß man in der Vertheidigung der Rechte der Kirche selbst das Aeußerste daransetzen müsse. reg.
III, 4, p. 208 f. VIII, 44. ep. coll. 46, p. 574. — Das erwähnte Schreiben
an Siegfried v. Mainz f. reg. I, 60 (v. 18. März 1074), dasjenige an
Liemar v. Bremen reg. II, 28 (v. 12. Dec. 1074). Daß der Ton des erstern
so scharf ausfiel (worüber Gregor selbst reg. I, 61 bemerkt: Sigifredum
vero archiep. Mogunt. . . . duriter increpavimus), dazu trug wohl persönliche Verachtung für den Charakterlosen und berechtigtes, eignes Selbstgefühl
allerdings noch besonders bei. — Wollte Jemand aus reg. I, 24 vielleicht
Etwas wie eine Anerkennung des autonomistischen Princips durch den Papst
entnehmen, so versäume er nicht, um die sofortige Widerlegung zu finden, die
jene Worte 'mehr als hinreichend aufwiegt, von reg. I, 79 Notiz zu nehmen.
Nicht anders steht es mit verwandten Aeußerungen, wie sie uns z. B. reg. IV,
16. VI, 2. 34. VII, 31 begegnen. Nicht von sachlicher, sondern von rein
persönlicher Bedeutung sind sie, wie Alles im Bereich der absoluten Herrschaft.
Der Gesinnungen des Erzbischofs Warmund von Vienne, um den IV, 16 behandelten Fall als Beispiel herauszugreifen, war Gregor sicher, wie alle sonstigen Umstände beweisen; daher mindestens möglicherweise, wie Jeder zu-
gestehen wird, seine anscheinend so ruhige Stellung zu der Streitfrage, die
Roms Rechte selbst berührte. Und doch wird auch so noch sofort ausdrücklich
jeder Möglichkeit eines Mißverständnisses vorgebeugt. Aehnlich verhält sich die
Sache in den andern Fällen. — Päpstliche Verfügungen, datirt „in synodo",
vom 14. und noch vom 16. und 17. März reg. I, 51—54. 56—58. —
Auf diese Synode wurden früher allgemein die vier in den epp. coll. 3. 4. 5.
(vergl. Bernold, opusc. IV: apologet. pro decr. Greg. VII. etc. bei Ussermann, prodr. Germ. sacr. II, 271 ff. u. Mansi XX, 404 ff.) enthaltenen
Kanones verlegt, bis Giesebrecht, Gef. d. r. K., S. 127 f. nachwies, daß dieselben erst der Fastensynode des J. 1075 ihren Ursprung zu verdanken hatten.
Ueber die Synode des J. 1074 giebt die ausführlichsten, für uns schlechthin
maßgebenden Nachrichten Marianus Scottus a. 1074 (M. G. SS. V, p. 560),
und es versteht sich leicht genug, wie gerade er dazu kommen konnte. Seine
Angaben werden durch die andern Quellen, soweit sie dem Ereigniß zeitlich
näher stehen, nur bestätigt; obwohl die letzteren ihm an Vollständigkeit keineswegs gleichkommen, so daß jede weitere Verweisung auf Bernold, Berthold,
Lambert ꝛc. hier unterbleiben kann. Als positive Zeugnisse für jene Datirung
würden erst die Nachricht bei Sigeb. Gembl. a. 1074 (M. G. SS. VI, p.
362; nach ihm schrieb Ekkeh. chron. univ. a. 1074, Red. C.D.E, ibid.
p. 201) und die Zusammenstellung bei Paul von Bernried (bei Watterich,
vitae pontif. Rom., t. I), c. 36—42 angeführt werden können. Indeß bedarf es in der Hauptsache auch nur der Nennung dieser Gewährsmänner, um
erkennen zu lassen, daß eine derartige Ansetzung bei ihnen schon an sich keinen

Anspruch auf Beachtung hat. Ging ja doch auch obendrein dem letztgenannten
gerade für diesen Fall die gewohnte Grundlage des Registrum ab. Vielleicht
hat er sich nur durch eine mißverständliche Auffassung von reg.
II, 11 leiten
lassen. Nicht anders kann man über die Ansetzung bei Hugo von Flavigny,
M. G. SS. VIII, p. 426 urtheilen, wobei immerhin constatirt werden mag,
daß er — (denn an reg. I, 60 oder II, 19 ist dort nicht zu denken) —
allerdings noch die erst durch Jaffé's Ausgabe wieder ans Licht gezogene ep.
coll. 3 gekannt haben muß. Das Hauptmerkmal zur Unterscheidung der Beschlüsse von 1074 und 1075 giebt das Auftreten jenes „Aufruhrkanon", wie
man wohl kurzweg die vierte unter den besprochenen Bestimmungen nennen
möchte. Nun stimmen die Nachrichten Berthold's (M. G. SS. V, p. 277) und
Bernold's (ibid. p. 430 f.) über die Fastensynode des J. 1075 auf das Ge-
naueste mit den in epp. coll. 3—5 enthaltenen Kanones überein; und wer
wollte sie nicht gerade hier als die bestunterrichteten Gewährsmänner gelten
lassen? Aus unmittelbarster Anschauung der Dinge stammt auch die gleichzeitige Notiz in den Augsburger Annalen (M. G. SS. III, p. 128) zum J. 1075:
Papae decretum enorme de continentia clericorum per laicos divulgatur;
und auch Marianus Scottus bietet — womit er zugleich beide Synoden in
ihren Beschlüssen ganz ausdrücklich und bewußt auseinanderhält — zum J.
1075 wenigstens den Aufruhrkanon. Alles dies findet durch eine Untersuchung
des Registrum selbst nur Bestätigung. Sehr bald nach der Synode des J.
1075 sehen wir von Rom aus eine Reihe von Verordnungen ergehen (vergl.
Berthold p. 278), die insgesammt, obwohl je nach den örtlichen oder persönlichen Verhältnissen mit größerer oder geringerer Ausführlichkeit, unmittelbar
auf jene vier Kanones zurückgehen (reg. II, 62. 66—68. vgl. 55. 61. 72)
und in denen auch zweimal (62 in. 67 extr.) die letzte Synode ausdrücklich
angezogen wird. Wären die vier Kanones im J. 1074 erlassen worden, so
müßte man wohl annehmen, daß etwa Schreiben wie reg. II, 11. 25. 45
durch sie veranlaßt wären und auf sie Bezug nähmen, sähe sich aber völlig
außer Stande, einen rechten Zusammenhang zwischen alledem herzustellen.
Zwar enthält das unter dem 11. Januar 1075 an Rudolf von Schwaben
und Berthold von Kärnthen ergangene Schreiben (II, 45) ähnliche Gebote,
wie wir sie erst der folgenden Synode zuweisen, und Gregor bezeichnet diese
als den Prälaten Deutschlands bereits bekannt; aber er stellt sie auch nur als
Vorschriften der alten Kanones, sowie Leo's IX. und der Folgezeit hin, ohne
ein Wort davon, daß er selbst schon Derartiges verkündet habe. Zudem ist
immer noch ein Unterschied zwischen der für die wirklichen Beschlüsse der Synode
von 1075 so charakteristischen Autorisation aller Laien zum Widerstand gegen
ihre schuldigen Priester und der hier nur den Adressaten für ihre Person ertheilten Weisung. Was etwa daran auffallen könnte, erklärt sich eben daraus,
daß Gregor es für angemessen hielt, seinen wichtigsten Verbündeten in
Deutschland bereits im Voraus eine vertrauliche Anweisung im Sinn des demnächst officiell zu eröffnenden Verfahrens zu geben, zumal da gerade in ihrem
Wirkungskreis das für die Durchführung solcher Absichten am besten vorbereitete

und am nächsten ins Auge gefaßte Terrain im Reiche lag. Außerdem findet Giesebrecht's Datirung von ep. c. 3—5 auch durch den Gang des päpstlichen Strafverfahrens gegen den B. Otto von Constanz Bestätigung. Mit ep. c. 5 stehen opp. c. 8. 9 im engsten Zusammenhang; sie gehören anerkanntermaßen dem Ende desjenigen Jahres an, auf welches jene zu verweisen sein wird. Es ist nun schon an sich eine Unmöglichkeit, daß ein Schreiben, wie reg. II, 60 (v. 13. März 1075) nach ep. c. 8. 9 erlassen worden sein sollte. Es ist ferner durch die neuerdings erfolgte Widerlegung der Ansicht, als sei Otto von Con=stanz einer von den zum ersten Mal auf der Ostersynode des J. 1073, dann wieder auf der Fastensynode 1075 gebannten fünf Räthen des Königs gewesen (s. o. S. 200 f.), ein vielbetonter Grund dafür beseitigt worden, daß ep. coll. 5. 8. 9 nur innerhalb des J. 1074 ergangen sein könnten. Ueberhaupt stellt sich der Gang der Correspondenz Gregors mit den Bischöfen von Constanz u. Mainz nach Anleitung der betreffenden Documente selbst als folgender dar. Erst im Februar 1074 langte der erste Brief Siegfried's von Mainz an den neuen Papst (Cod. Udalr. 40) in Rom an. Der Erzbischof legt nach den be=kannten, überschwenglichen Glückwünschen seine Beschwerden in der prager An=gelegenheit dar, erwähnt die Sache mit dem thüringer Zehnten, einschließlich der dabei erlittenen Unbilden, das letztere in einer Weise, welche uns doch, wenn anders beide Vorgänge identisch sind, im Anschluß an Floto 2, 32 ernste Bedenken gegen die nach Lambert p. 218 (M. G. SS. V) übliche Ansetzung der erfurter Synode auf October 1074 aufsteigen lassen muß. Die Entschuldigung dafür, daß er nicht persönlich nach Rom gekommen, bezieht sich offenbar zugleich auf sein Nichterscheinen zur Fastensynode, zu der er doch immerhin als geladen galt, und soll ihn vor dieser rechtfertigen. Gregor antwortete unter dem 18. März 1074 (reg. I, 60), dem Tag nach Schluß des Concils; und immer=hin könnte es als einigermaßen befremdlich gelten, daß, folgte man der her=kömmlichen Datirung von ep. c. 3, daneben noch ein besonderes Schreiben zur Kundmachung der vier Kanones erlassen worden wäre. Gregor ruft dann weiter, nach den bekannten Vorgängen der folgenden Monate, unter dem 4. December 1074 den Erzbischof sammt sechs seiner Suffragane, worunter Otto von Constanz, zur nächsten Fastensynode (1075) und befiehlt ihm die Ueberwachung der letzteren (reg. II, 29). Kurz darauf, am 11. Januar 1075, giebt er den Herzögen Rudolf u. Bertbold die oben erwähnte Anweisung (reg. II, 45). In beiden Schreiben müßte sich, bei der Stellung der Adres=saten zu den Geschicken des Bisthums Constanz, Etwas daran finden, wenn ep. c. 8. 9 wirklich im December 1074 ergangen gewesen wären. Siegfried entschuldigt sich gegen Ende des Januars 1075 (Cod. Udalr. 42) wegen der Unmöglichkeit seines Erscheinens zur Synode und der Ertheilung des geforderten Berichts; die ganz allgemein gehaltene Aeußerung über seine Bemühungen zur Ausrottung von Simonie und Unkeuschheit der Priester, die er dabei einfließen läßt, kann sich schon inhaltlich gar nicht auf eine vorher erhaltene Anweisung, wie ep. c. 3, beziehen, sondern verweist uns auf die gegen jene Uebel ergan=genen Verfügungen im Allgemeinen, wie sie seit den Zeiten Leo's IX. zahlreich genug erlaſſen worden waren und in dieſer Geſtalt auch noch Gregors Legaten im J. 1074 zur Verkündigung in Deutſchland waren aufgetragen worden. Während dann Adalbero von Würzburg und Hermann von Metz perſönlich zur Synode erſcheinen (was wenigſtens doch wohl der Anlaß zu ihrer für den weißen Sonntag, 12. April 1075, bezeugten Anweſenheit in Rom geweſen iſt, vgl. Cod. Udalr. 44), erſcheint Siegfried nur durch Bevollmächtigte; ebenſo Hermann von Bamberg (cod. Udalr. 43) und Otto von Conſtanz. Dieſen ſind bei ihrer Rückreiſe in die Heimath die epp. c. 3. [4]. 5 mitge-geben worden. Daß Siegfried ſchließlich doch noch gegen Ende März 1075, aber erſt nach Schluß der Synode, perſönlich in Rom erſchien, iſt eine davon völlig unabhängige Sache. Zugleich auf ep. coll. 3 und auf die Weiſungen, die er perſönlich empfing, weiſt auch entſchieden der Schlußpaſſus von reg. III, 4 hin. Wäre endlich die früher übliche Datirung von ep. c. 5. 8. 9 die richtige, ſo hätte ohne Zweifel ſchon auf der Faſtenſynode 1075 gegen Otto von Conſtanz eingeſchritten werden müſſen. Dagegen iſt in Wirklichkeit erſt auf der Faſtenſynode 1076 Bann und Entſetzung über denſelben ausgeſprochen worden (vgl. Bertholt a. 1077, p. 293 u. beſ. Bernold, opusc. X: apol. pro Gobh. Const. c. 4, bei Uſſermann, prodr. Germ. sacr. II, p. 279. Aus-zug daraus M. G. SS. V, p. 430 f.). Geſchah dies, ſoviel wir wiſſen, ohne ſpeciellen Hinweis auf das im Verlauf des J. 1075 gegen ihn eingeleitete Verfahren, ſo war der Grund davon eben nur der, daß ſeine Betheiligung an dem inzwiſchen eingetretenen Schisma einfach jede andre Verſchuldung über-wog. — Im Anſchluß an eine der hier beſprochenen Fragen mag auch noch darauf hingewieſen werden, daß an einer Stelle in Lamberts Bericht über die Faſtenſynode 1076 (p. 243) augenſcheinlich Interpunktion und Beziehung zu ändern iſt und zwar in folgender Weiſe: .. regem excommunicavit et cum oo archiepiscopum Mogontinum etc. .... sententiam sortirentur . Porro Ottonem Ratisp. episc. et Ottonem Constantiensem episc. et Bur-chardum Losannensem episcopum (scil. excommunicavit; oder iſt dieſe Partie ſchließlich gleich hinter die Worte Babenbergensem Ruotbertum zu verweiſen?). Eberhardum comitem, Oudalricum et alios nonnullos, qui-bus rex potissimum consiliariis utobatur, iam pridem excommunicaverat. Damit käme auch Lambert für dieſe eine vielberufene Ausſage in eine ganz neue Stellung gegenüber der Frage nach den Perſonen der königlichen Räthe, in Bezug auf welche früher ſeine falſch bezogenen Worte mancherlei Unheil angerichtet haben: es fällt damit noch ein weiterer Scheingrund dafür weg, daß Biſchöfe unter denſelben geweſen ſeien (ſ. o. S. 201). — Daß vom rein canoniſtiſchen Standpunkt aus die Hineinziehung der Mitſchuldigen in das Simonieverbot allerdings nur eine Erneuerung längſt vorhandener Beſtimm-ungen war, iſt zuzugeben (vgl. darüber auch Bernold, opusc. IV: apologet. pro decr. Greg. VII., c. 6 a. a. O. p. 278, bez. 408), aber auch nur dem Buchſtaben nach. — Eine Aeußerung Gregors aus dieſer Zeit mit einer Hin-deutung auf die eminent politiſche Bedeutung ſeiner Entwürfe ſ. reg. I, 62 (an Hugo v. Clunv, v. 19. März 1074): Portamus enim, quanquam infirmi, quanquam extra vires ingenii et corporis, soli tamen portamus in hoc gravissimo tempore non solum spiritualium, sed et saecularium ingens pondus negociorum etc.

²) S. 65. — Für die päpstl. Gesandtschaft an Heinrich IV. vgl. Giese= brecht, G. d. b. K. 3, 249 f. 302. 1120.

³) S. 66. — Hinsichtlich der erwähnten Lobeserhebungen auf Heinrich III. vgl. z. B. Humbert, adv. sim. III, 6. 7. Petr. Dam., opusc. VI, c. 36. reg. (Greg. VII.) IV, 3, p. 246 in. VII, 21, p. 412 extr.

⁴) S. 67. Giesebrecht, G. d. b. K. 3, 229 f. — Ein „symoniaci cum Heinrico rege eorum" findet sich auch reg. IV, 7.

5) S. 68. 69. — Für den Fall mit dem B. Karl v. Constanz sei hier nur auf die bekannten Actenstücke im Cod. Udalr. 36—38. und Giesebrecht, G. d. b K. 3, 230 f. verwiesen. Für die Sache des Robert v. Reichenau vergl. ebendas. S. 232. 1117. Bemerkenswerth ist dabei noch obendrein, daß die Verurtheilung Robert's schließlich nicht einmal in erster Linie mit der Beschuldigung der Simonie motivirt ward, sondern damit, daß er den auf Grund derselben an ihn ergangenen drei kanonischen Vorladungen nicht Folge geleistet hatte. — Die päpstlichen Legaten nehmen „more Romano" von beiden Parteien Geld: Bruno, c. 117. — Für den ersten Bestechungsversuch des Hermann von Bamberg, noch unter Alexander II., s. Lambert a. 1070 in., p. 176. Allerdings bestreitet Giesebrecht, G. d. b. K. 3, 1107 die Glaubwürdigkeit der Thatsache. Doch kommt es auch hier nicht sowohl auf diese, als auf Lambert's Auffassung von der Sache an. Im Uebrigen darf wohl bei dieser Gelegenheit versichert werden, daß nicht leicht Jemand freudiger als d. Verf. dem Heuchler Lambert die Maske noch bis auf den letzten Rest hat abreißen sehen, wie dies seitdem durch J. Delbrück (üb. d. Glaub= würdigkeit L.'s, Bonn 1873) geschehen ist. — Für das frühere Anerbieten Siegfrieds von Mainz an Hildebrand s. Cod. Udalr. 33. — Simonie am Hof des Gegenkönigs Hermann: s. d. Briefe des Wilhelm von Hirschau u. der sächsischen Geistlichkeit bei Sudendorf, Registrum 1 (Jena 1849), Nr. 15. 16. Gregor VII. über den zweiten Bestechungsversuch des Hermann von Bam= berg reg. III, 3. vgl. Cod. Udalr. 44, wo die einheimische Opposition gegen diesen u. A. auch erklärt: . . cum fiducia intercessoris sui, quem ingenti pecunia redemerat quemquo infinitis variarum specierum opibus ad explendos Romanae cupiditatis hiatus praemiserat etc. — Wie sehr es den Gegnern nur darauf ankam, den König und die durch ihn erfolgten Erhebungen hinterher unter allen Umständen zu verunglimpfen, auch wenn selbst sie keinen Anhaltspunkt zu finden im Stande waren, auf welchen hin sie hätten von Simonie fabeln können, dafür hier nur ein Beispiel aus Lambert a. 1067: Nach Einhard's Tod wird Heinrich Bischof von Speier „tantae dignitati vixdum per aetatem maturus et non tam electione principum — (also das gehörte für Lambert u. seine Gesinnungsgenossen dazu, um einen Bischof zum rechtmäßigen Inhaber seiner Würde zu stempeln?) — ad hanc provectus, quam indulgentia regis, cui in puerili aetate fuerat familiarissime assentatus."

⁶) S. 70. — Es handelt sich hier um die Erhebung des Meinward von Reichenau im J. 1069 und des Gottfried von Mailand (s. o. S. 47). Für den ersten Fall spricht von einer Erkaufung Lambert (p. 176), also eine so trübe Quelle, wie nur möglich; für den zweiten erwänt Aehnliches Arnulf IV, 3, aber gerade er nur als Gerücht. Ganz bestimmt und mit den nöthigen Einzelheiten wissen das dann allerdings bereits die Ann. Altah. mai. a. 1071 (M. G. SS. XX, p. 822) und Berthold a. 1072, p. 275 zu berichten. Und wer dürfte, selbst wenn Gottfried gezahlt hat, behaupten wollen, daß ihnen die Natur der legitimen Gebühr für die erlangte Investitur unverständlich gewesen sei? — Wohl aber wird sich eines Lächelns kaum erwehren können', wer das Raisonnement liest, welches Lambert p. 183 f. an seine Erzählung über den angeblichen Kauf der Abtei Reichenau durch den bekannten Robert im J. 1071 knüpft. Also erst von diesem Robert kam die verderbliche Gewohn= heit her, Abteien durch Geld zu erkaufen? überhaupt erst aus allerjüngster Zeit, stand es so, stammte die Simonie? Wie konnte man dann aber ander= wärts behaupten, daß Heinrich IV. schon in viel frühern Jahren sich derselben schuldig gemacht habe? Einiges zu denken giebt in dieser Beziehung schon ein Urtheil des Wilhelm von Malmesbury, der bei guter Sachkenntniß mit seinen persönlichen Gefühlen dem Streit im Reich völlig fernstand, über Hein= rich IV. Erat is, sagt er, neque ineruditus neque ignarus, sed fato quo= dam ab omnibus ita impetitus, ut rem religionis tractare sibi videretur, quisquis in illum arma produceret (l. III, c. 266. s. M. G. SS. X, p. 475).

⁷) S. 72. — Ich meine den Fall mit Hermann v. Bamberg und sein Verfahren in Bezug auf das von ihm errichtete Stift zu Gunsten des neuen, reformirten Mönchthums; „. monasticae conversationis munditia delec= tatus in toto episcopatu suo, si fieri posset, hanc solam esse vitam cupiebat; zelo quidem Dei, sed non secundum scientiam, sic aemulatus Rachelis pulchritudinem, ut Liae fecunditatem in thalamum coelestis sponsi non crederet admittendam, sagt Lambert p. 220 f. Mit solchen Phrasen setzte man sich eben kurzer Hand über jeden Widerspruch hinweg.

⁸) S. 72. 73. — Gerade Lambert p. 236 f. ist es, der die Kunde von mehreren glänzenden Beispielen dieser Art uns erhalten hat. — Die Meinung, daß Heinrich IV. sich wenigstens durch die Noth des andauernden Kämpfs zu simonistischen Besetzungen habe verleiten lassen, vertritt u. A. Stenzel a. a. O. 2, 58—60. Aber weder ist das durch Thatsachen gehörig belegt, noch würde es auch auf die Beurtheilung des gegen Heinrich IV. längst zuvor eingeleiteten Verfahrens den geringsten Einfluß beanspruchen dürfen.

⁹) S. 73. 74. — Die angefochtene Meinung vertritt neben den Schrift= stellern der römisch=päpstlichen Partei, bei denen sie allerdings selbstverständlich ist, auch bis zu einem gewissen Grade Giesebrecht, G. d. d. K. 3, 506. — So wenig übrigens Gregor VII. sich scheute, im Fall der Noth und zur Er= reichung höherer Zwecke die Mittel herzunehmen, wo er sie gerade fand, so großen Eindruck muß doch seine persönliche Uneigennützigkeit gemacht haben. So weist er reg. I, 34 Anerbietungen des Bischofs von Lincoln, reg. VII,

26 solche der Königin von England zurück, und die oben erwähnten des Siegfried von Mainz hat er gewiß nicht einmal einer Antwort gewürdigt. Hätte er auch sonst gegen denselben auftreten können, wie es reg. I, 60 geschieht? — Verordnungen von königlicher Seite gegen Simonie und Unkeuschheit der Priester: vgl. das concil. Hoinr. Imp. III., M. G. Legg. II, p. 51, auf dessen Zeitpunkt hier weiter nichts ankommt; Cod. Udalr. 73. Bezeichnend genug ist ja schließlich auch schon der Name Clemens III., den Wibert als Gegenpapst annahm. Er soll eben auch schon äußerlich in dem Verhältniß gegenüber Heinrich IV., wie gegenüber Gregor VII., eine Analogie zu dem Verhältniß Clemens' II. gegenüber Heinrich III. und Gregor VI. zur Schau tragen und zugleich das beabsichtigte Verfahren in der Verwaltung der Kirche möglichst als eine stricte Fortsetzung dessen bezeichnen, was einst Clemens II. angebahnt hatte. — Die Uebereinstimmung beider feindlichen Parteien in den wichtigsten Grundanschauungen tritt besonders charakteristisch in Bezug auf manche Einzel= ereignisse hervor. So wird von den Päpstlichen um Nichts weniger als von den Kaiserlichen als die größte Schandthat die bekannte Ermordung des vom König designirten Erzbischofs Konrad von Trier betrachtet, obgleich doch seine Ernennung im vollständigen Gegensatz ebenso zu dem ausgesprochenen Wunsch der Gemeinde, als zu der von der kirchlichen Partei sonst so lebhaft vertretenen Forderung der kanonischen Wahl stand. Umgekehrt hat Landulf (III, 28. M. G. SS. VIII, p. 94) da, wo er Beispiele von wunderbaren Strafen für An= griffe auf Priester und Heiliges aufzählt, es auch nicht unterlassen können, als warnendes Beispiel die Strafen des Himmels anzuführen, welche die Verletzer des Patarenerführers Liprand trafen. — Und doch sind die Kaiserlichen wenigstens in einem Punkt consequenter gewesen. Gregor VII. predigt die Unverletzlichkeit der Priester und die Pflicht des Gehorsams gegen dieselben (vgl. z. B. reg. I, 20. VII, 21, p. 413. VIII, 60, p. 519) und hetzt die Patarener gegen diejenigen unter ihnen, welche dem römischen Stuhl nicht ge= horchen. Wibert predigt gegen Simonie und — (was man von den Gegnern, weit über die Ziele der ursprünglichen Reformpartei hinaus, sich angeeignet hatte) — für den Cölibat der Geistlichen, aber bedroht die aufrührerischen Laien mit der Excommunication (Cod. Udalr. 73, p. 151).

[10]) S. 75. — reg. I, 39. v. 20. Dec. 1073. Noch erkannte Gregor den König an; daher auch Wendungen, wie „quod inter vos et Honricum regem, vestrum videlicet dominum, tantam discordiam et tam inimica studia exhorta esse cognovimus". Und selbst wenn von den Rebellen schon eine ausdrückliche Absetzung über Heinrich ausgesprochen gewesen wäre, wie hätte der Papst eine solche als vollgültig anerkennen sollen, die nicht von ihm selbst ausging?

[11]) S. 75. 76. — S. oben Anm. 2. Das Versprechen des Königs u. der Räthe, Berthold p. 430. Vorladungen auf die röm. Synode, reg. II, 28. v. 12. Dec. 1074 u II, 29, gewiß von demselben Datum, 2. Id. Dec., nicht 2. Non. Doc., wie überliefert ist. Die Verschiedenheit des Tons gegen beide Prälaten, unter denen doch, wenn es blos auf die Wichtigkeit des Amts

Melzer, Gregor VII. 2. Aufl.   14

angekommen wäre, entschieden der mainzer Erzbischof hätte in höherm Grade gefürchtet werden müssen, erklärt sich leicht aus der Verschiedenheit ihrer Persönlichkeiten und ihrer thatsächlichen Stellung zur Reichsregierung.

[11]) S. 76. — reg. I, 85. vom 15. Juni 1074. — Wessen hätte sich Heinrich eventuell zu gewärtigen? „Quorum quidem quod maximum est et unitati dilectionis coniunctissimum, iam peregistis: videlicet filium vestrum Heinricum regem communioni ecclesiae restitui simulque regnum eius a communi periculo liberari. Quoniam, illo extra communionem posito, nos quidem timor divinae ultionis secum convenire prohibuit, subditos vero sibi quotidie eius praesentia quasi necessitas quaedam in culpa ligavit." Eine derartige Argumentation, von dieser Stelle aus in die Oeffentlichkeit eingeführt, mußte unfehlbar dieselben Wirkungen hervorrufen, welche einst die verwandte Lehre in Bezug auf die Amtshandlungen simonistischer und nicolaitischer Priester zur Folge gehabt hatte.

[13]) S. 77. — reg. II, 12. — Daß den Papst sein Interesse darauf hinweisen mußte, den König und den deutschen Episcopat einander zu entfremden, hat auch Beno, de vita et gest. Hildebr., l. II. (bei Goldast, apol. pro Henr. IV., p. 7) richtig hervorgehoben, obwohl im Uebrigen seine Darstellung der Thatsachen an starken Entstellungen leidet.

[14]) S. 77. 78. — reg. II, 30. 31.

[15]) S. 78. 79. — reg. II, 38. Die den Ansprüchen des Papstes abgeneigte Gesinnung der Diöcesanen beweist deutlich ihre beiderseitige Stellung zu dem in Rede stehenden Archidiaconus, wie sie sich am besten in dem folgenden Passus des Schreibens ausspricht: quanquam pleraque nobis de archidiacono vestro reprehensibilia relata fuerint, eo tamen in nostra praesentia posito et diligenter super his, quibus arguebatur, inquisito, nihil nisi quod ad fidelem pertinere videbatur obedientiam in ipso deprehendere potuimus. Heinrich IV. besetzte ja auch, wie noch zu erwähnen sein wird, im Lauf des folgenden Jahrs wirklich das Bisthum, und der von ihm ernannte Bischof ward daselbst willig aufgenommen. Auch gaben für seine spätern Unternehmungen in Italien gerade jene Gegenden — mochten nun mehr persönliche Gründe, mochte mehr die Furcht vor den Normannen oder der großen Gräfin und ihrem beiderseitigen Verhältniß zum Papst dafür maßgebend sein — einen wesentlichen Stützpunkt ab. — Nebenbei sei auf die eigenthümlichen Grundsätze hingewiesen, auf welchen die in diesem Schreiben angedrohten Strafen für gewisse kirchliche Vergehen beruhen: Quod si qua temeritate neglexerit, sciat se ex apostolica auctoritate in bannum casurum esse, si dives est, centum librarum, sin vero de mediocribus, in detrimentum totius substantiae suae.

[16]) S. 79—81. — Macon: reg. I, 76 (v. 15. April 1074). ep. coll. 7. In Bezug auf das Verhältniß Gregors zu K. Philipp v. Frankreich ist für die nächste Zeit vor Allem auf reg. II, 5 (v. 15. Sept. 1074) zu verweisen, worin u. A. der bemerkenswerthe Ausspruch: Quodsi nec huiusmodi districtione voluerit resipiscere, nulli clam aut dubium esse volumus,

quin modis omnibus regnum Franciae de eius occupatione, adiuvante
Deo, temptemus eripere. — Die ! reg. I, 69 (v. 23. März 1074), vergl.
Bernold a. 1078, p. 306 f. Hugo Flav. p. 410 ff. Auf der Faftenfynode
1076 (reg. III, 10 a) beftätigt der Papft „ea, quae Diensis episcopus in
episcopatu Diensi de decimis et primitiis et ecclesiis fecit, et cuetera,
quae in legatione nostra statuit.“
17) S. 81. 82. — Montefeltro u. Gubbio: reg. II, 41. v. 2. Jan.
1075. Von einer „felbftverftändlichen“ Zuftimmung der tanonifchen Wähler
darf doch wohl gefprochen werden im Anfchluß an die Worte: et eam sicut
dignum est vestra eloctione collaudatam et canonico decroto probatam
nobis ad ordinandum quantocius praesentare studeant. — Pefaro: reg.
II, 46 (v. 13. Jan. 1075), worin in anderer Hinficht bemertenswerth die
Vorfchrift: „Omnes etiam lites inter episcopum et adversarios eius ad
utilitatem sanctae Mariae Pensaurensis definire procuretis.“
18) S. 82. — reg. II, 50. In anderer Richtung bemertenswerth dar
raus: Et quia venerandi canones ad sacerdotii gradum tales provehi
contradicunt, probare eos non satis cautum fore putavimus, ne quic-
quam a nobis contrarium s. patribus in exemplum et auctoritatem po-
steris relinquatur. Solet enim sancta et apostolica sedes pleraque con-
siderata religione tolerare, sed nunquam in suis decretis et constitutio-
nibus a concordia canonicae traditionis recedere.
19) S. 83. — reg. II, 49. v. 22. Januar 1075. (p. 164 lies: „cuius
est vita labilis et actio secularis etc.?)
20) S. 84. 85. — Für die Sache von Toul f. reg. II, 10 (v. 16.Oct.
1074). Betannt ift ja jene, für die im deutfchen Episcopat noch lebenden
Gefinnungen fo bezeichnende Antwert des Erzb. Udo v. Trier, bei Subendorf,
Regiftrum 1, 4. Der Kreuzzugsplan in der oben erwähnten Weife, reg. I,
46. v. 2. Februar 1074. Diefes Schreiben beweift mit hinreichender Deut-
lichteit, daß Gregor von vornherein auf die Eventualität vorbereitet war, feine
Anfprüche mit Waffengewalt durchfetzen zu müffen, und daß er gerade damals
diefelbe nahe vor fich zu haben glaubte. Machte er fich vielleicht darauf gefaßt,
daß feine erfte römifche Synode ihren Eintritt mit fich bringen werde? Wir
find weit davon entfernt, zu beftreiten, daß Gregor überhaupt den Kreuzzug
habe unternehmen wollen. Aber zielen etwa auf einen folchen Aeußerungen
von fo durchaus grundlegender Bedeutung für das Schriftftück felbft, wie für
die Beurtheilung der ganzen Angelegenheit überhaupt, wie: Unde, memores
nobilitatis vestrae fidei, rogamus et admonemus strenuitatis vestrae
prudentiam: quatenus praeparetis vestrae militiae fortitudinem ad
succurrendum Romanae ecclesiae libertati, scilicet, si
necesse fuerit, veniatis hnc cum exercitu vestro in servitio s.
Petri? An erfter Stelle, auch äußerlich, tritt die Abficht hervor, die Chriften
durch den Schreden zur Unterwerfung unter die „Gerechtigteit“ zu bewegen
(hanc autem militum multitudinem non ideo coacervare curamus, ut ad
effusionem sanguinis christianorum intendamus, sed ut ipsi, videntes ex-

14*

peditionem, dum confligere timuerint, facilius subdantur iustitiae);
an zweiter Stelle die Absicht, die Normannen zur Ruhe zu bringen, und erst
an dritter, als eine Eventualität, die überhaupt erst hinterher in Betracht
kommen kann, der Kreuzzug (speramus etiam, quod forsitan alia inde utilitas
oriatur: scilicet ut, pacatis Normannis, transeamus Constantinopolim
in adiutorium christianorum etc.). Der ausdrückliche Hinweis darauf, daß
es nicht auf das Blut der Christen abgesehen sei, wurde ohne Zweifel verur=
sacht durch die Erinnerung an die Vorwürfe, welche einst gegen Leo IX.
wegen seines Zugs gegen die Normannen von allen Seiten, selbst von seinen eifrigsten
Anhängern, und zum Theil in sehr heftiger Weise erhoben worden waren.
Aber auch Leo IX. versicherte hinterher, es sei nur seine Absicht gewesen, die
Normannen zu schrecken, nicht sie zu tödten (s. d. Brief an Constantin Mono=
machos bei Mansi XIX, 668). — Aehnliche Betrachtungen erweckt sofort
reg. II, 3 (v. 10. Sept. 1074), wo das Angebot des Grafen Wilhelm von
Poitou zur Theilnahme am Kreuzzug einstweilen dankend abgelehnt wird. Die
wirklichen Gründe des Unterbleibens vor die Oeffentlichkeit zu bringen, mochte
allerdings nicht eben gerathen erscheinen. Sicherlich war der Umstand, daß
dem Gerücht zufolge die Christen im Orient augenblicklich die Oberhand haben
sollten, keiner davon; und außerdem stand unter den Zielen des Kreuzzugs ja
dasjenige obenan, die Christen des Orients und ihre Kirche der römischen zu
unterwerfen, ward also von der neuen Wendung der Dinge dort gar nicht be=
rührt. Wohl aber dürfte zu beachten sein, daß gerade damals die Verhältnisse
in Frankreich sich so gestalteten, daß unter Umständen der Graf mit seinen
Leuten dort viel nöthiger im Dienst des h. Petrus gegen König Philipp gebraucht
werden konnte. Die Aufforderungen und Versicherungen, welche nach der
spätern Wiederaufnahme des Plans in Betreff desselben an Heinrich IV. er=
gehen (reg. II, 30. 31. v. 7. Dec. 1074), dürfen wohl nur als Mittel zu
einem neuen Versuch aufgefaßt werden, um den letzteren vielleicht wenigstens
so in den Bereich der päpstlichen Anschauungen und Herrschaft hereinzu=
ziehen. — Brief an Gottfried von Lothringen reg. I, 72, v. 7. April 1074;
— an Burchard v. Halberstadt reg. II, 12, v. 26. Oct. 1074; – an die
Herzöge Berthold u. Rudolf reg. II, 45, v. 11. Jan. 1075;— an Swen von
Dänemark reg. II, 51, v. 25. Jan. 1075. vgl. auch II, 13 (v. 28. Oct.
1074), an K. Salomon v. Ungarn.

Fünfter Abschnitt. — ¹) S. 85. — Vorladungen auf die Fasten=
synode 1075: reg. II, 1 (hier auf die 2. Fastenwoche, während sie doch in
Wirklichkeit in der ersten stattgefunden hat; auch ist in allen folgenden Schreiben,
mit Ausnahme von II, 22. 43, die letztere als Termin angegeben). 21—25.
28. 29 (vgl. 30). 33. 35 (vgl. 36). 42. 43.— Der Auszug aus den Acten,
reg. II, 52 a.

²) S. 88. 89. — Die Kanones gegen Simonie und Nicolaitismus, ep.
coll. 3. 4. 5. (s. oben S. 203 ff.) vgl. reg. II, 62. 66. 67; dazu, in einer
je nach den Umständen modificirten Weise, II, 55. 61 (ein Schreiben, das
man nicht ohne ein gewisses gemüthliches Interesse lesen kann: hier beugt sich

der allgewaltige Statthalter Gottes vor dem grauen Haar). 68. 72. 73.
Berthold p. 278. Das S. 89 o. angedeutete Moment in den Bestrebungen
Gregors hebt schon Bernold u. 1073 p. 430 richtig hervor. — Für das
Auftreten der Pataria in Deutschland müssen ja vor Allem die Schilderungen
bei Sigeb. Gembl. chron. a. 1074 (M. G. SS. VI, p. 362 f.) und epist.
adv. laic. in presb. coniug. calumn. (bei Martene-Durand, thes. nov.
anecd. t. I, p. 230 ff.) hervorgehoben werden. Wie wenig Gregor selbst
sich über die Tragweite der Beschlüsse und über das Aufsehen, das sie erregen
mußten, unklar war, machen die Entschuldigungen — wenn man sie so nennen
darf — in II, 67. 68., die Ablehnung jeder eignen Verantwortlichkeit für die
Conception derartiger Forderungen, wie sie in den Kanones selbst zum Ausdruck kommt, noch besonders deutlich.

³) S. 89. 90. — Arnulf, gesta archiep. Mediol. IV, 7 (a. a. O.
p. 27): . . praefatus Papa, habita Romae synodo, palam interdicit
regi, ius deinde habere aliquod in dandis episcopatibus omnesque
laicas ab investituris ecclesiarum summovet personas. Insuper facto
anathemate cunctos regis clamat consciliarios, id ipsum regi commi-
natus, nisi in proximo huic obediat constituto. Im Uebrigen ist auf
Giesebrecht, Gesch. d. t. K., S. 126 ff. 186 ff. (vgl. dess. Gesch. d. d. K. 3,
266 ff.) zu verweisen, der sich das hohe Verdienst erwarb, zuerst in die Sache
mit dem Investiturverbot volle Klarheit zu bringen. Nur möchte man sich un-
gern überreden, daß dem Verbot jede Strafandrohung gegen investirende Laien
gefehlt habe. Nicht zwar, als ob die betreffenden Angaben späterer Quellen,
soweit sie das Gegentheil versichern, irgendwelches Gewicht zu beanspruchen
hätten. Ihre Verfasser, würde man mit Recht dagegen einwenden, legen
sich vielfach die Thatsachen zurecht, wie es ihnen der äußere Charakter des
Streits in einem späteren Stadium, wo er vorwiegend zum Investiturstreit
geworden war, an die Hand gab; sie können sich den gegen Heinrich IV.
ausgesprochenen Bann eben nur als einen solchen vorstellen, der ihm bereits
im Voraus angedroht gewesen wäre, und zwar auf dasjenige hin, was ihnen
selbst als die Grundlage des Kampfs erschien, während wir ja völlig darüber
einig sind, daß letztere Anschauung durchaus irrig war, gleichwie ja auch
in beiden Bannformeln gegen den König nicht ein Wort von der Investitur
vorkommt, und daß erst noch ganz andre Personen und Zeiten kommen mußten,
ehe der große Kampf den beschränkten Charakter eines Investiturstreits annahm.
Indeß ganz anders steht die Sache mit der Angabe des Arnulf; und was kann
das von ihm genannte constitutum, dem Heinrich bei Strafe der Excommunication gehorchen soll, Andres sein als das Investiturverbot? Vielleicht auch
darf den Worten des Landulf III, 31, p. 98: „Itaque electo Oldeprando
. . refutaret", troß aller sonstigen thatsächlichen Irrthümer, und des Berthold
p. 277: „Ergo regulas . . .alienos sit" in dieser Richtung eine gewisse
bestätigende Kraft eingeräumt werden. Dazu ist das Verfahren Gregors gegenüber Anselm v. Lucca doch wohl anders zu betrachten (s. o. S. 55 f.), als es
Giesebrecht thut; und auch sonst ergiebt sich, wie wir weiter sehen werden, aus
Gregors Worten und Handlungen nur, was unsre Annahme bekräftigt. End-

lich ist doch auch von hoher Bedeutung, daß Gregor in der Anweisung für Hugo von Die zur Verkündung des Investiturverbots, wie sie auch auf der Provinzialsynode zu Autun 1077 erfolgte (reg. IV, 22. f. o. S. 125 f.), den die Investitur ertheilenden Laien gleichfalls die Excommunication androht. Vielleicht ist allerdings jetzt dieselbe verhüllende Form verwendet worden, wie sie dort vorgeschrieben wird, der Verweis auf den Kanon von 869. Oder hat etwa die Person und das Schicksal des Königs Saul das nöthige Material dazu liefern müssen? Im Hinblick darauf, wie schon Humbert adv. sim. III, 14 ein ganzes Kapitel einer Betrachtung „de praesumptione Saulis et poena" gewidmet hatte und wie Gregor später im entscheidenden Augenblick den König an Saul erinnert. (reg. III, 10. f. o. S. 107), möchte man leicht auch dies für möglich halten

⁴) S. 90—96. — Für diese Fragen ist jetzt vor Allem auch auf Fider, über das Eigenthumsrecht des Reichs am Reichskirchengute, bes. im 5. Abschnitt „zum Investiturstreite", a. a. O. S. 417—50 zu verweisen. Darüber, daß das Bewußtsein von dem wahren Sachverhalt auf kirchlicher Seite nicht er= loschen war, f. daf. S. 422 f. Daß man auch auf der andern Seite sich nicht unklar darüber war, worum es sich handelte, bezeugt z. B. Wenrich, op. Theod. Vird. bei Martene-Durand I, p. 227: Illud sano, quod de ecclesiasticis ventilatur boneficiis ab omni secularium iure perpetua emunitate asserendis etc. — Das Investiturverbot ist trotz der mangelnden officiellen Publication gültig; ausdrückliche Erklärung darüber, ab= gesehen von den praktischen Fällen, aus deren Behandlung sich das ergiebt und die weiter unten zur Sprache kommen werden, reg. IV, 22 in.: cui cum nos congruis rationibus ostenderemus, quam grave esset, etiam omni ignorantia eum excusante, sanctae et apostolicae sedis synodale decretum transgredi etc. — Allgemeiner Ausspruch Gregors über die Zuge= hörigkeit des weltlichen Besitzes zur Kirche, reg. I, 7: Quod enim auctore Deo semel in proprietates ecclesiarum iusto pervenerit, manente eo — (d. h. so lange es existirt) —, ab usu quidem, sed ab earum iure, occasione transeuntis temporis, sine legitima concessione divelli non poterit. Andres wird bei der Betrachtung der einschlägigen Maßregeln selbst zur Sprache kommen. — Einfacher — vielleicht darf man auch sagen, cynischer — läßt sich der Gedankengang in den betreffenden Schlußfolgerungen der römisch=kirchlichen Partei allerdings kaum wiedergeben, als wie es Deusdedit in der Disposition seiner coll. canonum (a. a. O. praefat. p. 3 f.) thut: .. primus liber continet privilegium auctoritatis eiusdem Romanae ecclesiae. Et quoniam ecclesia sine clero suo esse non potest nec clerus absque rebus, quibus temporaliter subsistat, huic subiunxi secundum et tertium de clero et rebus eiusdem ecclesiae. Quia vero saeculi potestas Dei ecclesiam sibi subiugare nititur, libertas ipsius et clori et rerum eius tertio et maxime quarto libro evidenter ostenditur. — Wie reimt sich freilich zu der neuen Theorie vom Eigenthumsrecht am Kirchen= gut ein Ausspruch, wie reg. II, 73: .. non ignorantes, quoniam, qui

aliorum bona iniuste auferunt, nisi emendaverint si emendare poterint, nullatenus in regno Christi et Dei partem habere credendi sunt? ⁵) S. 98. 99. — Gereizte Stimmung des Königs gegen Rom, Cod. Udalr. 43 (Jan.—Febr. 1075). — Aufforderung an denselben, Gesandte zur Synode zu schicken, reg. II, 30. Gregors Botschaft an ihn und ihre Träger, reg. III, 10, p. 220 f. Was er andrerseits in Bezug auf das Seelenheil des Königs für seine Pflicht hielt, hatte Gregor bei andrer Gelegenheit, schon bald nach dem Antritt des Pontificats, unzweideutig ausgesprochen, reg. I, 11: Et corte tutins nobis est, defendendo veritatem pro sui ipsius salute ad usque sanguinem nostrum sibi resistere, quam, ad explendam eius voluntatem iniquitati consentiendo, secum — quod absit — ad interitum ruore. — Gregor an den K. Swen von Dänemark, reg. II, 75. v. 17. April 1075. Interessante Betrachtungen könnte eine Verordnung aus eben dieser Zeit, reg. II, 65, veranlassen, in welcher den Mönchen von St. Denis befohlen wird, ihrem Abt Ivo bis zum Austrag der gegen ihn eingeleiteten Untersuchung alle gebührende Ehre zu erweisen und unweigerlich zu gehorchen. Und doch war Ivo in sehr gravirender Weise beschuldigt, sein Amt simoniace, hoc est per interventum pecuniae erlangt zu haben. Wie verfuhr man dagegen mit Bischöfen, die durch kanonische Wahl und ohne Simonie erhoben waren, aber hinterher die Investitur erlangt hatten? Nicht minder beachtenswerth sind reg. II, 69 die Betrachtungen über Wesen und Nothwendigkeit exemter Klöster und Bisthümer — eine Art von Philosophie der Exemtion —, welche sich zuletzt sogar dahin versteigen, gegenüber den Klostergeistlichen Erzbischöfe als saeculares personae zu bezeichnen. — Lobi: die angeführten Worte aus Giesebrecht, Ges. d. t. K, S. 127. vgl. reg. II, 55: in ordinandis quoque recte et canonice ecclesiis ei totis viribus auxilium praebeatis. In L. hatte die Pataria mit ihrem Bischof Opizo die Oberhand. Aehnlich, wenn auch nur entfernt, reg. II, 54, unter demselben Datum an die Gemeinde von Piacenza gerichtet: Dabimus etiam operam, ut omnes fideles s. Petri adiuvent vos in ordinando pastore et expellendo lupo etc. Ueber die Pataria in Cremona u. Piacenza f. Bonizo, a. a. O., p. 648 ff. — Bamberg, reg. II, 76, woraus f. bef.: Quapropter ex parte Dei et apostolorum Petri et Pauli interdicimus: ut nulla alicuius dignitatis seu potestatis sive cuiuslibet condicionis persona res iam saepe fatae ecclesiae, maxime thesaurum et praedia, auferre vel aliquo modo alienare iniuste diripiendo praesumat, donec omnipotens Deus per interventum beati Petri ecclesiae illi idoneum pastorem provideat. Und obendrein ward ja selbst dieser Erlaß (f. reg. III, 1) noch drei Monate lang in Rom zurückbehalten.

⁶) S. 100—102. — Bamberg, reg. III, 1—3. vgl. Giesebrecht, G. b. b. K. 3, 335 f. 1127. — Lambert a. 1075, p. 236. — Gegen die Auffassung der an den Erzbischof von Mainz gerichteten Aufforderung in reg. III, 2 ist nach Maßgabe ihres Wortlauts wohl überhaupt kein Einspruch zu befürchten. Merkwürdig nur dabei, wie er hier, wo der Papst seiner bedarf, als

venerabilis archiepiscopus u. dgl. behandelt wird, was sonst nicht leicht Jemandem geschieht und wenig zu dem frühern Auftreten Gregors gegen ihn stimmt. Die betreffende Mahnung an den König (reg. III, 3) lautet: Nunc ergo, excellentissimo fili, sublimitatem tuam hortamur et pro nostrae sollicitudinis debito suademus: ut religiosorum consilio virorum eadem ecclesia secundum Deum ordinetur, quatinus b. Petri, cuius et nomini et defensioni attitulata est, intercessione divinae merearis obtinere suffragia protectionis. vgl. III, 7 extr. Nirgends findet sich eine Aufforderung an den König, an der Besetzung sich zu betheiligen oder auch nur für ihr Zustandekommen Sorge zu tragen. Allerdings ist ja die ganze Wendung, aus leicht ersichtlichen Gründen, so sehr auf Schrauben gestellt, daß man sich wohl wundern müßte, wenn nicht in vielen Fällen Unrichtiges daraus abgeleitet worden wäre. So möchte namentlich auch gegen die Auffassung Giesebrecht's (Gesch. d. r. K., S. 131; G. d. d. K. 3, 336) Einspruch erhoben werden dürfen.

7) S. 102. 103. — Hauptquelle für die Verhandlungen zwischen König und Papst reg. III, 5. 7. 10. Für alles nicht unmittelbar hierher Gehörige dabei f. bes. Giesebrecht, Gesch. d. d. K. 3, 337 ff. Die königliche Gesandtschaft ist dieselbe, von welcher Bruno c. 64 so Abenteuerliches berichtet. Gewiß konnten im Lauf der Verhandlungen auch einmal ähnliche Maßregeln zur Sprache kommen, wie sie von Jenem überhaupt als Ziel der ganzen Gesandtschaft dargestellt werden. Indeß mehr darf seine Darlegung, trotz aller zur Schau getragenen Bestimmtheit, gegenüber den authentischen Actenstücken nicht beanspruchen. Dafür liefert sie einen interessanten Beitrag zur Beurtheilung seiner Glaubwürdigkeit. Die Gesandtschaft ging von der Seite des Königs, wie dieser selbst (reg. III 5) sagt, noch vor seiner Rückkehr vom sächsischen Feldzug, also vor Beginn des Juli, ab, was auch durch die Zeitbestimmungen bei Bruno bestätigt wird. Die Bezüge auf die Kaiserkrönung treten am deutlichsten in III, 7 hervor. Daß dieses undatirte Schreiben vor dem 5. desselben Buchs (v. 11. Sept. 1075) abgesandt worden ist, ergiebt sich aus ihrem Inhalt in unzweideutiger Weise. Ueberhaupt müssen ja eigenthümliche Umstände auf die Zusammenstellung dieses Theils des Registrum von Einfluß gewesen sein (vgl. auch III, 6 und Jaffé's Bemerkung dazu). Fast möchte man auf den 3. September als Tag der Ausfertigung von III, 7 schließen, als von welchem auch der Erlaß an Siegfried von Mainz (III, 4) datirt ist. Analogien dazu finden sich häufig genug, und hier sind zwischen beiden Erlassen noch ganz besondre Beziehungen vorhanden. Außerdem ist weder an sich die Annahme, daß zwischen der Ankunft der ersten Gesandten in Rom und dem — obendrein durch besondre Verhältnisse beschleunigten — Abgang der päpstlichen Antwort wenig mehr als ein Monat vergangen sei, in Anbetracht der bekannten, in diese Zeit fallenden Ereignisse eine zu hoch gegriffene; und die Aeußerung, daß die in der bamberger Sache an den König und Siegfried von Mainz unter dem 20. Juli ausgefertigten Erlasse (III, 2. 3) „iam din" abgegangen seien (III, 7 extr.), giebt ihr noch eine gewisse positive Bestätigung. Daß der

Papst in diesem Jahr besonders zeitig von dem üblichen Sommeraufenthalt nach Rom zurückkehrte, erklärt sich eben aus der Wichtigkeit der eingeleiteten Verhandlungen. Uebrigens hebt für die Anfangsworte von III, 7 weder die Lesart des Codex (aberamus), noch das von Giesebrecht (3, 1127) vorgeschlagene aberant alle Schwierigkeiten. Es dürfte zu lesen sein: aberamus **noque aderant, cum quibus necessarium** etc., was bei der sonstigen Beschaffenheit unsrer Ueberlieferung durchaus zulässig erscheint. (Nebenbei sei bemerkt, daß zu Anfang von III, 5 die von Jaffé vorgenommene Einschiebung von rege keineswegs nothwendig durch das folgende idem rex bedingt ist und wohl besser unterblieben wäre). — Die auf S. 103 bezeichnete Partie in III, 7 lautet: . . nichil alind a te quaerens, nisi ut ad monita tuae salutis non contempnas aurem inclinare et creatori tuo, sicut te decet, non contradicas offerre gloriam et honorem. Valde quippe indignnm est, ut honorem, quem a conservis et fratribus ncstris exigimus, creatori et redemptori nostro reddere contempnamus. „Gott die Ehre geben", bez. „Gott für die empfangenen Wohlthaten Dank erweisen", ist in der Litteratur des Investiturstreits eine sehr gewöhnliche Bezeichnung für „Aufgabe des Investiturrechts", zugleich auch ein beliebter Beweisgrund für die Forderung. Der letzte unter den citirten Sätzen lehrt nicht minder häufig in den mannigfachsten Variationen wieder und begegnet uns wiederholt als Argument für die Berechtigung des päpstlichen Anathems gegen Fürsten und der damit verbundenen Entthronung der letzteren. Das Schreiben an Siegfried von Mainz, reg. III, 4 (v. 3. Sept. 1075).

⁸) S. 104. — Zwar ward gerade während der Synode das Bisthum Speier durch den Tod des B. Heinrich erledigt; denn wenn irgendwo, so vereinigt sich in diesem Fall Alles, was nur irgend gefordert werden kann, um uns die von Remling, Gesch. d. Bischöfe zu Speyer, Bd. 1 (Mainz 1852), S. 298 ff. vertretene Ansetzung zurückweisen und den 26. Februar 1075 als Todestag festhalten zu lassen. vgl. reg. II, 29. 52a. V, 18; das Kalend. necrol. canon. Spir. bei Böhmer, fontes rer. Germ. IV, p. 315 (vgl. das jüngere, p. 318, u. zu beiden p. VII. und XL. der Vorrede); Bernold, chron. a. 1075, p. 430 u. opusc. III. (de coelib. sacerd.), ep. 5, (3 ad Alboin), c. 5 (bei Ussermann, prodr. G. s. II, p. 268); Berthold a. 1075, p. 278. Ann. S. Disib. a. 1075 (M. G. SS. XVII, p. 7, und auch ihrer Angabe ist gerade für diesen Fall, trotz aller Verwirrung in Bezug auf den Gang der Reichsgeschichte im Allgemeinen, ein recht starkes Gewicht beizulegen). Lambert p. 230. Der Fehler wird eben in den Urkunden zu suchen sein, auf die Remling baut. Auf die Erledigung aber ist die Neubesetzung so bald gefolgt, — und zwar wohl während der König zu Worms das Osterfest feierte, s. Lambert u. Berthold a. a. O., — daß das auf der Synode ausgesprochene Verbot entweder noch gar nicht bekannt oder wenigstens dem König noch nicht durch die oben genannten „Getreuen" (S. 98) übermittelt war, zumal wenn unter den letzteren Adalbero von Würzburg u. Hermann von Metz gemeint sind, deren Anwesenheit in Rom noch für den 12. April bezeugt ist (S. 206).

⁹) S. 104. 105. — Daß man in Deutschland später auch dem Fall
von Bamberg eine gewisse Wichtigkeit für den weitern Gang der Dinge bei=
legte, ergiebt u. A. die Art und Weise, wie Gebhard v. Salzburg in dem Brief
an Hermann von Meß (bei Grotser, opp. t VI, p. 443) seiner gedenkt;
auch eine Aeußerung in dem Brief der Sachsen bei Bruno c. 110 (Ruperto
scilicet Babenbergense, qui horum omnium auctor et incentor est)
dürfte bis zu einem gewissen Grad bezeichnend dafür genannt werden. vgl.
Lambert p. 259 (Ruotbertum Babenberg. episc. et Oudalr. de Cosheim
et ceteros, quorum consiliis etc.), obwohl ja die betreffende Angabe ihrem
sachlichen Inhalt nach anerkanntermaßen falsch ist. — Mailand, s. bes. Arnulf
V, 2. 5. Daß Tedald zur Zeit seiner Ernennung königlicher Kapellan war, ist
dadurch doch wohl sichergestellt. Vielleicht ist die Angabe mit der abweichenden
des Landulf (III. 32) dahin zu vereinigen, daß T. als Theilnehmer der ersten
Gesandtschaft an den König abging, am Hof in jene Stellung eintrat, in ihr
u. A. der Schlacht bei Hohenburg beiwohnte und darin bis zu der oben be=
zeichneten Zeit verblieb. Landulf wirft beide Gesandtschaften, die Arnulf der
Zeit und den Zwecken nach wohl auseinanderhält, durch einander; daher die
Verwirrung in seiner Erzählung, die trotzdem den Anspruch auf Beachtung
nicht ganz verliert. Vgl. auch Bonizo p. 664.

¹⁰) S. 105. 106. — S. die Erhebungen der Aebte Ruzelin für Fulda,
Adalbert für Lorsch, des Erzbischofs Hildulf für Köln, zu einer Zeit, wo doch
nicht entfernt mehr daran zu denken war, als verführe der König so nur aus
berechneter Nachgiebigkeit, um etwa für den Augenblick die Gunst des Papstes
und der Eiferer zu gewinnen. Lambert p. 230 f. Berthold p. 280.

¹¹) S. 106. 107. — Constanz, ep. coll. 8. 9. (s. o. S. 205 f.). —
Mailand, reg. III, 8. 9. — Das Ultimatum an Heinrich IV., reg. III, 10.
Daß dasselbe am 8. Dec. 1075, nicht, wie überliefert ist, am 8. Jan. 1076
ausgefertigt sein müsse, hat wohl zuerst Luden erkannt, neuerdings Floto a. a.
O. 2, 71 f. völlig außer Zweifel gestellt. Von hier aus liegt auch die Ver=
muthung sehr nahe, daß ep. c. 8. 9. demselben Tag angehören mögen. Eine
classische Stelle über die Auffassung Gregors von dem Eigenthumsrecht am
Kirchengut ist auch in III, 10, p. 221 zu finden: . . paterna te caritate
monemus, ut . . libertatem ecclesiae, quam sponsam sibi coelesti
consortio iungere dignatus est, non iam tua occupatione im-
pedias etc. — Für die Hinweisung auf Saul s. o. S. 90. 214.

¹²) S. 108. — Wie sich überhaupt in den auf diesen Vorgang bezüg=
lichen Actenstücken (M. G. Legg. II, p. 44 ff.) so recht deutlich die ganze
Stellung der Betheiligten gegenüber dem neuen Papstthum und seinen Bestreb=
ungen ausspricht, so findet in ihnen auch eine ganz correcte Anschauung von den
letzten Zielen Gregors in Bezug auf die Besetzung der geistlichen Würden, wie
wir sie schließlich allseitig bestätigt sehen werden, einen — obschon äußerlich eini=
germaßen übertriebenen — Ausdruck in den Worten des Einladungsschreibens
zur wormser Zusammenkunft, a. a. O. p. 48: nam nullum eius iudicio
licet esse sacerdotem, nisi qui hoc a fastu suo emendicaverit, u. in

den verwandten des Absagebriefs der Bischöfe an den Papst, a. a. O. p. 44 (Cod. Udalr. 48; zuerst hatte Entsprechendes wohl Liemar v. Bremen ausge=sprochen in seinem bekannten „Periculosus homo vult iubere quo vult episcopis ut villicis suis" etc., bei Sudendorf, Registrum I, 5). Indem sie freilich, wie sich dies in dem Absagebrief p. 45 ausspricht, nicht von Grund aus die Stellung des Papstthums nach seiner bisherigen Entwickelung und das System der Hierarchie verwarfen, sondern höchstens innerhalb des letztern den regelrechten, stufenweisen Geschäftsgang hergestellt wissen wollten, gaben sie von vornherein nur sich und die eigne Sache preis.

Sechster Abschnitt. — [1]) S. 108. — reg. III, 10 a. Wiederholte scharfe Gebote gegen Simonie und Priesterehe, vielleicht noch einmal mit einer kurzen Frist zur Umkehr für die Reuigen versehen, scheint eine bei Berthold p. 308 (.. et specialiter in oos, qui infra biennium etc, vgl. oben S. 136) erhaltene Bestimmung der Fastensynode des J. 1078 festzustellen. — Giesebrecht, G. d. d. K. 3, 359. 1129 will die Synode entgegen der her=kömmlichen Anschauung auf die zweite Fastenwoche, anstatt auf die erste (14. bis 22. Februar), verlegt wissen. Indeß nicht blos reg. III, 8, sondern auch op. coll. 8. 9, die ja hierher bezogen werden müssen, lautet die Vorladung auf die erste Fastenwoche. Die Aeußerung des Berthold p. 283 über den Tod des Herzogs Gottfried (his synodalibus diebus = 26. Februar) so buch=stäblich fassen zu wollen, ist doch gewagt. Der Datirung des Lambert, p. 241, steht das positive Zeugniß des Bernold (opusc. X, 4 bei Ussermann, prodr. G s. II, p. 379: in prima hebdomada quadragesimao) entgegen, dem doch ein recht starkes Gewicht beizulegen sein möchte. Erhielt auch der König erst um Ostern (27. März) zu Utrecht die Nachricht von seiner Bannung, so ist es wohl nicht zulässig, der unter so eigenthümlichen Umständen erfolgten Uebermittelung des Urtheilsspruchs an ihn zwar fünf Wochen Zeit zuzugestehen, sechs aber ab=zusprechen. Der Einwand, den R. Goldschmidt, die Tage von Tribur und Canossa, Mannheim 1873, S. 11 aus der Kürze der Zeit zwischen dem 24. Januar als dem Tag des wormser Concils und dem 14. Februar gegen die Ansetzung auf die erste Fastenwoche ableitet, würde allerdings ziemlich schwer wiegen, wenn angenommen werden dürfte, daß erst die von der wormser Versammlung aus abgeschickten Gesandten nach ihrer Ankunft in Oberitalien an die dortigen Bischöfe die Einladung zur Versammlung in Piacenza hätten ergehen lassen. Aber wer wird glauben, daß nicht schon längst vom König selbst an diese der Ruf dazu ergangen war, gleichzeitig mit demjenigen an die deutschen Bischöfe oder nur wenig später, und daß die Gesandten nicht schon im Wesentlichen Alles bereit fanden? Und daß man der größten Eile sich be=fleißigt habe, sagt außerdem z. B. Lambert auch ausdrücklich.

[2]) S. 108. — Unzweifelhafte Bezüge auf die Investiturfrage finden sich hier unter den Schreiben der nächsten Folgezeit nur in reg. IV, 3, worauf weiter unten noch zurückzukommen sein wird, und ep. coll. 14, p. 537 extr.; im letztern Fall nur in der Form eines Referats über frühere Vorgänge.

Wenn wir jetzt die so oft berührte Frage der Gemeinschaft des Königs mit den excommunicirten Räthen in ihren letzten Bezügen wesentlich auf die Investitur=frage zurückführen zu sollen glauben, so ist doch zu beachten, daß jene Zeit nicht so weit zurückzugehen pflegte, sondern einfach die Thatsache an sich auf=nahm und selbständig behandelte.

³) S. 109. 110. — Leon. IX. op. 3. 4 bei Manſi XIX, 657 ff. — Die Erlaſſe Gregors VII. ſ. reg. III, 19—21. Jaffé vermuthet wohl mit Recht, daß dieſelben im Juni d. J. 1076 ergangen ſeien. Die Darſtellung der Sache bei Gfrörer a. a. O. 4, 579 ff. leidet an Willkürlichkeiten. — Die früher erwähnten Erlaſſe in Bezug auf die afrikaniſche Kirche ſ. reg. I, 22. 23. v. 15. Sept. 1073.

⁴) S. 111. 112. — Aeußerungen der Gegner hinſichtlich Gregors Stellung zu Berengar von Tours: Eigilbert v. Trier im Cod. Udalr. 61; Beno de vita et gest. Hildebr. (bei Goldaſt, apol. pro Henr. IV.) I, p. 3; das decr. syn. Brix., M. G. Legg. II, p. 51 ſ. — Unter den im Text an=gegebenen Geſichtspunkten erklärt ſich u. A. auch eine Aeußerung, wie die, daß Gregor Spanien lieber von den Saracenen beherrſcht ſehen wolle als von den chriſtlichen Fürſten, falls dieſe ſeine Forderungen nicht erfüllen; ebenſo auch die wiederholte Klage, daß Fürſten, wie z. B. Wilhelm von England, mit der Kirche „ſchlimmer als die Heiden" verfahren. — Mindeſtens im Mund eines Papſtes klingt die gegenüber dem Muhammedaner gebrauchte Darlegung: Hanc itaque caritatem nos et vos specialius nobis quam caeteris gentibus debemus, qui unum Deum, licet diverso modo, cre-dimus et confitemur, qui eum creatorem saeculorum et guber-natorem huius mundi cotidie laudamus et veneramur, doch einigermaßen merkwürdig.

⁵) S. 112. — reg. IV, 3. Die Stelle in Betreff der Inveſtitur: Non inflatus spiritu elationis consuetudines superbiae, contra liber-tatem s. ecclesiae inventas, defendat: sed observet s. patrum doc-trinam, quam pro salute nostra eos docuit potestas divina. — Auf=fällig, obgleich aus den allenthalben ſchwankenden Verhältniſſen immerhin er=klärlich, iſt es übrigens, wenn von den ſehr bald nach den Ereigniſſen von Canoſſa nach Mailand geſandten päpſtlichen Legaten (Hauptquelle Arnulf V, 9, p. 31; vgl. Gieſebrecht 3, 423 ſ.) die Frage über die Perſon des Erz=biſchofs, die einſt einen ſo hervorragenden Anlaß zum Ausbruch des großen Streits gegeben hatte, anſcheinend gänzlich bei Seite gelaſſen ward. Möglich wohl, daß ſich der Papſt unter Umſtänden ſelbſt zu einer Verſtändigung mit Tebald, die dieſen im Beſitz des Erzbiſthums gelaſſen hätte, würde haben be=reit finden laſſen. Atto erſcheint wenigſtens ſpäter durch ein andres Biſthum u. die Cardinalswürde abgefunden.

⁶) S. 113. — Wie Gregor Rudolfs Stellung auffaßte, bezeugen am klarſten die Worte aus dem zweiten Bannſpruch gegen Heinrich IV. (reg. VII, 14 a) vom J. 1080: Ut autem Rodulfus regnum Teutonicorum regat et defendat, quem Teutonici elegerunt in regem ad vestram fi-

delitatom, ex parte vestra dono, largior et concedo etc., denen Giesebrecht (3, 496) in seiner Uebersetzung wohl nicht völlig gerecht wird (während diejenige von Floto 2, 219 auf der falschen Lesart des Cod. Udalr. beruht). — Die Gesandtschaft Rudolfs erwähnt Gregor an derselben Stelle (vgl. Berthold p. 292). Aus dieser schöpften Paul von Bernried c. 98 und Hugo v. Flav. p. 446. - — Giesebrecht hat seine frühere (Gef. d. r. K., S. 135) ausgesprochene Vermuthung, daß Rudolf bei seiner Wahl ausdrücklich auf das Investiturrecht verzichtet habe, später selbst nicht aufrechterhalten (G. d. d. K. 3, 433); auch sprechen Gregors eigne Aeußerungen ausdrücklich dagegen (reg. VIII, 26: .. et sicut de R. sporavimus .., wozu er sich obendrein auf die Kenntniß des einen unter den Adressaten davon beruft). — Das Versprechen Rudolfs hinsichtlich der Vermeidung der Simonie und Herstellung der canonischen Wahl bezeugt allerdings allein, aber hinreichend Bruno c. 91. Die obige Darstellung selbst ergiebt, warum ich den von O. Grund, die Wahl Rudolfs v. Rheinfelden zum Gegenkönig, Leipzig 1870, S. 77 gegen seine Glaubwürdigkeit in diesem Punkt vorgebrachten Einwänden keine durchschlagende Bedeutung beilegen kann. Ihn führte wohl vor Allem die Ansicht fehl, als habe von den Legaten, um Gregors Ansprüchen zu genügen, durchaus mehr gefordert werden müssen, als die Herstellung der „canonischen" Wahl. — Wie wenig übrigens selbst bei den eifrigsten Gregorianern im einzelnen Fall das Bewußtsein von der im Princip so scharf betonten Verwerflichkeit der Investitur zur Geltung kam, zeigt recht deutlich z. B. eine Aeußerung Bertholds (p. 283) z. J. 1076: Episcopus Paderbrunnensis obiit, cui Poppo praepositus Babinbergensis non omnino canonice successit, quippe a rege iam anathematizato, communicans ipsi, episcopatum suscepit. Also nicht der Empfang der Investitur an sich, sondern der Empfang vom gebannten König machte das Verfahren zu einem unkanonischen.

⁷) S. 115. — Berthold p. 301: .. eo itidem reprobato, qui regulariter a fratribus electus, a rege Rudolfo illuc abbas ordinatus est .. (vgl. p. 293).

⁸) S. 115. — vgl. Ficker, üb. d. Eigenth. d. Reichs am Reichskirchengut, a. a. O., S. 430 f.

⁹) S. 115 —118. — reg. IV, 22 (die Eidesformel: constituimus, ut .. ita se per sacramentum purgare debeat: quod ei ante acceptionem illam et, ut dicitur, investituram episcopatus regem excommunicatum fuisse et illud decretum nostrum de prohibitione huiuscemodi investiendi et accipiendi ecclesias neque per legatum nostrum neque ab aliqua persona, quae se his statutis interfuisse et audivisse fateretur, significatum et indubitanter notificatum fuerit). vgl. Gesta episc. Camerac., contin., M. G. SS. VII, p. 497. Chron. S. Andr. castri Cam. l. III., ibid. p. 539. — Für den Vorfall in Cambray s. reg. IV, 20. Dieselbe Volksmenge, deren Fanatismus seit Jahrzehnten vom Papstthum angefacht und als wirksamste Waffe wider seine Gegner verwendet worden war, hatte kürzlich in Cambray sich erhoben und einen Mann, der

gegen Simonie und Priesterehe gepredigt, verbrannt. Eine Pataria im gegner=
ischen Sinne! Wir dürfen es Gregor wohl glauben, wenn er sagt, dieses Er=
eigniß sei ihm valde terribile. Auch verordnet er sofort ganz energische Maß=
regeln, um die Bewegung im Keim zu ersticken.

[10]) S. 118. 119. — reg. V, 5. 6. Nachrichten über den Tod des Sieghard
bei Berthold, p. 295. Bernold p. 434. Bruno, c. 75. — Gegen die Auffassung
Jaffé's (Anm. zu reg. V, 5), als sei der von der Gemeinde zu A. erwählte
Archidiaconus identisch mit dem vom König durch Ertheilung der Investitur
erhobenen augsburger Domherrn Heinrich gewesen, hat bereits Giesebrecht, Gesch.
d. r. K., S. 136 Einspruch erhoben. Berthold p. 301 erzählt, daß der König
Jenen erhoben habe „nach Verwerfung des von Klerus und Volk kanonisch
Erwählten". Hatte das Jaffé übersehen oder wollte er die Sache so angesehen
wissen, als habe der König erst einen uns völlig unbekannten Erwählten ver=
worfen und es habe dann im Anschluß an die Ertheilung der Investitur zu
Gunsten des Domherrn Heinrich, sei es durch die Gesandten der Diöcese im
königlichen Lager, sei es hinterher in Aquileja selbst, eine Art kanonischer Wahl
stattgefunden, auf welche Gregor in seinen Erlassen Bezug nähme? Mindestens
das Letztere würden schon die Zeitverhältnisse nicht zulassen. Am 14. August
starb Sieghard in Regensburg. Die Wahl zu Aquileja fand ohne Zweifel im
letzten Drittel des August statt; dann gingen, wahrscheinlich gleichzeitig, die
beiden Gesandtschaften an den König und an den Papst ab. Die erstere fand
am 8. September oder einem der nächstvorangegangenen Tage den oben er=
wähnten Abschluß ihrer Mission. Keinesfalls konnte davon der Papst bis zum
17. September wissen und in seinem Schreiben darauf Bezug nehmen (womit
zugleich die Ansicht Gfrörers, a. a. O. 7, 620, fällt, der zwar gleich uns die
Person des Archidiaconus von derjenigen des Heinrich trennt, aber doch die
Verfügungen Gregors auf den letztern bezieht). Daß er andrerseits allerdings
eine Besetzung durch den König fürchtete, beweist die Drohung am Schluß von
V, 5. Wäre ferner der augsburger Domherr Heinrich zugleich Archidiaconus
von Aquileja gewesen, so würde für das immerhin bemerkenswerthe Factum
doch wohl irgendwelches Zeugniß vorhanden sein. Aber er heißt ebenso in den
Annales Augustani (a. 1077. M. G. SS. III, 129) einfach pridem Augustensis canonicus, wie bei Berthold (p. 317, in der Mittheilung über die Ver=
handlungen der röm. Fastensynode vom J. 1079) Augustensis clericus;
und vor Allem würden wohl, hätte Jaffé Recht, die Lebensbeschreibungen der
Patriarchen von A (bei Muratori Scriptt. t. III. zu Anfang) trotz aller
ihrer Kürze nicht gerade über Heinrich vollständiges Stillschweigen beobachten.
— Das ist eine völlig andre Frage, ob vielleicht, nachdem die Erhebung Hein=
richs in der von uns angenommenen Weise vor sich gegangen war, nachträg=
lich noch durch die kanonischen Wähler der Diöcese in der Form eines Wahl=
verfahrens seine Anerkennung ausgesprochen worden ist, wie das nach den
Verhandlungen der Synode von 1079 (S. 152) immerhin als wahrscheinlich
betrachtet werden mag. — Auf den Stand der politischen Dinge, der dem
Papst große Zurückhaltung in der Sache empfehlen mußte, weist auch Bagmann

a. a. O. 2, 405 hin. Uebrigens vgl. noch J. Ficker a. a. O. S. 430. — Ein Blick auf die Darstellung der Angelegenheit bei J. F. Damberger, Gesch. b. Kirche u. b. Welt im Mittelalter, Bd. 6, (Regensburg 1853), S. 912 wird genügen, um den Verf. zu rechtfertigen, wenn er auf eine Auseinandersetzung mit derartigen Hirngespinnsten in jedem einzelnen Fall von vornherein verzichten zu müssen glaubte.

[11]) S. 120. 121. — reg. V, 3. vgl. Ficker, a. a. O. S. 443.

[12]) S. 122. — Bemerkenswerth ist dabei immerhin, wie Gregor anderwärts, wo andre Belange ins Spiel kommen, die Rechtgläubigkeit derselben gallicanischen Kirche betont (reg. VIII, 11), die denn doch nach den Vorgängen der letzten Jahrzehnte gewiß nicht so ganz zweifellos war.

[13]) S. 122—125. — Zurückweisung königlicher Einmischung, reg. III, 16. vgl. 17. — Die Schreiben an Adelheid u. Robert v. Flandern, reg. IV, 10. 11. Die Mittel gegen Simonie und Nicolaitismus und das Investiturverbot sind durchaus in demselben Zusammenhang behandelt, wie auch sonst in der Regel. Die Andeutungen des Papstes je nach den Umständen auszuführen, war wohl die hervorragendste Aufgabe des in dem Schreiben empfohlenen Ingelram. Gregor sucht sich mit diesen Gewalthabern zu stellen, wie etwa in Deutschland mit den Herzögen Berthold u. Rudolf. Den Versuch einer Anknüpfung mit Wilhelm von Poitou u. Guienne, um an ihm einen Rückhalt gegen den franz. König zu haben, bezeichnet reg. II, 18; für die Stellung des Grafen v. Champagne ergiebt sich Aehnliches aus IV, 22. — Das eventuelle Erscheinen des Papstes in Frankreich wird angekündigt reg. IV, 13. — Die Erlasse in der Sache von Chartres f. reg. IV, 14 (am Schluß: quapropter momentote, quod nemo pro vobis passus, nemo pro vobis mortuus est, nisi Christus. Cuius libertatem sicut dilecti filii Dei tenentes et defendentes, iugum iniquitatis aut aliquod dominium ad perditionem animarum vestrarum vobis imponi nullatenus patiamini; scientes, quod nunquam vobis in hac causa apostolica deerit auctoritas et defensio). 15. vgl. III, 17a. — Le Puy en Velai, reg. IV, 18. 19. vgl. I, 80. III, 10a. Hugo Flav., p. 413 (Gall. christ. II, 261 f. 700).

[14]) S. 125—128. — Erlaß an den B. Geoffroy v. Paris, reg. IV, 20. vom 25. März 1077; — an Hugo von Die, reg. IV, 22. Kanon des Conc. v. 869, Nr. 22, bei Mansi XVI, 174 f. — Ueber die Synode zu Anse läßt sich nichts Näheres feststellen; diejenige zu Clermont sehen wir auf den 7. August 1076, die zu Dijon auf den 2. Januar 1077 berufen. Ueber diejenige zu Autun besitzen wir bekanntlich recht reichlich fließende Quellen in dem Bericht des Hugo v. Flavigny (p. 413 ff.), sowie mehreren Schreiben des gregor. Registrum und des Hugo von Die (Mansi XX, 483 ff.). In dem Bericht des letztern über dieselbe (p. 488) f. auch: Silvanectensis vero episcopus, accepta investitura de manu regis, ordinatus est ab illo Remensi heresiarcha, cui litteris vestris interdixistis, ne huiusmodi in episcopos acciperet. Einer späteren, gegentheiligen Be-

hauptung des Manasses in Betreff des Gerhard von Cambray, welche uns noch beschäftigen wird (S. 142), kann im Hinblick auf die bekannten, zum Theil schon oben erwähnten Verhältnisse kaum Glauben geschenkt werden. — Daß man vorläufig für vortheilhafter hielt, keinen unnützen Lärm von der Sache zu schlagen (S. 128), beweist der Umstand, daß für die nächste Zeit nur in dem Brief des Manasses v. Rheims an Gregor, bei Hugo v. Flav. p. 419, sich eine Hindeutung darauf findet, abgesehen etwa von einigen Einzel= heiten aus Vorgängen, die weiter unten im Zusammenhang zu besprechen sein werden. Im Uebrigen liest man weder bei dem letztgenannten Schriftsteller, noch in dem — allerdings unter eigenthümlichen Umständen ergangenen — Bericht des Hugo v. Die an den Papst auch nur eine Silbe davon.

[15]) S. 128. 129. — Orléans, reg. V, 8. 9. 14. VI, 23.

[16]) S. 129—131. — Chartres, reg. V, 11. Der Abt Robert war vom König Wilhelm v. England aus der Normandie vertrieben worden, und der König v. Frankreich hatte ihn i. J. 1076 zu dem oben genannten Zweck aus dem ihm seitdem unterstellten Kloster der h. Eufemia in Calabrien zu sich berufen Auf der Reise nach Frankreich hatte Robert, wie Gregor erwähnt, den päpstlichen Hof in der Lombardei besucht. Vgl. auch Gall. christ. VIII, 1123. — Für die Synode zu Poitiers s. Mansi XX, 495 f., dessen Annahme von Hefele, Conciliengeschichte 5, 104 f. gebilligt wird. — Nach allebem darf wohl über die Beleuchtung der französischen Verhältnisse und der angeblichen Bedeutung des Investiturverbots innerhalb derselben bei Eugenheim, Staats= leben des Klerus im Mittelalter, Bd. 1, S. 198, einige Verwunderung aus= gesprochen werden.

[17]) S. 131—135. — Dol, reg. IV, 4. 5. ep. coll. 16 (nach Jaffé's sehr wahrscheinlicher Vermuthung von demselben Datum, 27. Sept. 1076; zu dem S. 134 f. daraus mitgetheilten Passus sei noch ausdrücklich hervor= gehoben, wie der Papst es sorgfältig vermeidet, dem König anzugeben, von wem doch eigentlich Ivo zur Uebernahme des Amts „genöthigt" worden sei). reg. IV, 13. 17. — Den Streit über den Rang des Stuhls von Dol hat bekanntlich Gregor später zu Ungunsten desselben entschieden (reg. VII, 15). — Die ersten officiellen Berührungen Gregors als Papst mit Lanfranc bezeichnen die Schreiben ep. coll. 1. reg. I, 31 — (die Thätigkeit des letztern charakter= isirt nach einer Seite hin mit den seiner Zeit geläufigen Ausdrücken eben so treffend als kurz Adam von Bremen III, 51: Deindo — scil. Guilelmus — Lanfrancum philosophum in ecclesia posuit doctorem, cuius studio et prius in Gallia et postmodum in Anglia multi ad divinum animati. sunt obsequium) -—, diejenigen mit der königlichen Familie reg. I, 70. 71. In I, 70 kann man ja auch schon, unter der gewöhnlichen Verhüllung, die Hindeutungen auf das wahrnehmen, was von Seiten des Papstes, namentlich in Betreff der Investiturfrage, geschehen soll; so namentlich, abgesehen von den üblichen Klagen über die Bedrängniß der Kirche u. dgl., in den Worten: Sermones matris tuae . . . ad inferos trudere. Aber allerdings ist noch Alles in der allgemeinsten Form gehalten und giebt noch keinen

wirklich greifbaren Anhalt. Zur Charakteristik der Lage im Allgemeinen vgl. auch Giesebrecht, G. d. d. K. 3, 222 f.

Siebenter Abschnitt. — [1] S.135—138. — Eine Vorladung zur nächsten Synode, die ohne Zweifel in der Fastenzeit b. J. 1077 stattfinden sollte, ergeht unter dem 2. Nov. 1076 an den Erzbischof von Sens, reg. IV, 9. — Für die Fastensynode b. J. 1078 vgl. reg. V, 14a, ergänzt durch Berthold p. 306 ff. 318. Denn daß die am letztgenannten Ort gegebenen, dieser Synode angehörigen Kanones nur durch ein Versehen an dieser Stelle, mitten in den Bericht über die Fastensynode b. J. 1079, eingeschoben worden sind, hält Giesebrecht, G. d. d. K. 3, 1142 mit Recht fest. Sie tragen auch, neben der unrichtigen Jahreszahl, das richtige Datum der Fastensynode von 1078, „5. Nonas Martii", gerade so, wie die Acten des Regiſtrum selbst. Um so weniger kann gegen die von Jaffé (reg. p. R., p. 427) verlangte Aenderung der Datirung „3. Non. Martii" in „3 Kal. Martii" bei Berthold p. 306 noch ein Einspruch erhoben werden. Auch liest man reg. V, 15 (v. 9. März 1078): in ea synodo, quam nuper Romae celebravimus, während dieſer Tag, wenn Bertholds Angabe richtig wäre, noch in die Synode selbst fallen würde. Gleich Hugo v. Flav. p. 443 giebt auch der Auszug aus den Acten im Cod. Udalr. 57 den Zusatz „quae dicitur Constantiniana." Die im Regiſtrum angegebene Zahl der Theil= nehmer wird noch genauer bestimmt durch Deusdedit, coll. can. IV, 106 extr.: „Item ex synodo eiusdem episc. XCV, sumptum ex V. libro regestā eiusdem: Praedecessorum nostrorum statuta sequentes" etc. Woher die Zahl 70 bei Berthold stammt, läßt sich nicht ersehen. — Zur Sache vgl. Giesebrecht, (Ges. d. r. K., S. 136 ff., wo zuerst die ein= schlagenden Verhältnisse die richtige Darstellung gefunden haben, sowie deſſ. Gesch. d. d. K. 3, 460 ff. 1142. — Zahlreiche Milderungen in Bezug auf Urtheile, welche Hugo v. Die in seinem Geschäftsbereich ausgesprochen hatte, decretirt Gregor reg. V, 17. — An der im Text dargelegten Auffassung des Kanons „Et quoniam multos, peccatis nostris" etc. glaube ich doch fest= halten zu müssen. Gregor streute förmlich die Anatheme nach allen Richtungen und selbst auf Anläſſe hin aus, in denen das nach der frühern Praxis des römischen Kirchenregiments durchaus nicht üblich gewesen war. Das fiel schon den Zeitgenossen auf (vgl. bef. in dem Brief der Sachsen bei Bruno c. 115: Igitur vestra illa famosa strenuitas etc.); auch als Petrus Damiani den oftgenannten Brief (ep. I, 12) schrieb, in welchem er gegen das entsprechende Verfahren Alexanders II. protestirte, besaß Hildebrand bereits den maßgeben= den Einfluß auf diesen. Aber überhaupt wird man sagen dürfen, daß die ganze Art und Weise mit der neuen, in Rom ans Ruder gekommenen Richtung wesentlich zusammenhing. Jedenfalls, wurde das noch eine Zeit lang so fort= gesetzt, so mußte über kurz oder lang, zumal da der andauernde Kampf mit der weltlichen Gewalt immer neue Strafurtheile hervorrief, bald die große Mehrzahl der Christenheit, direct oder indirect, der Excommunication verfallen

sein, b. h. die bisher wirksamste Waffe des Papstthums ihre Kraft verlieren. Da galt es denn im Gebrauch einigen Einhalt zu thun, um sie desto schärfer zu erhalten und im einzelnen Fall um so wirksamer niederfahren zu lassen. In demselben Sinne sind gewiß auch die andern, oben erwähnten Milderungen (reg. V, 17) aufzufassen. Schließlich behielt der Papst auch so noch für jeden einzelnen Fall einer derartigen, wirklichen oder nur scheinbaren Milderung freie Hand; und beachtenswerth ist z. B. für solche Modalitäten das reg. I, 20 vorgeschriebene Verfahren. — Unter allen Umständen aber bedeutete das besprochene Verfahren Gregors eine Modification der herkömmlichen, canonischen Vorschriften, und die Gegner versäumten nicht, auch dies gegen ihn auszu: beuten. Vgl. Beno, de vita et gest. Hild. (bei Goldast, apol. pro. H. IV.), p. 3. 8. 15 und die Schrift der schismatischen Cardinäle bei Sudendorf, Re: gistrum II (Berlin, 1851), 34, S. 70 ff.

²) S. 139. — Einweisung des Wigold, Berthold p. 309 f. Natürlich waren bis dahin die Gesandten Rudolfs von der Synode nach Hause zurück: gekehrt und hatten über die Beschlüsse derselben referirt. Der Cardinal Bern: hard war bekanntlich schon seit Rudolfs Wahl an dessen Seite.

³) S. 140. 141. — Speier, reg. V, 18. vgl. oben S. 217. Remling, Gesch. d. B. zu Speyer, 1, 300 spricht allerdings von einer canonischen Er: wählung des Huozmann, die dem Empfang der Investitur vorangegangen sei, ohne indeß irgendwelchen Beweis dafür zu führen. Und sollte etwa eine An: gabe, wie die in dem Catal. ep. Spir. bei Böhmer, fontes r. G. IV, p. 353 an Stelle eines solchen fungiren dürfen? In den wirklich maßgebenden Quellen, bei Berthold, Lambert, in den Ann. S. Disib. a. a. O., ist nur ein „successit" u. „constituitur" zu finden, und das bedeutet in der Sprache ihrer Zeit die Ernennung durch den König in herkömmlicher Weise. Wäre aber selbst neben dieser auch nur eine Spur von einem nachträglichen Wahl: verfahren festzustellen gewesen, würden das Schriftsteller von der Gesinnung eines Berthold und Lambert, würde es vor Allem der Papst selbst bei dem oben besprochenen Act zu erwähnen unterlassen haben? — Wollte man ander: wärts gerade wieder einmal die Neuheit des Verbots der Laieninvestitur ab: leugnen, so hatte man ja den Vortheil, sogar bis auf die sogen. Canones apo- stolorum sich zurückbeziehen zu können, unter denen der 31., wenn nicht von Gregor, doch von Andern oft genug angerufen worden ist: Ut ecclesia saeculari potentia minime pervadatur. Si quis episcopus saecularibus potestatibus usus ecclesiam per ipsos obtineat, deponatur et segre- gentur omnes qui illi communicant.

⁴) S. 141. 142. — Rheims. Die Correspondenz in dieser sehr in: structiven Angelegenheit, die allerdings in den Einzelheiten ihres Verlaufs hier nicht näher zu behandeln war und innerhalb etwa zwei Jahren von Gregor in der zuletzt angedeuteten Weise endgültig entschieden ward, s. bei Sudendorf, Registrum I, 9. Hugo Flav. p. 419. reg. (Greg. VII.) VI, 2. 3. ep. coll. 32. reg. VII, 12. 20. VIII, 17—20.

⁵) S. 143. — reg. V, 21, v. 7. Mai 1078.

⁶) S. 143. 144. — Rouen, reg. V, 19, v. 4. April 1078. Eine Genehmigung der Theilnahme des Königs könnte nur dann in dem Schreiben gefunden werden, wenn man befugt wäre, in den Worten „praecipimus virum tanto ponderi competentem . . universorum consensu eligi et in archiepiscopum promoveri" die genannten „universi" als die „herkömmlich Berechtigten", nicht die „kanonisch Berechtigten" aufzufassen, was aber unzulässig ist.
⁷) S. 144. 145. — Dol, reg. V, 22. 23. Zu dem Verweis auf Tedald u. die mailänder Sache vgl. oben S. 106. Auch gegen Gottfried von Mailand war Aehnliches zu Gunsten des Wido geltend gemacht worden, reg. I, 15. — Provinzialsynode zu Lillebonne u. Convent zu Glocester, Mansi XX, 555 ff. 603 f.

Achter Abschnitt. — ¹) S. 146. — reg. VI, 5 b. vgl. Giesebrecht, G. d. d. K. 3, 472 f. 1144, der auch darauf aufmerksam macht, daß diese Versammlung nicht zahlreich besucht gewesen ist. — Die capitula sind die summarische Inhaltsangabe alles dessen, was überhaupt auf der Synode zur Verhandlung kam, die decreta diejenigen Beschlüsse allgemeinen Inhalts, welche zur Veröffentlichung als bindende Vorschriften für die ganze Christenheit ausgewählt, nicht blos den je am einzelnen Fall Interessirten kundgegeben wurden. Die Reihenfolge der decreta entspricht mit einer Ausnahme (s. den Kanon Siquis praedia b. Petri etc.) genau derjenigen der capitula. Ob der Kanon Ut nulli episcopi ecclesiae etc. nur durch ein Versehen unter die capitula gerathen, oder gleich andern einstweilen absichtlich zurückgestellt und dann vielleicht bei der Zusammenstellung das Registrum der Vollständigkeit und seiner hohen Wichtigkeit wegen seinem ganzen Umfang nach hinter dem entsprechenden capitulum eingestellt worden ist, läßt sich nicht sagen. Wahrscheinlicher ist schon die letztere Annahme, und jedenfalls finden sich spätere Verordnungen des Papstes, die dem Kanon entsprechen. Nur die decreta werden auch an andern Orten wiedergegeben, so bei Berthold a. a. O. p. 314 f. Hugo Flav. a. a. O. p. 423., drei einzelne bei Deusdedit, coll. can. III, 55—57. Die Zahlangabe in der Ueberschrift „Ex concilio VII. PP. Gregorii L episcoporum" bei Deusdedit ist vielleicht aus einer Verwechslung mit der Fastensynode d. J. 1080 (s. u. S. 230) zu erklären, welcher die Ueberlieferung diese Zahl doch noch mit etwas größerer Sicherheit zuweist. Eine Handhabe der Verwechslung bot ja wohl leicht die Erinnerung an die wichtigen Verfügungen beider Versammlungen in der Investiturfrage. — Die Datirung bei Berthold (9. Nov.) entstammt wohl nur einem Versehen; diejenige bei Bruno de b. Sax. c. 112 (15. Nov.) geht dagegen gewiß darauf zurück, daß eben an diesem Tag die dort bezeichnete Bestimmung zur Berathung gestanden hat. Gregor selbst sagt in dem auch anderweit oben benutzten Einladungsschreiben ep. coll. 23 (welches jedoch Giesebrecht 3, 1155 auf die Novembersynode des J. 1083 beziehen möchte): De caetero, fratres, ut causa iurgiorum et discordia, quae inter regnum et apostolicam sedem iam dudum agitatur, annuente Domino congruum valeat finem sortiri, vos ad synodum, quam in medio Novembri celebrare disponimus, . . invitamus. Wenn die Sache des Berengar von Tours (Mansi XX, 761) schon zu Allerheiligen verhandelt worden ist und auch dies von ihm zur Synode gerechnet wird, so dürfte das wohl damit zusammenhängen, daß eben auch diesmal mit diesem Termin die große zweite Verhandlungsperiode in Rom begann. Vorladungen auf den 1. Nov. (omnium sanctorum) für 1074 reg. I, 51. 56. 73, — (Aufforderung zur Berichterstattung bis 11. Nov. I, 20) — auf, bez. bis 30. Nov. b. J. II, 2 (vgl. 3. 4). 28. 33, wo eben die Bezeichnung „ad synodum,quam circa festivitatem S. Andreae celebravimus" verwendet ist; für 1075, 1. Nov. reg. II, 52. 56. 60; 11. Nov. (S. Martini) II, 69; 30. Nov. II, 64. 65; für 1076, 1. Nov. reg. III, 17; für 1077, 1. Nov. reg. IV, 20; für 1078, 1. Nov., woneben dann allerdings den Betreffenden noch eine zweite Frist bis zur „Synode" gesteckt worden ist, reg. VI, 11; für 1082 (?) reg. VIII, 43.

²) S. 147. — Giesebrecht, Gesch. d. r. K., S. 139. Auch Berthold p. 315 hat wohl in ähnlichem Sinn die Worte ad ecclesiae s. ecclesiae aus den Acten, wo sie freilich nur eine Formel des Curialstils sind, für seine Darstellung verwendet.

³) S. 147. — vgl. oben S. 41. Humbert adv. sim. III, 12: De praesumptione feminarum et dignitate sacratarum rerum.

⁴) S. 149. — Vgl. das capitulum: „De Teutonicis contradicendis, ne praedia ecclesiastica" etc., welchem das erste decretum: „Quicunque militum" etc. entspricht. — Die aufständischen Bischöfe, s. Bruno c. 112. — Verfügungen an Hermann von Metz, v. 22. Oct. 1078, reg. VI, 5; betreffs der bamberger Kirche, v. 17. Febr. 1079, reg. VI, 19. vgl. auch VII, 19.

⁵) S. 150. — Rechte des Papstes in Bezug auf Ertheilung der Weihe und die von ihm Geweihten, reg. I, 31. II, 55a. ep. coll. 31. Fälle, in denen Gregor die Weihe ertheilt hat, reg. I, 29. 41. — I, 36. 76. ep.coll. 7. — reg. I, 69. — I, 82. 86. — IV, 15. — V, 21 ꝛc. ꝛc. Schließlich ist auch hier nochmals besonders auf J. Ficker, a. a. O., S. 441 ff. zu verweisen.

⁶) S. 150. 151. — Urkunde für Pisa reg. VI, 12.

Neunter Abschnitt. — ¹) S. 151. 152. — reg. VI, 17a. vgl. Berthold, p. 316 f., besonders auch für das Verfahren mit Heinrich v. Aquileja. Bernold p. 436 (ep. coll. 28). Ueber die Zahl der Anwesenden (150 Bischöfe und Aebte und unzählige Kleriker) und einzelne bedeutendere Persönlichkeiten unter ihnen giebt Bernold, der auf der Synode anwesend war, noch besonders werthvolle Auskunft opusc. XVII: De Bereng. damnatione, bei Ussermann, prodr. G. s., t. II, p. 435. Daß die Kanones der letzten Synode in Betreff der Kirchengüter mit Bezug auf Deutschland erneuert worden sind, meldet Berthold und wird für einen Fall durch reg. VI, 19 (aus frühern

Zeiten vgl. z. B. II, 76) illuftrirt. — Zur Charatteriftit der Lage f. bef.
Giefebrecht, G. d. d. K. 3, 479 f.
²) S. 153. Die Thatfache ift fehr bemertenswerth. Natürlich tonnte
das Papftthum in feinem Bereich nicht die Würde eines Patriarchats in ihrer
realen Bedeutung dulden. Aber auch fchon der bloße Titel erfchien noch ge=
fährlich. So wird er auch fchon reg. II, 62 anfcheinend ganz gefliffentlich
vermieden und der dem Empfänger damals gewiß recht fchmeichelhafte „frater
et coepiscopus" dafür eingefetzt; ebenfo VI, 38. Des Vergleichs halber fei
auf die Correfpondenz Leo's IX. bei Jaffé, reg. p. R. 3285—88 verwiefen,
wo die Patriarchen von Conftantinopel und Antiochia mit derfelben Gefliffent=
lichteit als „Erzbifchof" und „Bifchof" behandelt werden. — Anderwärts, wo
es fich um den getreuen Patriarchen von Grado, den Concurrenten von
Aquileja, handelt, wird allerdings das Lob diefer Würde laut verfündet;
reg. II, 39.
³) S. 154. 155. — ep. coll. 27, ohne Zweifel von der Synode aus
erlaffen, und 26; letztere nach Giefebrecht, G. d. d. K. 3, 1147 etwas jünger,
etwa aus dem Mai. Der frühere Erzbifchof Werner war betanntlich auf der
Flucht aus der Schlacht bei Mellrichftadt erfchlagen worden. Welche Beachtung
die Vorfchläge Gregors gefunden haben, ift bei der Duntelheit, welche über
die Herkunft des am 7. Aug. 1079 eingefetzten neuen Erzbifchofs Hartwig
herrfcht, nicht zu erkennen, bleibt auch für unfern Zweck hier gleichgültig. Ein
Aufruf an Wilhelm v. Poitou und Guienne zur eventuellen Uebernahme der
Jurisdiction im Bisthum Poitiers, v. 16. Nov. 1074, reg. II, 24.
⁴) S. 156. — Arles, reg. VI, 21. vgl. Gall. christ. I, 556.
⁵) S. 156—158. —Lyon, reg. VI, 34. vgl. 35. Der fonftige Inhalt
beider Urtunden, von denen die zweite den Erzbifchöfen von Sens, Tours und
Rouen die Unterordnung unter den Primat von Lyon befiehlt, gehört nicht
weiter hierher. Doch fei darauf hingewiefen, wie in der letztern auch GregorVII.
einmal, im Hinblick auf die Ordnungen des Himmels und auf die fingirte, alte
Eintheilung der Kirche nach den weltlichen Verwaltungsbezirken des römifchen
Reichs, den Grundriß des Gebäudes der Hierarchie ausführt, das freilich nur
zu gewöhnlich dahin mißverftanden wird, als habe fich nicht das Papftthum
jederzeit den Eingriff in deffen Inftanzenzug an jeder beliebigen Stelle vorbe=
halten. Aehnliches bei Leo IX. ep. 4 (Mansi XIX., 659 ff.).—Anderweitige
Nachrichten über Gebuin's Erhebung, Hugo Flav., M. G. SS. VIII, p. 415
f. Hug. Diens. ep. ad Greg. VII. bei Mansi XX, 488. vgl. auch Gfrörer,
Gregor VII. ꝛc., Bd. 4, S. 188.
⁶) S. 158. — ep. coll. 32.
⁷) S. 158. — reg. VI, 22. ep. coll. 27: nolite, filii mei, in hoc,
qui vos iam multo tempore exagitat, bellico furore deficere etc., doppelt
intereffant deswegen, weil damals Gregor officiell durchaus noch als parteilos
zu gelten beanfpruchte. — Hugo v. Cluny, ep. coll. 32. — Klagen des
Papftes, z. B. reg. VI, 15. 17. VII, 8.
⁸) S. 159. 160. — ep. coll. 31. Die angefochtene Erklärung f. bei
Giefebrecht, Gef. d. r. K., S. 141. — Ueber die Wahl des Sigilbert von Trier

f. Theod. Vird. ep., Gesta Trever., addit. et contin. I, c. 13 (M. G.
SS. VIII, p. 186). vgl. Eigilberts eigne Darstellung Cod. Udalr. 61 (vgl.
63). Berthold freilich (p. 314) weiß auch hier die gewöhnlichen Schauder-
geschichten zu erzählen. — Bestätigung von Bischöfen durch die Legaten, Hugo
Flav., p. 451. vgl. Stenzel, Gesch. Deutschlands unter d. fr. K. I, 453. An
der Thatsache selbst ist im Hinblick auf die anderweitige Thätigkeit dieser Legaten
gewiß nicht zu zweifeln (vgl. auch reg. VII, 31. Mehrere Besetzungen von
Kirchen durch Heinrich, außer den von Gregor selbst genannten, erwähnt
Berthold, p. 323, und auch seine sonstigen Auslassungen über das Verfahren
der Legaten (p. 322 f.) können der Angabe des Hugo v. Fl. nur zur Bestätigung dienen. Sie lassen geradezu vermuthen, daß er das ihm wohlbekannte
Factum aus Parteiinteresse verschwieg. Die einzelnen Fälle, in welchen die
Legaten in der vom Papst gerügten Weise verfuhren, lassen sich freilich nicht
mehr feststellen. Um so leichter erklärlich ist andrerseits das Schweigen aller
übrigen Quellen von beiden Parteien über den Vorgang.

⁹) S. 160. 161. — Das Schreiben an Lanfranc reg. VI, 30, vom
25. März 1079. Man beachte auch, wie jetzt das, was früher an Wilhelm
so ruhig hingenommen, wenn nicht sogar gepriesen worden war, auf einmal
als tumor, arrogantia, libido, procacitas, culpa u. dgl. erscheint. — Von
der anderweitigen, im Text berührten Correspondenz ist hier nur noch reg. VII, 1
anzuführen. Auf Bann und Entsetzung weisen, zwar noch aus weiter Ferne,
doch deutlich genug die Worte hin: quatinus honorem, quem sibi a sub-
ditis suis gravitor ferret non exhiberi, s. Romanae ecclesiae non
tantopero laboret imminuore, d. h. das Argument, daß demjenigen kein
Gehorsam geschuldet werde, der nicht der Kirche gehorchen will, welches ja so
oft und eindringlich vom Papst und seinen Anhängern gegen die „Schismatiker"
verwendet ward. vgl. z. B. op. coll. 9. 10. reg. III, 10 a. IV, 11. VII,
11 ꝛc. — Für die Sache des Erzb. v. Rouen f. auch Gall. christ. XI, 37.
vgl. Gfrörer, a. a. O., Bd. 6, S. 185, wonach eine frühere Aeußerung desselben
(3, 541) zu berichtigen ist. Des Erzbischofs Vater war nach dem Tod seiner
Frau Kleriker geworden, woraus allerdings nach der strengsten Auslegung der
kanonischen Vorschriften sich Einwände gegen die Person des erstern ableiten
ließen.

— — — —

Zehnter Abschnitt. — ¹) S. 161—164. — Die Acten der Fasten-
synode 1080, reg. VII, 14 a. datirt vom 7. März. Bernold, opusc. X:
apol. pro Gebh. Const. c. 7, bei Ussermann, prodr. II, 381: „in prima
hebdomada quadragesimae". Für die Verhältnisse in Betreff des Investiturverbots ist hier nochmals auf Giesebrecht, Gesch. d. r. K. 126 ff. 186 f. (s.
o. S. 89 f. 213) zu verweisen. Nur 50 Erzbischöfe und Bischöfe waren zugegen;
— leicht begreiflich wohl, warum das Registrum ihre Zahl nicht nennt, wie es
die anderweitige Ueberlieferung thut, Deusdedit coll. can. IV, 51 („Ex
concilio Gregorii VII. papae L episcoporum cap. L Siquis deinceps . . .

constituimus. Item siquis imperatorum . . obstrictum esse sciat); derselbe contra invasores et simon. etc. (bei Mai, patrum nova biblioth. t. VII, ps. 3) l. I, 16, p. 85. IV, 2, p. 109 („in concilio septimo Gregorii papae episcoporum L cap. II" hat hier die Ausgabe), und hiernach Hugo v. Flavigny in der Stelle, a. 1074, p. 412, die bis auf Giesebrecht's Richtigstellung der Sache so viele Verwirrung angerichtet hatte. Oder ist doch vielleicht die Zahl 50 der Novembersynode d. J. 1078 zuzuerkennen (f. o. S. 227), und anzunehmen, daß Deusdedit in Bezug auf die von 1080 ein Versehen begangen habe? Es sind offenbar die obigen beiden Kanones, die in der ungedruckten großen Sammlung des Anselm von Lucca l. VI, 64. 65 stehen, wie die Kapitelüberschriften (bei Mai, spicileg. Rom. t. VI, p. 318) zeigen: 64. Ut inter episcopos vel abbates non habeantur nec audiantur, qui de laicis hanc susceperunt dignitatem, et idem de inferioribus gradibus. 65. Ut laicae potestates non praesumant dare ecclesiasticas dignitates. In dem von Mai angehängten Verzeichniß der Autoren wird nun auch (a. a. O. p. 394) „Gregorius VII. papa in epistolis et cum concilio LX episcoporum" genannt; und mit der letztern Angabe ist doch wohl auf dieses Concil und die obigen beiden Kanones Bezug genommen. Indeß hängt hier eben die letzte Entscheidung von einem Einblick in Anselms Sammlung selbst ab, der mir nicht möglich gewesen ist. Der Kanon de electione pontificum ist meines Wissens weiter nirgends als in den Acten des Regiftrum überliefert. — Für das zeitweilig hervorgetretene Project einer Zerschlagung Deutschlands f. Giesebrecht, G. d. b. K. 3, 481 (vgl. ep. coll. 25. 27); für die jetzt anscheinend beabsichtigte Trennung der deutschen und italienischen Krone ebend. S. 497. Daß das Kaiserthum nach seiner bisherigen Bedeutung in Gregors System keinen Platz hatte, zeigen schon Ausführungen, wie reg. II, 63. 70, wo dem K. Geisa von Ungarn dargelegt wird, daß dieses Reich, wenn es nach Gebühr die Lehnshoheit der Deutschen abgeschüttelt und sich unter diejenige des h. Petrus gestellt haben wird, sich in proprie libertatis statu befinden wird, und daß überaupt kein derartiger Staat einem andern unterthan sein soll.

²) S. 167. — Was Humbert (f. o. S. 41) vor Gregor, das behauptete und bewies nach dem letzteren in gleicher Weise Placidus v. Nonantula (de hon. eccl. c. 104 bei Pez, thes. an. nov., t. II, ps. 2), dessen Buch man, wie dasjenige des Humbert als die wissenschaftliche Grundlage, so als den wissenschaftlichen Abschluß der gregorianischen Epoche bezeichnen möchte. Es vertritt die gregorianischen Ideen zu einem großen Theil, soweit sie überhaupt Dritten zugänglich waren, noch in verhältnißmäßig bedeutender Schärfe, während die Gedanken der Mitwelt und die Ziele des Kampfs längst andre geworden waren, — obgleich es auch bereits in mehreren wesentlichen Punkten von diesem Proceß beeinflußt ist.

³) S. 168. 169. — Daß Gregors Thätigkeit auf die Erwerbung eines directen Ernennungsrechts für die Bischofftühle hinausgehe, scheint auch, noch recht eigentlich in der classischen Zeit des Kampfs, Manegold von Lautenbach

gefühlt zu haben, der „wüthende Gregorianer", wenn dieser Ausdruck erlaubt
ist, den hinterher freilich, als die ganze Lage der Dinge sich verschoben hatte,
die kirchliche Partei selbst zu desavouiren für gut fand (f. Giesebrecht, über
M. Manegold von L. ꝛc., Sitzungsber. d. münchner Akad. 1868, Bd. 2, 318 f.).
Ueber das Ziel seiner Beweisführung in dem Abschnitt von c. 51—67 giebt
er selbst an: Ad extremum etiam locationes pontificatuum et intronizaciones
episcoporum ab omni regis et cuiuscunque secularis principis
potestate emancipavi; und innerhalb desselben enthält das 60. Kapitel (wo=
bei ich allerdings nur an die allein publicirte Kapitelüberschrift mich halten
kann): Testimonia Gregorii, quod tam electio quam ordinatio pontificum
praecipue ad apostolicam pertineat sedem. In einer andern Richtung
sucht ja freilich Manegold — mit deutlicher Bezugnahme auf Wenrich (f. o. S.
214) — entschieden die Bestrebungen Gregors in möglichst unschuldigem Lichte
darzustellen (f. den Auszug bei Giesebrecht, Gef. d. r. K., S. 138), und hier
empfahl sich das auch recht sehr. Auch daran sei hier nochmals erinnert, daß
Humbert seinerzeit erklärt hatte (f. o. S. 38), ein wahrer Bischof brauche
keineswegs „kanonisch" gewählt zu sein. — Fastensynode 1081, reg. VII,
20 a. Mit Recht vermuthet Jaffé nach der Stellung der Acten im Registrum
und der durchgreifenden Analogie, daß sie in der ersten Fastenwoche abgehalten
worden sei. Im Uebrigen muß für sie und die folgenden Synoden, da sie in
Betreff der hier behandelten Frage nichts Wesentliches mehr gebracht haben,
nur auf die treffliche Darstellung Giesebrecht's verwiesen werden. S. dess. Gesch.
d. d. K. 3, 528 f. 1150. — Synode v. 4. Mai 1082, ebendas. 541. 1152
(Gef. d. r. K. 152. vgl. Mansi XX, 577. 526). — Novembersynode 1083,
reg. VIII, 58. Bernold, p. 438. Giesebrecht, 3, 550 f. Die von demselben,
(Gef. d. r. K., S. 188 f. veröffentlichten, von der Ueberlieferung Gregor VII.
zugeschriebenen Kanones, die im Fall ihrer Aechtheit allerdings unzweifelhaft
dieser Synode zuzuschreiben sein würden, enthalten ein Verbot des Empfangs
von niedern Kirchen oder Kirchenlehen aus Laienhand für Kleriker wie Laien,
und machen den Empfang aus der Hand des Bischofs zur Regel, würden also
wenigstens den frühern Bestimmungen nichts Neues hinzufügen. Allein Giese=
brecht führt selbst sehr erhebliche Gründe gegen ihre Aechtheit an. — Synode
zu Salerno, Giesebrecht 3, 566. 1158 (Bernold p. 441. Hugo Flav. p.
463 f.; von ihr aus ergeht ep. coll. 46).

Elfter Abschnitt. — ¹) S. 170. — reg. VII, 24.

²) S. 170. 171. — reg. VII, 23. In Eins zusammengefaßt finden
sich die landläufigen Argumente für die Pflicht des Gehorsams gegen die Kirche
und der Aufgabe des Investiturrechts, wie für die Verwerflichkeit der Simonie
in den Worten: Exemplum tibi te ipsum propone. Sicut enim velles
ab eo, quem ex misero et pauperrimo servo potentissimum regem
fecisses, non immerito honorari, sic et tu, quem ex servo peccati
misero et pauperculo — ita quippe omnes nascimur — potentissimum regem Deus gratis fecit, honoratorem tuum .. hono-

rare semper studiose festina. Vgl. auch oben S. 230. In diesem Schreiben p. 415, Z. 7 v. u. ist wohl zu lesen: . . moneo ut omnem sibi (scil. matri tuae ecclesiae) obedientiam praebeas etc. -- Das andre Schreiben vom 8. Mai 1080, s. reg. VII, 25. Hinsichtlich des erwähnten Gleichnisses vgl. auch oben S. 9. 192. Danach bemißt sich ganz von selbst der wahre Werth einer Auseinandersetzung über dieses Verhältniß, welche Gregor ziemlich im Beginn seines Pontificats, d. 1. Sept. 1073, dem damaligen Herzog Rudolf von Schwaben gab, reg. I, 19: quae . . verba illud nobis videntur consulere, per quod et status imperii gloriosius regitur et s. ecclesiae vigor solidatur, videlicet ut sacerdotium et imperium in unitate concordiae coniungantur. Nam sicut duobus oculis humanum corpus temporali lumine regitur, ita his duabus dignitatibus in pura religione concordantibus corpus ecclesiae spirituali lumine regi et illuminari probatur.

[3] S. 171. 172. -- reg. VIII, 2. 3. 4. vom 27. Juni 1080.

[4] S. 172. — Ravenna, reg. VIII, 12. 13, v. 15. Oct. 1080 (hier: credimus non latere vestram scientiam, Ravennatem ecclesiam sedi apostolicae prae ceteris vicinius herere solitam fuisse eamque, specialiter ab ipsa dilectam, quicquid dignitatis et honoris antiquitus per b. Apolinarem tenuit, munere scilicet praefate sedis concessum habuisse). 14, v. 11. Dec. 1080 (igitur Ravennatem archiepiscopum fratrem nostrum Richardum, quem . . nuperrime, sicut olim a b. Petro Apollinarem, ita hunc Ravennas ab ecclesia Romana meruit accipere, studium vobis sit . . consiliis et auxiliis vestris confirmare etc.). Anhalt genug zu solchen Theorien gab ja die anerkannte Ueberlieferung, die obendrein gerade auf die alterältesten Zeiten des Christenthums sich bezog. In solchem Sinn ließ sich leicht benutzen, was Deusdedit, coll. can. I, 47 aus der ep. Clementis und I, 86 von Innocenz I. anführt: praesertim cum sit manifestum, in omnem Italiam, Gallias, Hispaniam, Africam atque Siciliam insulasque interiacentes nullum instituisse ecclesias, nisi eos, quos venerabilis apostolus Petrus aut eius successores instituerunt sacerdotes. Und heißt es nicht auch in der zweiten Bannformel gegen Heinrich IV., reg. VII, 14 a, p. 404: Vos enim patriarchatus, primatus, archiepiscopatus, episcopatus frequenter tulistis pravis et indignis, et religiosis viris dedistis?

[5] S. 172. 173. — ep. coll. 35. reg. VIII, 16.

[6] S. 173. — reg. VIII, 17—20. vom 27. Dec. 1080. — Der Eid des Bertram von der Provence, reg. VIII, 35. v. 25. Aug. 1081. Vgl. oben S. 60.

[7] S. 174. — (Wenrich), ep. Theod. Vird., bei Martene-Durand, I, 227 f.

[8] S. 174. 175. — reg. VIII, 25. Daraus besonders hervorzuheben: Quapropter serenitatem tuam studere oportet, ut cum consilio praefati legati nostri . . eligatur inde, si inveniri potest, sin autem. ali-

undo expetatur talis persona, cuius religio et doctrina ecclesiae vestrae et regno decorem conferat et salutem. Neque vero te pigeat ant pudeat, extraneum forte vel humilis sanguinis virum, dummodo idoneus sit, ad ecclesiae tuae regimen, quod proprie bonus exoptat, asscire; cum Romana respublica ut paganorum tempore sic sub christianitatis titulis inde maxime Deo favente excreverit, quod non tam generis aut patriae nobilitatem quam animi et corporis virtutes perpendendas adiudicavit. Analoges reg. II, 41, befonders VI, 21.

⁹) S. 175. 176. — reg. VIII, 24. Nebenbei fei bemerkt, daß hier zum erſten und einzigen Mal, foweit eben feine Verordnungen erhalten find, Gregor dieſe ältere, freilich von Anfang an mehr übertretene als inngehaltene Vor= ſchrift über die dreimonatliche Friſt zur Abholung des Palliums hervorfucht. Anderwärts (I, 24) wird nur die Nothwendigkeit der perſönlichen Abholung in Rom betont; und thatſächlich war das Pallium in der letzten Zeit dem Betreffenden meiſt auf fein Anſuchen von Rom aus überſchickt worden. Selbſt= verſtändlich konnten fich ſolche Widerſprüche den Blicken der Gegner nicht ent= ziehen und wer möchte Anſchuldigungen, wie fie z. B. Wenrich a. a. O. dagegen erhebt, unberechtigt nennen? Einer der bekannteſten Vorgänge der gerügten Art aus früherer Zeit war jener, wo unter Alexander II. dem Erzbiſchof Sieg= fried von Mainz die Ueberſendung verſagt ward (f. die kirchenrechtliche Be= gründung deſſen bei Petr. Dam. ep. VII, 4), während gleichzeitig Gebhard von Salzburg dieſelbe zugeſtanden erhielt (f. Vita Gebeh. etc. M. G. SS. XI, p. 35). Auch Hugo von Die bittet in feinem Bericht über die Synode von Autun (Mansi XX, 488) um die Ueberſendung des Palliums für den dort erhobenen Erzb. Gebuin v. Lyon. — Urtheil Gregors VII. über die Hand= lungsweiſe des K. Wilhelm und die ihm gegenüber jetzt zu befolgende Politik in dem Schreiben an Hugo von Die, reg. VIII, 28. Unter den „negligentiae eorum quos diligit" tritt deutlich der Verſuch zu Tage, den gefürchteten König hinſichtlich feiner eignen Thaten zu Ungunſten feiner Räthe zu entlaſten. And= rerſeits darf man daraus vielleicht ſchließen, daß auch hier, wenn der Papſt feine offenſive Politik gegen Wilhelm hätte fortſetzen können, der Conflict leicht an der Frage über die Räthe deſſelben würde zum Ausbruch gekommen fein. — Endlich darf wenigſtens hier vielleicht noch als bezeichnend hervorgehoben werden, wie der Papſt dem Legaten die Einſtellung aller Maßregeln gegen die= jenigen Getreuen des h. Petrus aus dem weltlichen Herrenſtand zur Pflicht macht, welche dem Verbot der Novemberſynode von 1078 zuwider die in ihrer Gewalt befindlichen Zehnten nicht aufgeben wollen.

¹⁰) S. 176. 177. — Terouenne (anläßlich der Verwüſtung der Stadt durch das Heer Kaiſer Karls V. 1553 nach Boulogne verlegt), vgl. reg. (IV, 10. VI, 8. 9.) VII, 16. VIII, 36. 53. 55—57. 59. ep. coll. 40—42. Die Sache wird in vielen Einzelheiten kaum mehr ganz feſtgeſtellt werden können. Die angedeuteten Aeußerungen über die Mannentreue f. ep. c. 40, beſ. 41 (noverit enim prudentia tua, fidelitatem terreno domino tunc non recte servari, cum coelestis Domini et creatoris gratia per illam

probatur offendi etc.). Ein Seitenstück zu dem oben, S. 209, Erwähnten
bietet es, wenn der Papst seinerseits doch auch auf das Schärfste gegen diejenigen auftritt, welche den Lambert verstümmelt haben, f. VIII, 53 (qua in
re nullam excusationem temptetis obtendere quasi de ipsius vel vita
reproba vel ordinatione iniusta seu depositione irrogata. Sicut enim
supra notavimus, nemo adhuc tale aliquid praesumpsisse dinoscitur,
nisi forte qui Deum non timens et christianam reverentiam abiciens
pro nihilo duxit manum in sacros ordines mittere.
[11]) S. 177—179 — reg. VIII, 26. Die Worte der Eidesformel „ut
periculum sacrilegii et perditionem animae meae non incurram"
erinnern start an die Schlußworte des auf die Laien bezüglichen Investitur-
kanons vom J. 1080 (f. oben S. 163) „ut in adventu Domini spiritus
salvus fiat".
[12]) S. 179. 180. — reg. VIII, 41 (für die Wendung quodsi cito non
potest reperiri vgl. oben S. 156). vgl. Hugo Flav. p. 460.
[13]) S. 180. 181.— reg. VIII, 47 (Mileto ist in der That eremt geworden und geblieben bis heute). 50.
[14]) S. 181. — Nur an dieser Stelle sei, da keine darauf bezügliche Verfügung Gregors selbst erhalten ist, u. A. auf die „kanonische" Erhebung des
Gegenbischofs Gebhard für Constanz unter der Leitung des Legaten Otto von
Ostia gegen Ende des J. 1084 hingewiesen, der übrigens schon im J. 1080
eine andre unter der Leitung Altmanns von Passau vorangegangen war.
Bernold, opusc. X, 7 (bei Ussermann, prodr. G. s. II, 381 f.). Vergl.
eiusd. chron. a. 1084, p. 441. Für die Beurtheilung der Sache gilt natürlich dasselbe, was schon oben für zahlreiche andre Fälle beigebracht ward. —
Das Manifest ep. coll. 46; Analoges aus früherer Zeit f. oben S. 147.
155. Im Uebrigen gilt auch hierfür Vieles von dem, was Floto a. a. O. 2,
S. 286 hinsichtlich des Manifests von 1081 ausspricht.

Schluß. — [1]) S. 181. 182. — H. Floto, K. Heinr. IV. u. f. Zeitalter (Stuttgart und Hamburg 1855. 56), Bd. 2, S. 15 f.
[2]) S. 185. — Zu dem oben S. 8 f. Angeführten vgl. noch besonders
reg. VIII, 21, p. 464: Quapropter, quos s. ecclesia sua sponte ad
regimen vel imperium deliberato consilio advocat, non pro trans-
itoria gloria, sed pro multorum salute, humiliter oboediant etc. —
Es kann allerdings nur noch ein untergeordnetes Interesse haben, hier die
praktischen Ansprüche auf Hoheit und Hoheitsrechte zu erwähnen, die Gregor
ausdrücklich zur Geltung zu bringen sucht (soweit sie nicht schon oben in Gestalt
geleisteter oder geforderter Eide zur Sprache kamen). Denn wer wird z. B. in
Abrede stellen wollen, daß Gregor irgendwie nicht die gesammte geschichtliche
Tradition der Kirche, einschließlich der constantinischen Schenkung u. dgl., acceptirt habe? Und doch, wo kommt Solches gerade in den Verfügungen zum
Ausdruck? Indeß sei in aller Kürze noch verwiesen auf reg. V, 4. VI, 12
für Corsica; I, 7. IV, 28 für Spanien; VIII, 20. 23 für Frankreich; VIII,

23 für Sachsen; II, 7 für Böhmen; II, 13. 63. 70 (vgl. IV, 25) für Ungarn; II, 74 für Rußland. Eine sehr interessante Zusammenstellung der Rechte der römischen Kirche in dieser Richtung findet man bei Teusdedit, coll. can. III, 149. 150, dabei u. A. auch den Eid des Demetrius=Suinimir von Dalmatien (p. 331 f. vgl. reg. VII, 4); sehr charakteristisch ist ja u. A. auch, wie Alexander II. durchaus darauf besteht, daß er von Dänemark einen census, nicht eine oblatio zu bekommen habe. — Der Anlauf Gregors wider die Erblichkeit des weltlichen Fürstenthums, noch einigermaßen schüchtern, aber so recht bezeichnend nach Form und Stellung, findet sich gegen Ende des Briefs an Hermann von Metz, reg. VIII, 21, p. 464 (v. 15. März 1081): Non carnali amore illecti, studeant — (scil. ei, quos s. ecclesia .. ad regimen vel imperium .. advocat) — filium suum grogi, pro quo Christus sanguinem suum fudit, praeponere, si meliorem illo et utiliorem possunt invenire; ne, plus Deo diligendo filium, maximum s. ecclesiae inferant detrimentum etc.

Man möchte glauben, daß es diese Stelle ist, auf welche in der Klagschrift des Petrus Crassus, bei Sudendorf, Registrum I, 14,p. 37 u. Ficker, Forschungen z. Reichs= und Rechtsgesch. Italiens Bd. IV (Urkunden; Innsbruck 1874), Nr. 80, p. 116 Rücksicht genommen wird: Quis enim ab insania eius non abhorreat, qui sine legibus contra legem praedicat, imperatores et reges progenitos a se haeredes regni habere non posse? Consules olim non poterant, sed imperatoribus et regibus haec semper licentia fuit etc. Denn in den erhaltenen Verfügungen Gregors wenigstens findet sich keine andre Stelle solches Inhalts. Auch die weitere Aeußerung: „Quocirca divino nutu regnorum ordinationem fieri, nulli dubium esse potest", dürfte vor Allem als durch die bekannten gegentheiligen Ausführungen jenes gregorianischen Manifests veranlaßt erscheinen. Dann könnte die Schrift des P. Crassus, für welche in allen übrigen Beziehungen nur auf Giesebrecht 3, 499 f. und Wattenbach, Deutschlands Geschichtsquellen ꝛc. 2 (3. Aufl.), S. 160 (Ficker a. a. O. 3, 112 f.) zu verweisen ist, allerdings nicht verfaßt sein, wie bisher immer angenommen worden ist, um auf dem Concil zu Brixen benutzt zu werden. Und in der That kommt dazu auch noch in den Schlußreimen (p. 49 f. bez. 124): Heinrice rex amabilis, qui Romae victor existis etc. Das weist vielmehr auf die Synode, die Heinrich am 22. März 1084, unmittelbar nach seinem Einzug in Rom abhielt (vgl. Giesebrecht, G. d. d. K. 3, 555).

Druck von Johannes Päßler, Dresden, gr. Klosterg. 2.